新 人の一生と法律の出会い
― 人権の視点から ―

上田 正一 著

嵯峨野書院

は し が き

　初版を上梓してから7年の歳月が経過した。その間に予想を超える読者に利用して頂くことができたのは，著者として感謝のほかはない。

　その間，わが国の社会経済は，大きな変貌を遂げ，経済のグローバル化に伴う国際間・企業間の競争の激化，技術革新・情報化の進展，少子高齢化による労働力の減少など，めまぐるしく環境の変化するなかで，家族，学校，職場，市民，政治など多くの領域において，さまざまな課題が発生している。

　こうした時代の変化に対応すべく，法令の制定・改正および学説・判例など，かなりの点において変更があったことに鑑み，この度新版を出版するにあたり，全体の構成のあり方も含めて，論点を整理し，各項目について大幅な加筆・修正を施すこととした。

　本書は，初版でも述べたように，「人が一生の間に日常において，出会うであろう法律」を想定して，解説を試みたものである。

　執筆にあたって，とくに心掛けたことは，一般の人を対象にできるだけ分かりやすくするために，具体例をあげ，問題のとらえ方，解決の糸口の見つけ方，さらに，法的な物の見方などに留意して，できるかぎり平易な文章で書くことに努めた。しかし，その目的を十分に果たしていると断言する自信はない。とはいえ，本書が一般の人にとって，日常生活にいささかでも役にたつならば，これにすぎる喜びはない。

　おわりに，本書の出版にあたり，嵯峨野書院・中村忠義相談役に多大のお世話になった。また，編集部・平山妙子氏には種々助言を頂いた。両氏に対し，改めてここに御礼を申し上げたい。

　　平成27年8月8日

　　　　　　　　　　　　　　　　　　　　　　　上　田　正　一

iii

目　　次

はしがき ……………………………………………………………………… i

第 1 章　生殖医療，出生，氏名と法律の出会い …………………… 1

Ⅰ　生 殖 補 助 医療 ……………………………………………………… 1

　1. 生殖補助医療の意義（1）　2. 人工授精（1）　3. 体外受精（4）
　4. 代理出産（6）

Ⅱ　出生に関する届出 ………………………………………………… 9

　1. 戸籍（9）　2. 出生の届出（10）　3. 流産・死産の届出（12）
　4. 日本国内で生まれた「外国人の子の届出」（12）

Ⅲ　胎児の法律上の地位 ……………………………………………… 13

　1. 胎児の意義（13）　2. 胎児の民法上の地位（13）　3. 胎児の刑法上
　の地位（14）　4. 母体保護法（15）

Ⅳ　子の氏名と戸籍の関係 …………………………………………… 16

　1. 氏名・氏の意義（16）　2.「嫡出子の氏」と戸籍（17）　3.「非嫡出
　子の氏」と戸籍（17）　4.「準正嫡出子の氏」と戸籍（18）　5.「養子
　の氏」と戸籍（18）　6.「特別養子の氏」と戸籍（19）　7.「氏」の変更
　と家庭裁判所の許可（19）　8. 外国人との婚姻による氏の変更（20）

Ⅴ　子の命名と変更 …………………………………………………… 20

　1.「子の名」は原則として自由につけられる（20）　2. 同一戸籍内にお
　ける「同じ名」の使用禁止（21）　3. 名に使用できる「文字」の制限
　（21）　4. 名は「正当な事由」があれば変更できる（21）

第 2 章　教育・学校生活と法律の出会い ……………………… 22

Ⅰ　現代の「いじめ」は，手口が多様化している ………………… 22

　1. 総説（22）　2. 現代の「いじめ」現象とその定義（23）　3. 現代の
　「いじめ」集団の構造（26）　4.「いじめ」の認知・態様（27）　5.「い
　じめ」に関する事件（29）

Ⅱ　子どもへの「体罰」は暴力である ……………………………… 31

iv

1.「体罰」の意味（31）　2.「体罰」は学校で日常的に行われている（32）
3. 教育現場に根強く残る「体罰」容認の考え方（33）　4.「体罰」の民事上・刑事上の責任（34）　5.「体罰」に関する事件（35）

Ⅲ　子どもの教育を受ける権利 ……………………………………………… 37

1. 子どもの「学習権」は教育の基本である（37）　2. 教育権の所在は国家・国民のいずれにあるか（39）　3. 教育を受ける権利の内容（41）
4. 学問の自由（43）

第3章　労働・職場生活と法律の出会い ……………………… 48

第1節　労働問題の誕生と労働基本権 ……………………………… 48

Ⅰ　労働関係の推移 ………………………………………………………… 48

1. 労働関係の移り変り（48）　2. いわゆる「労働問題」とは（49）

Ⅱ　憲法が保障する労働関係の規定 ……………………………………… 50

1. 何人も「職業選択の自由」が保障される（50）　2.「職業選択の自由」の限界（50）　3. 人権保障に関する労働関係の規定（52）

Ⅲ　労 働 基 準 法 ………………………………………………………… 53

1. 労働基準法とはどんな法律か（53）　2. 労働基準監督署の役割（53）

Ⅳ　労 働 基 本 権 ………………………………………………………… 54

1. 総説（54）　2. 労働条件の法定（55）　3. 労働基本権（55）
4. 団結権，団体交渉権，団体行動権（争議権）（56）

第2節　労働契約の成立，就業規則，労働協約 ……………………… 61

Ⅰ　労働契約を締結する場合の留意点 …………………………………… 61

1. 労働契約成立の流れ（61）　2. 採用内定（62）　3. 試用期間（63）
4. 労働条件明示義務（64）　5. 身元保証（64）

Ⅱ　就業規則・労働協約との関係 ………………………………………… 65

1. 労働条件内容の決定（65）　2.「就業規則」とは（65）　3.「労働協約」とは（68）　4. 労使慣行（68）

第3節　労働条件を定める場合の留意点 …………………………… 69

Ⅰ　労働条件と労働契約期間 ……………………………………………… 69

1. 労働条件（69）　2. 期間の定めのない契約と期間の定めのある契約

目　次　v

（70）　　3. 労働契約の期間（71）　　4. 「労働契約法」による有期労働契約者の保護（72）

Ⅱ　賃金，賞与，退職金等 …………………………………………………… 75

1. 「賃金」とは（75）　　2. 賃金に関する諸原則（76）　　3. その他賃金に関する規定（78）　　4. 賞与（79）　　5. 退職金（81）　　6. 休業手当（82）　　7. 最低賃金制度（82）

Ⅲ　労働時間，休日，休暇 ………………………………………………… 83

1. 労働時間の原則（83）　　2. 休憩時間の原則（84）　　3. 週休制の原則（85）　　4. 時間外・休日労働（87）　　5. 変形労働時間制（89）　　6. 年次有給休暇（92）

Ⅳ　育児休業，介護休業，雇用機会均等，ハラスメント ………………… 95

1. 育児休業・介護休業法（95）　　2. 「育児休業制度」とは（96）　　3. 「介護休業制度」とは（98）　　4. 雇用機会均等法（100）　　5. セクシュアル・ハラスメント（102）　　6. パワーハラスメント（106）

第4節　労働契約を変更・終了する場合の留意点 ………………… 110

Ⅰ　解　　雇 ………………………………………………………………… 110

1. 解雇の意義・種類（110）　　2. 解雇予告（111）　　3. 解雇権濫用法理（112）　　4. 退職勧奨と解雇の限界（114）

Ⅱ　懲 戒 処 分 ……………………………………………………………… 115

1. 「懲戒」とは（115）　　2. 懲戒処分の種類（116）　　3. 懲戒の有効要件（116）　　4. 懲戒事由（117）　　5. 問題となる懲戒事由（118）　　6. 懲戒解雇（119）

Ⅲ　退職，定年 …………………………………………………………… 120

1. 退職をめぐる問題（120）　　2. 定年をめぐる問題（121）

第5節　有期契約労働者に関する法 ………………………………… 122

Ⅰ　労働契約法の改正の概要 ……………………………………………… 122

1. 労働契約法の改正の趣旨（122）　　2. 有期労働契約の無期転換（124）　　3. 雇止め法理（129）　　4. 期間の定めのあることによる不合理な労働条件の禁止（131）　　5. 有期労働契約の労働条件の明示等（132）

Ⅱ　パートタイム労働法の概要 …………………………………………… 133

1. パートタイム労働者（133）　　2. パートタイム労働法の内容（134）

Ⅲ　労働者派遣法 ……………………………………………… 135

　　1. 労働者派遣の意義（135）　2. 派遣法改正のポイント（135）

Ⅳ　高年齢者雇用安定法の概要 ……………………………… 139

　　1. 高年齢者雇用安定法の改正の経緯（139）　2. 改正のポイント（140）

第4章　婚姻・家族生活と法律の出会い ………………………… 141

第1節　婚　姻　の　法 ………………………………………… 141

Ⅰ　婚姻の成立 …………………………………………………… 141

　　1. 総説（141）　2. 婚姻の成立要件（142）　3. 婚姻の要件（婚姻障害）
　　（144）　4. 婚姻の無効（147）　5. 婚姻の取消し（148）

Ⅱ　婚姻による身分的効果 ……………………………………… 150

　　1. 夫婦の氏（150）　2. 同居・協力・扶助の義務（150）　3. 貞操義務
　　（151）　4. 未成年者は婚姻すると成年とみなされる（152）　5. 夫婦間
　　の契約取消権（152）

Ⅲ　婚姻による財産的効果 ……………………………………… 153

　　1. 夫婦財産制（153）　2. 法定財産制（夫婦別産制）（154）　3. 婚姻
　　費用の分担（154）　4. 日常家事債務の連帯責任（155）

Ⅳ　婚約，内縁，同棲 …………………………………………… 156

　　1. 婚約（156）　2. 内縁（158）　3. 同棲（161）

第2節　離　婚　の　法 ………………………………………… 162

Ⅰ　離婚の成立と種類 …………………………………………… 162

　　1. 総説（162）　2. 離婚法の推移（162）　3. 協議離婚（163）
　　4. 調停離婚（165）　5. 審判離婚（166）　6. 裁判離婚（167）

Ⅱ　離婚の効果，その1　財産分与の問題 …………………… 171

　　1. 総説（171）　2. 離婚の一般的効果（171）　3. 財産分与（172）
　　4. 財産分与の算定（173）　5. 財産分与請求権（173）

Ⅲ　離婚の効果，その2　子の監護の問題 …………………… 174

　　1. 親権者・監護者の決定（174）　2. 面接交渉（174）

第3節　親　子　の　法 ………………………………………… 175

目　次　vii

Ⅰ　親子法の推移 ………………………………………………… 175

　1.　親子・親子関係（175）　2.　「子の保護・福祉のため」の親子法（176）

Ⅱ　実　子　関　係 ……………………………………………… 177

　1.　子の種別（177）　2.　嫡出子（177）　3.　非嫡出子（181）

Ⅲ　養　子　関　係 ……………………………………………… 185

　1.　養子制度の推移（185）　2.　普通養子（186）　3.　特別養子（189）
　4.　里子（191）

Ⅳ　親権・後見・保佐・補助 ………………………………… 192

　1.　親権（192）　2.　後見（196）　3.　保佐（198）　4.　補助（199）

第5章　市民生活と法律の出会い ………………………………… 200

Ⅰ　民法の基礎知識 ……………………………………………… 200

　1.　権利と私権の分類（200）　2.　民法の基本原理（201）　3.　信義誠実
　の原則と権利濫用禁止の法理（205）　4.　行為能力と制限行為能力者制度
　（206）　5.　不動産と動産（206）　6.　取得時効と消滅時効（208）

Ⅱ　契　約　の　法　理 ………………………………………… 211

　1.　契約法の基本原則とその修正（211）　2.　契約の分類（211）
　3.　契約の成立（213）　4.　契約の効力（214）　5.　契約の解除（215）

Ⅲ　不動産の所有と利用 ……………………………………… 216

　1.　「所有権」とは（216）　2.　危険負担（218）　3.　売主の担保責任
　（219）

Ⅳ　不動産の共有と区分所有 ………………………………… 221

　1.　「共有」とは（221）　2.　建物の区分所有（223）

Ⅴ　不動産の利用と借地借家法 ……………………………… 224

　1.　「借地権・借家権」とは（224）　2.　借地の法律関係（224）　3.　借
　家の法律関係（229）

Ⅵ　不動産の取引と登記 ……………………………………… 231

　1.　物権変動と公示の必要性（231）　2.　登記と登記簿の編成主義（232）
　3.　登記記録の様式（232）　4.　各種の登記（233）　5.　登記手続（234）
　6.　登記の効力（234）

viii

第6章　選挙・政治生活と法律の出会い …………………… 236

Ⅰ　君主主権から国民主権へ ………………………………… 236

　1．主権と国民の意味（236）　　2．日本国民たる要件（237）

Ⅱ　権 力 分 立 制 ……………………………………………… 239

　1．総説（239）　　2．日本国憲法における権力分立（240）

Ⅲ　代 表 民 主 制 ……………………………………………… 241

　1．国民主権と代表民主制（241）　　2．直接民主制（242）

Ⅳ　民主政治における選挙制度 ……………………………… 243

　1．総説（243）　　2．選挙権と被選挙権（244）　　3．選挙区と代表の方法
（245）　　4．近代選挙法の原則（247）

Ⅴ　幸福追求権，環境権，不合理な差別の禁止 …………… 250

　1．幸福追求権（250）　　2．環境権（254）　　3．不合理な差別の禁止
（256）

第7章　現代的契約の特徴 …………………………………… 260

Ⅰ　消費者契約法 ……………………………………………… 260

　1．消費者契約法はなぜ生まれたのか（260）　　2．消費者契約法の目的
（260）　　3．消費者契約法の適用対象（261）　　4．事業者および消費者の
努力（262）　　5．消費者の誤認による取消し（263）　　6．消費者の困惑
による取消し（264）　　7．取消しの効果等（265）　　8．不当条項の無効
（266）

Ⅱ　特定商取引法 ……………………………………………… 268

　1．「特定商取引法」とはどのような法律か（268）　　2．訪問販売（270）
　3．通信販売（273）　　4．電話勧誘販売（274）　　5．連鎖販売取引（276）
　6．特定継続的役務提供（278）　　7．業務提供誘引販売取引（279）
　8．ネガティブ・オプション（280）

第8章　人生の終焉の準備と法律の出会い ……………… 284

Ⅰ　人生の終焉と身辺整理 …………………………………… 284

　1．死を迎えるについての心構え（284）　　2．死に直面している者の未処
理・未解決の問題を整理しておく（285）

目　次　ix

Ⅱ　相続法のしくみ ……………………………………………………… 286
　　1．相続制度（286）　　2．相続の開始（287）　　3．相続人（288）
　　4．相続欠格と相続人の廃除（291）　　5．相続の承認と放棄（293）
　　6．相続分（297）

Ⅲ　遺言のしくみ ………………………………………………………… 305
　　1．遺言の意義（305）　　2．遺言できる事項（305）　　3．遺言の能力・方
　　式（306）　　4．遺言の効力（312）　　5．遺言の執行（315）

Ⅳ　遺留分のしくみ ……………………………………………………… 317
　　1．遺留分制度（317）　　2．遺留分の割合（318）　　3．遺留分額の算定
　　（318）　　4．遺留分の減殺（319）

Ⅴ　終 末 期 医 療 ……………………………………………………… 321
　　1．終末期医療の考え方（321）　　2．安楽死（321）　　3．尊厳死（326）

事 項 索 引 ………………………………………………………………… 330

第1章　生殖医療，出生，氏名と法律の出会い

I　生殖補助医療

1．生殖補助医療の意義

「生殖補助医療」とは，人為的な方法の助けを借りて生殖を行う医療をいい，別名では「人工生殖」とか「生物医療」と呼ばれることもある。

生殖補助医療は，その目的によって，大きく3つに分類される。第1は，子を産みたくない人のための医療であり，不妊手術，避妊および人工妊娠中絶が，これにあたる[1)a]。第2は，親になりたい人，子を産み育てたい人のための医療であり，人工授精，体外受精，代理出産などが，これにあたる[1)b]。第3は，男女の希望にあうような生殖を目指すもので，これには性の選択（男女の産み分け），数の選択（減数のための中絶），産む時期の選択（受精卵の凍結・保存），出生前診断などがある[1)c]。

ここでは，「人工授精」，「体外受精」，「代理出産」を中心に概説することとする。

2．人 工 授 精

（一）　人工授精の意義

「人工授精」とは，男性の精子を医学的方法によって女性の子宮内に注入し，受精させることをいう。①

人工授精は，使用する精子の違いにより，2種類に分かれる。

①その1は，夫の精子を用いる「配偶者間人工授精」（AIH Artificial Insemination by Husband）である。

2

②その２は，夫以外の第三者の精子を用いる「非配偶者間人工授精」（AID Artificial Insemination by Donor）である。

① 　人工授精の歴史は古く，すでに 1800 年代男性不妊の治療法として成功を見た。そして，フランスでは 1920 年に，また，アメリカでは 1930 年に普及し，1940 年代においては，広い地域で行われるようになった。[2) a]

　日本でも 1949（昭和 24）年に初めての人工授精子が誕生し，その後毎年 200 人以上が生まれており，累計上 15,000 人の人工授精子がいると推定されている。[2) b]

　生殖補助医療の技術的進歩は，これまで子どもが欲しくても授からなかった夫婦が自分達の実の子をもつことが可能となったことにより，男女の生き方，家族のあり方が，画期的な意義を有することとなったといえる。

（二）「AIH」で生まれた子の親子関係

(1)　「AIH」で生まれた子

　AIH で生まれた子は，夫の精子と妻の卵子を人為的に結合させたのであるから，民法の「嫡出推定」（772 条）が適用され，したがって，夫が子の父であると解される（通説的見解）。

　ところが，AIH の場合でも，たとえば，生まれた子と夫の血液型が符合しないときには，「推定のおよばない子」と判断される余地がありうる。

(2)　死亡後妊娠

　近年，冷凍保存法の開発により，夫の死後に妻が夫の子の妊娠を望む，いわゆる「死亡後妊娠」のケースが起きている。これには，ⓐ冷凍保存した夫の精子を夫の死亡後，妻に人工授精して出産する場合，ⓑまた，夫婦間の冷凍受精卵を夫の死亡後，妻の子宮に移植して出産する場合，ⓑさらに，夫婦間の冷凍受精卵を夫婦とも死亡した後に，他の女性の子宮に移植して出産する場合などがある。[3)]

　民法は，嫡出子と推定されるには，婚姻解消後 300 日以内に生まれた子に限られるとする（772 条 2 項）。したがって，それ以後に生まれた子は「非嫡出

子」と解さざるを得ない。ただ，実際は夫婦の子であるから，「死後認知の訴」（民787条ただし書）を認めることで，嫡出子となることが考えられる。

（三）「AID」で生まれた子の親子関係

(1) 「AID」で生まれた子

これは，妻が第三者から精子の提供を受け，「AID」人工授精によって生まれたケースである。この場合，精子提供者と妻との間には，性関係は存在しないから，不貞行為とはいえない（民770条1項1号参照）。

しかも，現時点では非配偶者間人工授精子に関する法律は制定されていないので，結局民法772条の解釈によって解決せざるを得ない。

そこで，AIDで生まれた子は，まず，母とその夫との間の嫡出子として推定を受けるかどうか，また，精子提供者との法律上の関係はどうなるか，などが問題となる。

(2) 夫の同意を得て「AID」を用いた場合

妻が夫の同意を得て，第三者の精子を用いた場合のAIDの子は，夫が嫡出性の承認をしたものと考えられるから，「推定される嫡出子」と解するのが妥当である（通説）。なぜなら，夫は生まれてくる子の養育を引受ける意思をもって，AIDに同意した訳だから，嫡出推定がおよぶと解するのが，親子にとって望ましいからである。

また，この場合夫の同意を嫡出性の承認と解するならば，「夫の嫡出否認権」の行使はできないと解するのが妥当である。

(3) 夫の同意を得ないで，「AID」を用いた場合

妻が夫の同意を得ずに，第三者の精子を用いて生まれたAIDの子は，妻が婚姻中に夫以外の男性と性関係をもって生んだ場合と同じであるから，形式的には嫡出推定を受けるが，必要な場合夫は「嫡出否認の訴」（民775条）を起こすこともできる。

また，客観的に夫の子でないことが明らかであるから，推定のおよばない子であって，当然「親子関係不存在確認の訴」を起こすことが認められる。

4

（四） 精子提供者と「AID」で生まれた子の法的関係

人工授精のために精子を提供する行為は，その者が父親になるための行為でないことは，明らかである。このことは，精子提供者の意思や子の懐胎および出産の過程などから見ても，精子提供者とAIDから生まれた子の間には，父子関係を生ずべき基礎はないというべきである。いわんや精子提供者が保護者として適切であるなども否定すべきであろう。

要するに，精子提供者は生物学的には，子の父親であることは疑いないが，だからといって，その子との間に「法律上の親子関係」を生じさせることは，肯定すべきでないと解するのが妥当である（多数説）。

（五） AID で生まれた子は，生物学的な「親を知る権利」を有するか

(1) 精子提供者の特定

精子は，1人の者を使用することもあるが，通例は，複数の者を混合したり，複数の者のなかから，条件にあうものを選ぶ場合など，選択肢はいろいろある。したがって，精子提供者を特定することは不可能に近い。

(2) AID から生まれた子の「親を知る権利」

しかし，最近はこの問題について，インターネットにホームページを開く当事者や研究者が現れるようになった。そこで，たとえば，母の夫（子の父親）との父子関係が否認された場合に，ⓐ精子提供者の特定が可能であり，ⓑ父子関係が証明できる限り，子からの認知請求ができるとする見解がある。[5)a]

とくに近時には，「自己のアイデンティティ確認のために，血縁関係のある生物学的親を知りたいという子の要求は無下に否定できない」という見解も展開されるようになり，現にスウェーデンは法律を制定し，この権利を保障している。[5)c]

3. 体 外 受 精

（一） 体外受精の意義

「体外受精」とは，卵子と精子を体外で受精させた後に，その受精卵を女

性の子宮内に移植することをいう。②

② 世界最初の体外受精子は，1978 年イギリスのオールダム病院のパトリックス・ステプート婦人科医とケンブリッジ大学のロバート・エドワーズ博士の共同で成功したものであるが，この IVF (In Vitro Fertilization) による方法で，1983 年以来 36,000 人以上の子が生まれているという[6)a]。

わが国でも，1983（昭和58）年に東北大学医学部附属病院で最初の体外受精子が生まれ[6)b]，その後も広く行われている。

（二） 体外受精のいろいろな形態

体外受精は，だれの精子か，だれの卵か，あるいは，だれの子宮かなどによって，さまざまな形態に分かれる。

(1) 夫の精子＝妻の卵

これは，夫の精子と妻の卵を体外で受精させ，受精卵を妻の子宮に移植する方法である。この配偶者間体外受精子は，AIH による子のときと同じように，その夫婦間の「推定を受ける嫡出子」として取り扱えばよいと解される。

(2) 夫の精子と第三者の卵

これは，夫の精子と第三者の卵を体外で受精させ，妻の子宮に移植する方法である（提供卵子）。

(3) 第三者の精子と妻の卵

これは，第三者の精子と妻の卵を体外で受精させ，受精卵を妻の子宮に移植する方法である（提供精子）。

(4) 第三者の精子と第三者の卵

これは，第三者の精子と第三者の卵を体外で受精させ，妻の子宮に移植する方法である（提供胚）。

体外受精子の問題は，基本的には，AID の場合と同じ考え方を採用するのが妥当である。

6

4．代 理 出 産

（一） 代理出産の意義

　「代理出産」とは，不妊夫婦の妻に代わって第三者の女性に懐胎・出産してもらうことをいう。これには，「借り腹」と「代理母」がある。

(1)　借り腹

　「借り腹」とは，夫の精子と妻の卵を受精させ，その受精卵を第三者の女性（Host Mother）の子宮に移植して産んでもらう方法である。

(2)　代理母

　「代理母」とは，夫の精子を第三者の女性（Surrogate Mother）に人工授精して産んでもらう方法である。これは，「借り腹」と違って，代理母の場合は，その子は遺伝的にも分娩の事実からしても，代理母にとって自分の子であり，実父にとっても婚姻外の子であるということになる。

（二） 代理母契約をめぐる問題点

　代理母をめぐる契約には，多くの困難な問題点が指摘されている。③

③　① 　代理母が産んだ子に情が移り，精子提供者へ子の引渡しを拒んだ場合どうなる
　　　 か。
　　② 　代理母が懐胎した後，精子提供者の気が変わって子を欲しくなくなり，中絶す
　　　 るよう申し入れたが，代理母は拒否して出産した場合どうなるか。
　　③ 　代理母の産んだ子が障害児であったために，精子提供者が子の引取を拒否した
　　　 場合どうなるか。
　　④ 　代理母が出産する前に，契約を依頼した夫婦が離婚したり，あるいは，死亡し
　　　 た場合どうなるか。
　　⑤ 　代理母が懐胎した後，気が変わって無断で中絶できるか，などさまざまな問題
　　　 がある。

（三） 代理出産に関する厚労省の態度 ④

④　この問題について，厚生労働省生殖補助医療部会は，2003（平成15）年に精子・卵
　　子・受精卵の提供者は，「匿名の第三者に限定し，近親者からの提供は認めない」こと，

第1章　生殖医療，出生，氏名と法律の出会い　7

また，「他の夫婦からの受精卵の提供については，患者の精子・卵子共に問題がある場合に限定するとともに，他の女性が妊娠を引き受ける代理出産は，これを認めない」旨の決定をした。

（四）　代理母を規制する法律を制定する前に「代理出産」の事実が先行⑤

⑤　日本で初めて「代理出産」を実施し公表したのは，諏訪マタニティークリニック（長野県）の根津院長である。具体的には 2001 年 5 月に第 1 例（この時は，妻の妹），2003 年 3 月に第 2 例（この時は，夫の義姉）を対象に実施し，それぞれ子宮を貸している。すなわち，夫婦の精子と卵子の「体外受精プラス借り腹」という例で，いずれも出産した女性を母親として「出生届」を出し，依頼した夫婦は後に「養子縁組」をしている。

このような代理出産は，法規制の不備をつく形での実施であったから，大きな社会問題となり，学会は根津院長を除名する騒ぎとなった。

（五）　代理出産に関する裁判所の態度⑥

⑥　高田夫妻（元プロレスラー高田延彦，女優向井亜紀）は，妻の向井さんが，子宮がんのため懐妊が困難となったので，自らの卵子と夫の精子を体外受精させ胚をアメリカ人女性の子宮に移植して出産（双子の男児）してもらった。これは「配偶者間の体外受精と借り腹」の組み合せの方式である。

そして，帰国後 2004 年 6 月に「嫡出子」として，東京都品川区の戸籍係に届け出ようとしたが，受理されなかった。

そこで，直ちに東京家庭裁判所へ提訴したが，訴は却下された。これを不服として東京高裁へ控訴したところ，今度は「嫡出子」として認められたのである（東京高決平 18・9・29 判時 1957 号 20 頁）。

しかし，最高裁は「たとえ女性が卵子を提供した場合であっても，子を懐胎，出産していない女性との間には，母子関係の成立を認めることはできない」と判示した（最決平 19・3・23 判時 1967 号 36 頁）。

高田夫妻は，結局，戸籍上は特別養子（民 817 条の 2 以下）としての扱いを受けることとなった。

8

（六） ベビーM事件[7]

[7]　1985年2月ウィリアム・スターン（精子提供者）とメアリー・ホワイトヘッド（代理母となる女性）との間に，「代理母契約」（報酬1万ドル受領）が交わされた。これは，メアリーの卵子にウィリアムの精子を授精させる方法で妊娠し，メアリーは翌1986年3月に女の子を出産した（「人工授精型代理母」と呼ぶ）。

　ところが，メアリーは生んだ赤ちゃんを見て「私にそっくり」と思い，自分で育てる決心をし，「ホワイトヘッド夫婦の子」として「出生届」を出した。これに対して，スターン夫妻は子どもの引渡しを求める裁判をニュージャージー州に起こした。

　1987年3月地方裁判所は，代理母契約を有効とする判決を下したが，1988年2月州最高裁判所は，金銭のともなう代理母契約は，乳幼児売買を禁止する州法と「公序良俗」に違反し無効であるとして，下級審判決を一部破棄して差戻し，父親はウィリアム・スターンとし，母親をメアリー・ホワイトヘッドとして認定した。つまり血縁のある者を父親と母親にしたのである。そして，父親のウィリアムには「養育権」を認め，母親のメアリーには「訪問権」のみを認めた。

注 ――――――――――――――

1）　a・b・c―大谷實「新 いのちの法律学」52頁（平成23年　悠々社）。

2）　a・b―大谷實・前掲54・55頁。

3）　石原　明「法と生命倫理20講」7・8頁（平成9年　日本評論社）

4）　男性死亡後に保存精子を用いた人工生殖によって生まれた子の親子関係について，最高裁は，「死後懐胎子については，その父は懐胎前に死亡しているため」，親権，監護，養育，扶養，相続，代襲相続等について，現行法制では，「死後懐胎子と死亡した父との間の親子関係を想定していないことは，明らかである」と判示した（最判平18・9・4民集60巻7号2563頁）。

5）　a―中川高男「人工授精子」田中＝山本編『法学演習講座4，親族法・相続法』180頁（昭和47年　法学書院），b―石井美智子「治療としてのリプロダクション――人工授精・体外受精の法的諸問題」〔ジュリスト増刊総合特集〕「日本の医療――これから」202頁（昭和61年），c―スウェーデンでは，1984年に法律でもって，子が相当の判断力を備えるにいたったとき病院に保管されている精子提供者の個人資料を入手する権利が保障されている「菱木昭八朗『スウェーデン人工授精法と改正親子法における人工授精子の父性』ジュリスト835号114頁（昭和60年）」。

6）　a―久々湊晴夫＝落合福司＝甲斐義弘「やさしい家族法」176頁（平成15年　成文堂）b―大谷實同上69頁。

7）　小笠原信之「どう考える？　生殖医療」57頁（平成17年　緑風出版）。

第1章　生殖医療，出生，氏名と法律の出会い　　9

Ⅱ　出生に関する届出

1. 戸　　籍

（一）戸籍の意義

　人は出生という事実によって「戸籍」①に登録される。「戸籍」とは，日本国民の身分関係（出生・親子・養子縁組・婚姻・離婚・死亡など）を証明するものをいう。

①　日本人には必ず「戸籍」があり，戸籍のある場所を「本籍」（本籍地とも呼ぶ）という。戸籍を大別すると，ⓐ「戸籍」（現在の戸籍のことを「現戸籍」と呼ぶ），ⓑ「改製原戸籍」（役所では「はらこせき」とも呼ぶ），ⓒ「除籍」など3種類がある。
　　つぎに戸籍事項の範囲によって「戸籍謄本」（これは，戸籍内にある全員の事項を写したものをいう）と，「戸籍抄本」（これは，戸籍内の一部の事項を写したものをいう）に分かれる。
　　戸籍謄本・除籍謄本を請求できるのは，記載されている人（本人）かその法的関係者または請求することについての正当な理由のある者だけである。
　　戸籍謄本をとるには，本籍地の市町村役場の規制（条例）にしたがって請求することになるが，この際，手数料が必要となる。

（二）戸籍の編製・記載・届出・訂正

　戸籍法は，上にあげた事項について，くわしく規定している。②

②　1）戸籍の編製　　戸籍は，市町村の区域内に本籍を定める一の夫婦およびこれと氏を同じくする子ごとに編製される（戸6条）。すなわち，子が婚姻すると，親の戸籍から除籍されて，新しい戸籍が編製される（戸16条）。また，未婚の子に，子が生まれたときは，その子と一緒に新しい戸籍が編製される（戸17条）。
　　2）戸籍の記載　　戸籍には，本籍のほか，戸籍内の各人について，つぎの事が記載される（戸13条）。すなわち，ⓐ氏名，ⓑ出生の年月日，ⓒ戸籍に入った原因および年月日（出生届・婚姻届・縁組届など），ⓓ実父母の氏名および実父母との続柄（長男・長女など），ⓔ養子であるときは，養親の氏名および養親との続柄（養子），ⓕ夫婦

については，夫または妻，ⓖ他の戸籍から転入した者については，その戸籍の表示などである。

　3）戸籍の届出　　戸籍への記載は，原則として市町村への「届出」によって行われる（戸15条）。すなわち，この届出には，たとえば，出生届・死亡届・裁判離婚など，すでに法的効果を生じた事項について，報告的に届け出るもの（これを「報告的届出」という）と，また，たとえば，婚姻・縁組・協議離婚など，届出によってはじめて法的効果が生ずるもの（これを「創設的届出」という）とがある。

　4）戸籍の訂正　　戸籍の届出が，誤って受理される場合には，「戸籍の訂正」が行われる。ただし，市町村のミス以外の原因による訂正は，本人や親族など法律の定めた利害関係人が家庭裁判所に審判を申し立て，その許可を得なければ戸籍訂正はできない（戸113条・114条）。なお，裁判所の許可がおりたら，1ヵ月以内に訂正の届出をしなければならない（戸115条）。

2. 出生の届出

(一) 出生届は原則として父または母が行う

(1) 嫡出子

　子は「嫡出子」と「非嫡出子」（「嫡出でない子」ともいう）に分けられる。「嫡出子」とは，婚姻関係にある男女の間に生まれた子を指すが，一般に「推定される嫡出子」と「推定されない嫡出子」（民772条）および「準正嫡出子」（民789条）の3つに区分される。

(2) 推定される嫡出子

　婚姻関係にある男女の間に生まれた子の「出生届」は，父または母が本籍地で14日以内に提出しなければならない（戸52条1項・49条）。ただし，父母が出生届を提出できない事情のあるときは，ⓐ同居者，ⓑ出産に立ち会った医師・助産師，ⓒその他の者が届け出なければならない（戸52条3項）。この場合，届出書に添付する「出生証明書」は，出産に立ち会った医師・助産師が作成することとなる（戸49条3項）。

　　1）出生前に父母が離婚した場合　　この場合は，母が「出生届」をしなければならない（戸52条1項）。

第1章 生殖医療, 出生, 氏名と法律の出会い　11

２）夫が「嫡出否認の訴」を起した場合　妻が夫以外の男との交渉により懐胎したことを理由に, 夫が「嫡出否認の訴え」を起こしたときは, 夫である父が出生届をしなければならない (戸53条)。

３）外国で子を出産した場合　外国で子を出産した場合は, 3ヵ月以内に在外日本公館に届け出なければならない (戸41条)。

(3) 非嫡出子

婚姻関係にない男女の間に生まれた子の「出生届」は, 母が提出しなければならない (戸52条2項)。ただし, 母が出生届をすることができない場合には, ⓐ同居者, ⓑ出産に立ち会った医師・助産師, ⓒその他の者が届け出なければならない (戸52条3項)。

また, 認知された胎児が出生した場合は, その子は「非嫡出子」であるから, 母が届出をしなければならない (戸61条)。

(4) 父が未定である子

子の父が未定であるため,「父を定める訴」(民773条) が提起され, 裁判所によって父が決定されたときは, 母が「出生届」をしなければならない (戸54条1項)。

〔二〕 航海中, 公設所および棄児の届出

(1) 航海中の出生

航海中に子が生まれたときには, 船長は24時間以内に, 出生届へ記載すべき事項 (戸49条2項) を航海日誌に記載し, かつ, 船舶が日本の港に着いたとき, 遅滞なく出生に関する「航海日誌の謄本」をその他の市区町村長に送らなければならない (戸55条1項・2項, 船員18条1項3号)。

(2) 公設所の届出

子が病院, 刑事施設その他の公設所で生まれた場合, 父母がともに「出生届」をすることができないときは, 公設所の長または管理人が届出をしなければならない (戸56条)。

12

(3) 棄児の届出

棄児を発見した者または棄児発見の申告を受けた警察官は，24時間以内にその旨を市町村長に申し出なければならない（戸57条1項）。

3. 流産・死産の届出

胎児が死産したとき，もしくは妊娠4ヵ月以降になってから，流産したり，あるいは，人工妊娠中絶を行った場合は，父または母，もしくは死産に立ち会った医師または助産師が，「死産届」を提出しなければならない。

この場合，死産に立ち会った医師，助産師の作成した「死産証明」を添付することが求められている。もし突然の流産で医師の診断を受けることができない場合には，死産届の余白にその理由を記載すれば，死産証明を添付しなくてもよい。

出産後，数時間でも生きていて，間もなく死亡したときには，死産届でなく「出生届」と「死亡届」を同時に提出することになる。

4. 日本国内で生まれた「外国人の子の届出」

戸籍法は，日本国の法律として，日本国の領域内において施行される。したがって，戸籍法の対象である身分関係の変動が，日本国内で発生した場合には，その本人が日本人であると外国人であるとを問わず，当然その事件について，戸籍法の適用がある。たとえば，外国人が日本国内で出生した場合は，戸籍法の定めるところによって「出生届」をしなければならない（戸25条2項・49条2項3号）。③

③　子が外国人である場合には，子の氏名は「片仮名」で表記し，その下にローマ字を付記しなければならない。ただし，ローマ字が付記されていなくてもその届出を受理してさしつかえない。
　　なお，子が中国人，朝鮮人等で，本国法で氏名を「漢字」で表記する外国人の場合

第1章 生殖医療，出生，氏名と法律の出会い　13

には，正しい日本文字としての漢字を用いるときに限り，片仮名でなく漢字で表記することができる（昭56.9.14民＝5537号通達，平24.6.25民＝1550通達など）。

Ⅲ　胎児の法律上の地位

1．胎児の意義

　「胎児」とは，普通，母親の胎内にやどる新しい生命をいう。したがって，胎児は生まれるまでは，母親の身体の一部であるから，権利・義務の主体，すなわち，人（自然人）として認められないこととなる。それでは，「権利能力」を有するようになるのはいつからか。①

①　この問題について，民法と刑法とでは，従来から異なった解釈がなされている。すなわち，民法上「人」（出生）とは，胎児が母体から全部露出したときと解するのが通説である（これを「全部露出説」と呼ぶ）。

　これに対して，刑法上では，胎児の身体の一部が母体から露出したとき人となると解するのが，通説・判例の立場である（これを「一部露出説」と呼ぶ）。

　その理由は，民法は「権利・義務の関係」を法律関係といい，この法律関係の主体，すなわち，権利・義務の主体となる資格を「権利能力」と呼んでいる。民法3条1項は「私権の享有は，出生に始まる」として，すべての自然人に権利能力を認めている。これに対し刑法では，いつから直接客体に侵害が可能になるか，という視点から，胎児が母体から一部でも露出すれば侵害の対象となるほか，生命を母体内で死傷させた場合も含まれると解されている。

2．胎児の民法上の地位

　胎児は，権利能力を有しないから，その間に不法行為が発生しても損害賠償を請求することはできない。たとえば，胎児中に父親が殺害されたり，あるいは，胎児の間に母体をかいして傷害を受けても，出生後に子は加害者に対する損害賠償請求権は生じない。したがって，この理論を貫くとすれば，子にとってはなはだ不合理な状況をまねくことになる。

14

そこで，民法は「胎児は，損害賠償の請求権については，既に生まれたものとみなす」（721条）と定めた。すなわち，本条は胎児を被害者として，損害賠償請求権が認められた場合である（民11条参照）。②

② 学説では，胎児である間に不法行為にもとづく損害賠償請求権を取得するが，もし死産のときには，損害賠償請求権は発生しなかったことになると解している。

これに対し，下級審では，胎児として生存している間に，たとえば，薬物などで死産させられたような場合には，父母を被害者とする損害賠償請求権が認められると判示している（大阪地判昭50・3・28判タ327号264頁，東京地判昭51・12・23判時857号90頁）。ただし，本条の「既に生まれたものとみなす」の意味については争いがある。

学説および判例は，不法行為のときに胎児であった者が，生きて生まれた場合に限り，不法行為のときにさかのぼって，権利能力が認められるとする，いわゆる法定停止条件説の立場をとっている。

3．胎児の刑法上の地位

「堕胎」とは，胎児が分娩をむかえる前に，人為的に母体外へ取り出すこと，および母体内で胎児を死傷させることをいう。刑法では，堕胎罪を4つに分けて規定している。

(1) 自己堕胎罪

自己堕胎罪は，妊婦が自分で薬物を用い，または，人に依頼して堕胎してもらう行為である。1年以下の懲役に処せられる（刑212条）。

(2) 同意堕胎罪

同意堕胎罪は，妊婦から依頼を受け，または，その承諾を得て堕胎する行為である。よって女子を死傷させた者は，3月以上5年以下の懲役に処せられる（刑213条）。

(3) 業務上堕胎罪

業務上堕胎罪は，医師，助産師，薬剤師または医薬品販売業者が，妊婦から依頼を受け，または，その承諾を得て堕胎する行為である。よって女子を死傷させたときは，6月以上7年以下の懲役に処せられる（刑214条）。

第 1 章　生殖医療，出生，氏名と法律の出会い　15

⑷　不同意堕胎罪

　不同意堕胎罪は，妊婦の同意を得ないで，また，その承諾を得ないで胎児を堕胎させる行為である。これに反して堕胎させた者は，6月以上7年以下の懲役に処せられる（刑215条）。

　このような刑法上の堕胎罪は，実際には殆ど適用されておらず，空文と化している。その理由は，1948年に優生保護法（現行は「母体保護法」という）が制定され，一定の条件を満たせば，堕胎行為を人工妊娠中絶として合法化したからである。

4．母体保護法

（一）「人工妊娠中絶」の定義

　母体保護法1条は，「この法律は，不妊手術及び人工妊娠中絶に関する事項を定めること等により，母性の生命健康を保護することを目的とする」と規定する。しかも「人工妊娠中絶」の定義について，「胎児が，母体外において，生命を保続することのできない時期に，人工的に，胎児及びその附属物を母体外に排出することをいう」（2条2項）と定めている。③

③　ところで，1948（昭和23）年に制定された優生保護法は，いわゆる優生思想を論拠とするものであったため，1996（平成8）年の改正で，「不良な子孫の出生を防止する」を削除して，『不妊手術』の文言に変えたこと，また，「遺伝性疾患や精神障害を理由とした，不妊・中絶手術」を認めないとしたこと，さらに，「本人の同意によらない中絶の規定」などを削除した。

（二）　人工妊娠中絶が認められる場合

　現行の母体保護法は，人工妊娠中絶の要件を満たす場合として，つぎの2つを定めている。

⑴　「経済条項」を満たす事由

　第1は，「妊娠の継続又は分娩が身体的又は経済的理由により母体の健康

を著しく害するおそれのある」場合である（母体保護14条1項1号）。これは，いわゆる「経済条項」といわれるもので，実際に行われている人工妊娠中絶の殆んどは，この事由によるものである。

(2) 「胎児条項」を満たす事由

　第2は，「暴行若しくは脅迫によって又は抵抗若しくは拒絶することができない間に姦淫されて妊娠した」場合である（同14条1項2号）。これは，いわゆる「胎児条項」といわれるものであるが，実際にはこのような事由にあたる場合でも，経済条項による例として中絶が行われている。しかもこれら2つの条件の判定は，母体保護法指定の医師が行うことになっている。④

④　ところで，母体保護法には，未成年者の妊娠中絶について，特別の規定がないことから，未成年の保護に欠けるのではないか，との指摘がある。
　　未成年者の妊娠中絶は，未熟な身体および精神に対する影響が少なくないばかりでなく，その後の教育の継続，就職，さらには，婚姻等にも深くかかわる事柄であるから，保護者である親がまったく知らなくてよいのか，という疑問が残る。

Ⅳ　子の氏名と戸籍の関係

1．氏名・氏の意義

　子が出生すると，父母は「氏名」をつけて「出生届」を提出することとなる（戸29条・49条・52条）。氏名は，個人の同一性を識別するための名称として，社会生活上重要な意味をもつとともに，人格権の一部として法律上も保護されている。

　「氏」は，一定の身分的地位にある者が，法律上当然に，または，その意思にもとづいて，共通に称する法律上認められている「呼称」である。

　ところで，子の「氏」は，嫡出子・非嫡出子・準正嫡出子のいずれに生まれるかによって，その称し方が異なる。しかし，「戸籍」はその子が実子・養子・嫡出子・非嫡出子の別を問わず，氏を同じくする親の戸籍に入籍するこ

ととなる。

2.「嫡出子の氏」と戸籍

　嫡出子は，父母の「氏」を称し，父母の「戸籍」に入ることとなる（民790条1項・750条，戸18条1項）。ただし，出生前に父母が離婚したときは，離婚の際における父母の氏を称し，そのときの父母の戸籍に入る（民790条1項ただし書，戸18条2項）。なお，父または母の一方が外国人である嫡出子は，日本人である父または母の氏を称し，その戸籍に入ることとなる。①

①　①出生届がなされたとき，ⓐすでに父母が死亡して戸籍が除かれている場合，または，ⓑ父の死亡後，母が婚姻前の氏に復したため父母の戸籍が除かれている場合は，父母の戸籍を回復して，ここに子を入籍させることになる（昭25・10・10民事甲2720回答六）。
　　②子が出生した後，その父母が他の養子となり，父母について新戸籍が編製された場合，その後に「出生届」がなされても，子は出生時の父母の氏を称するから，縁組前の父母の戸籍に，入籍することになる（昭23.4.20民事甲208号回答）。

3.「非嫡出子の氏」と戸籍

　非嫡出子は，母の「氏」を称し，母の「戸籍」に入ることになる（民790条2項・戸18条2項）。また，子が生まれた後，届出前に母が死亡した場合も同様である。なお，母が戸籍の筆頭者でなく，また，筆頭者の配偶者でもない場合は，母の新戸籍を編製して，子はその戸籍に入籍することになる（戸17条）。②

②　子の出生後，届出する前に母の戸籍に変動があっても，子の氏および入籍すべき戸籍は，子の出生時を基準として決まる。たとえば，戸籍の筆頭者でない未婚の女が「嫡出でない子」を出産し，出生の届出をしないまま婚姻または縁組をして除籍された後に出生届をした場合には，出生時の母の在籍していた「戸籍」に子をいったん入籍させ，同時に子について同一場所を本籍と定めて新戸籍を編製することになる（昭33.1.25民事（二）発27号回答）。

さらに，非嫡出子が，父から認知されたとしても，当然には子の氏および戸籍に変動は生じない（民790条2項）。つまり父の氏を称するには，家庭裁判所の許可を得て，「認知届」をすることにより，父の戸籍に入ることになる（民791条1項，戸98条）。

4．「準正嫡出子の氏」と戸籍

「準正」とは，婚姻前に生まれた子を，後にその父母が婚姻することによって，嫡出子たる地位が認められる制度である。

そして，婚姻前に出生し，父から認知されている嫡出でない子は，父母が婚姻することにより嫡出子となる（これを「婚姻準正」という）（民789条1項）。また，嫡出でない子が父母の婚姻後に，父から認知されることにより嫡出子となる（これを「認知準正」という）（民789条2項）。③

③　婚姻前に生まれた子を父母が婚姻後，父が嫡出子の出生届を出した場合には，子は父母の「氏」を称し，父母の「戸籍」に入籍することとなる（昭23.1.29民事甲136号通達）。

　なお，準正嫡出子は，戸籍法62条の嫡出子出生届による場合を除き，父母の婚姻または父からの認知によって，嫡出子の身分を取得しても，父母の「氏」を称する入籍届をしない限り，父母の「戸籍」に入籍できない（昭62.10.1民＝500号通達）。

いずれにしても，これまでは嫡出でない子であるから（戸籍法62条の嫡出子の出生届による場合を除き），子は生まれたときの母の「氏」を称し，母の「戸籍」へ入ることになる（民790条2項，戸18条2項）。

5．「養子の氏」と戸籍

養子は，養親の氏を称し，養親の「戸籍」に入る（民810条，戸18条3項）。ただし，婚姻によって氏を改めた者については，婚姻の際に定めた氏を称すべき間は，養親の氏を称することはできない（民810条ただし書）。④

④　①養子が婚姻によって氏を改めた場合は，その者は婚姻の継続中はもとより配偶者が死亡し婚姻が解消しても，養親の氏を称することになる（昭62.10.1民＝5000通達第1の3）。

②夫婦で養子となる場合または婚姻の際に氏を改めなかった者が養子となる場合は，養子夫婦について新戸籍が編製される（戸20条，平2.10.5民＝4400号通達）。

6.「特別養子の氏」と戸籍

「特別養子縁組」は，子の利益をはかるため，とくに必要がある場合に，養親となる者の請求にもとづいて，家庭裁判所の審判によって成立する（民817条の2）。

特別養子は，養親の「氏」を称し，養親の「戸籍」に入る（民810条本文，戸18条3項）。特別養子縁組の成立によって，特別養子は養親の嫡出子たる身分を取得する（民809条）とともに，特別養子の実方の父母およびその血族との親族関係が終了することになる（民817条の9）。したがって，夫婦が戸籍を異にする者を特別養子とした場合は，養親の戸籍へ入る前に，まず特別養子について新戸籍を編製することになる（戸20条の3第1項本文）。このことは，養父母の一方が，外国人である場合も同様である。⑤

⑤　特別養子の記載については，養方戸籍のなかに，特別養子縁組もしくは養父母などの字句を用いてはならないことになっている（昭62.10.1民＝5000通達第6の1（2）ウ（ウ））。

7.「氏」の変更と家庭裁判所の許可

戸籍の筆頭者およびその配偶者は，「やむを得ない事由」のある場合に限り，家庭裁判所の許可を得て，「氏を変更」することができる（戸107条1項）。ここに「やむを得ない事由」とは，たとえば，珍奇，読みにくい，まぎらわしい，社会生活に支障のあるものなどが，これに属すると解される（昭24.5.21民事甲1149号回答，昭24.5.19東京高裁決定）。⑥

⑥　氏の変更は，同一戸籍内にある者のすべてにおよぶこととなる（昭24.9.1民事甲1935回答）。しかし，呼称上の変更であるから，これによって民法上の氏に変更は生じない。

　ところが，離婚，離縁等によって，婚姻前または縁組前の氏に復する場合，従前の氏につきここにいう氏の変更がされているときは，変更後の氏を称することとなる（昭23.1.13民事甲17号通達（5））。

8．外国人との婚姻による氏の変更

　外国人と婚姻した日本人の氏は，婚姻によって変動することはない（昭26.4.30民事甲899号回答，昭26.12.28民事甲2424号回答）。しかし，日本人配偶者が，その氏を外国人配偶者の称している氏に変更しようとする場合は，婚姻後6ヵ月以内に限り，家庭裁判所の許可を得ることなく，この届出により氏を変更することができる（戸107条2項）。

Ⅴ　子の命名と変更

1．「子の名」は原則として自由につけられる

　子が生まれると出生届を市区町村長へ提出する前に，その子に「名」（いわゆる本名）をつけなければならない。「子の名」は原則として，自由につけることができるが，戸籍法は，常用平易な文字を用いなければならないと定めている。子の名は，実際には，父母が自らつけるのが通例である。しかし，ときには，名付親（たとえば，祖父母や知人など）に依頼して，第三者に名をつけてもらう場合もある。

　ところで，子に名をつける権利（これを「命名権」という）が，だれにあるかについては，考え方が分かれている。これには，父母説，親権者説および親権による子の権利の代位行使説などがあるが，出生届義務者の第一順位にある子の親権者が，命名権を有すると解するのが妥当であろう。

2．同一戸籍内における「同じ名」の使用禁止

すでにふれたように，生まれた子にどのような名をつけるかは，原則として自由であるが，これにもつぎのような制約がある。すなわち，その子の命名をするとき，同一戸籍に在籍している者と同一名を使用することは認められない（昭10.10.5民事甲1169回答）。ただし，死亡，婚姻，縁組などによって，すでに除籍されている者と「同じ名」をつけることは差しつかえない（昭47.8.23民事（二）発420回答）。

3．名に使用できる「文字」の制限

戸籍法は，「子の名には，常用平易な文字を用いなければならない」とし，かつ，その「文字の範囲は，法務省令でこれを定める」とする（50条1項・2項）。具体的には，片かな・平がな，常用漢字2136字（平成22年11月30日内閣告示第2号）および人名用漢字862字（平成27年1月7日1字（巫）を追加）の中から選ぶこととなっている。

4．名は「正当な事由」があれば変更できる

生まれたときつけられた「子の名」は，原則として終身使用することとなる。しかし，それとて絶対に変更できないわけではなく，「正当な事由」があるときは，家庭裁判所の許可を得て，名を変更することができる（戸107条の2）。

そして，家庭裁判所が「正当な事由」の判断をする場合，参考とすべき事項として，つぎのような事実の有無を参酌されるべきであるとする。

すなわち，ⓐ珍奇な名，ⓑ外国人とまぎらわしい名，ⓒ難解・難読の文字，ⓓ襲名する必要性，ⓔ神官・僧侶になる場合，ⓕ神官・僧侶から還俗する場合，ⓖ同姓同名の者が，近親者・近隣にあり間違えられやすい場合，ⓗ異性と間違えられるおそれがある場合などがあげられている。

第2章 教育・学校生活と法律の出会い

I 現代の「いじめ」は，手口が多様化している

1. 総　説

「いじめ」は，ひとつ対応を間違えれば，ときとして最悪の事態に発展し，自殺・暴行・殺人事件などにいたることもある。こうした「いじめ」問題は，1980（昭和50）年代の中頃，新聞紙上を賑わし，一時は大騒ぎをしていたが，近時のマスコミ報道では，影をひそめてしまった感がある。そして，今日では，自殺・殺人など深刻な事件に発展した「いじめ」ケースだけが，取りあげられるという変則な報道状況を呈しているといえる。

それでは，その後「いじめ」問題が，減少したのかといえば，必ずしもそうではない。すなわち，「いじめ」が大きな社会問題として声高に論議された頃に比べれば，今日文科省や警察庁から公表されるデーターは，減少していることは事実である。

しかし，他方で「いじめ」相談窓口への駆け込みは，依然として跡をたたない。それを裏付ける調査として，「いじめっ子の減少率が七割と大幅に減少しているのに対して，いじめられている子は，三割の減少率にとどまっている。しかもいまなお，学級の中にいじめがあったという生徒が全生徒の四割を占めている事実は，いじめが影を潜め沈静化してしまったという状況ではない」という証である。[1)a]

近年の「いじめ」は，潜在化し，陰湿化し，悪質になってきているという指摘は，現代の「いじめ」の深刻さを物語るものである。また，いま急増している「登校拒否」や「不登校」の背景に，「いじめ」問題が深く絡まってい

ることは，この問題の根の深さを物語っており，子どもたちの世界に大きな影を落としている。[1)b]

2. 現代の「いじめ」現象とその定義

（一） 「いじめ」は被害者の内面現象である

(1) 現代の「いじめ」はなぜ見えにくいのか

　現代の「いじめ」は，見えにくいといわれる。その理由は，たとえば，「あそび」や「ふざけ」が意図的に行われたり，あるいは，「けんか」の形をとって，「いじめ」が行われたりするなど，「いじめ」の手口ないし方法が，かなり巧妙になっているからである。[2)a]そして，「いじめ」があったか否かを判断するのは，「いじめる側の動機や，外から観察して，いじめ行為が事実としてあったかどうか」ではなく，「むしろいじめられる側の被害感情による」[2)b]ものであると説明される。

　つまりその形が「あそび」「ふざけ」「けんか」など，いずれの行為であろうと，被害者の側に，いじめられたという気持ちが起きると，その行為は「いじめ」となり，逆にそうした気持ちが起きなければ，それは「あそび」「ふざけ」「けんか」などとして扱われることとなる。①

① 　いいかえれば，その行為が「いじめ」につながると判断されるためには，被害者自らがいじめられているという，心の痛みを言葉や態度で現わさない限り，まわりで見ている者には，いじめとわからないし，また，いじめている子でさえ，自分のやっている行為が，相手を傷つけているのだと，気が付かない場合もある。[2)c]

(2) 「いじめ」につながる行為とそうでない行為

　「いじめ」につながる行為とそうでない行為とが，わかりにくい場合（たとえば，「からかい」・「いたずら」など）には，被害者の受けとめ方と第三者による状況の認識との間にズレの生じることが多く，それが現代の「いじめ」を

見えにくくし，一層陰湿なものとしている。[2)d]

（二）　現代の「いじめ」は，手口が多様化している

　現代の「いじめ」は，手口が極めて多様であり，その行為が実に巧妙である。以下手口を具体的に見ることとする。

⑴　「動機」を隠す手口

　加害者が，「いじめ」ようとする動機を隠す手口を用いる場合として，たとえば，故意に足を出して転倒させておいて，頭をかきながら「ごめんね」といってあやまる。この「ごめん」というのは，動機を隠すための手口である。

⑵　「正当化」する手口を用いる場合

　加害者が，「いじめ」行為を正当化する手口を用いる場合，たとえば，約束を破ったと非難したり，お前のために帰れないと責めたてたりするのは，「いじめ」を正当化するものである。

⑶　巧妙に「偽装」する手口を用いる場合

　たとえば，プロレスごっこと称して，相手を痛めつけるなどは，偽装する手口の「いじめ」である。[3)a]

　このような現代の「いじめ」現象が，ⓐ「動機」隠しや，ⓑ「正当化」，ⓒ「偽装化」など多様な手口をたくみに用いた「いじめ」の発生が可能であるのは，被害者の感情（被害者は「いじめ」られていると思っている）と，まわりの第三者の認識（まわりからは「いじめ」でないと見ている）との間に，明らかにズレが存在しているからであるという指摘は妥当である。[3)b]

（三）　「いじめ」の定義

⑴　「いじめ」に関する文科省の見解

　「いじめ」の問題について，文科省は1994（平成6）年当時，当面緊急に対応すべき点として，通知で「いじめ」の定義をつぎのように説明した。②

②　すなわち，「いじめ」とは，「①自分より弱いものに対して，一方的に，②身体的・心理的な攻撃を継続的に加え，③相手が深刻な苦痛を感じているもの。なお，起った場所は，学校の内外を問わないこととする」と定義した。

その後，1994（平成6）年11月，愛知県西尾市立東部中学校で起きた「大河内清輝」君（中学2年生）の「いじめ」による自殺をきっかけに，文部省は「個々の行為がいじめに当たるか否かの判断は，表面的・形式的に行うことなく，いじめられた児童生徒の立場にたって行うことを留意する必要がある」（1995年）とし，いじめは「あくまでもいじめられている子どもの認識の問題」であることを明記した。

(2)　それ以外の「いじめ」の定義

森田洋司氏は『「いじめとは，同一集団内の相互作用過程において，優位にたつ一方が，意識的に，あるいは，集合的に，他方に対して精神的・身体的苦痛をあたえることである』と定義される。[4]

また，森田ゆり氏は，「いじめとは，生きる力を奪う，心と体への暴力である」と定義する。ここにいう「『暴力』とは，人の心とからだを深く傷つけること」であり，それは「物理的，身体的暴力には限定し」ないし，「言葉や無視による心理的な攻撃も」含まれる。しかし，「構造的暴力（権力関係の違いそのものが暴力であるとの考え）までを含む定義ではない」が，その「背景には，暴力を生む社会的構造」があることは言うまでもな」いと説明される。[5]

(3)　下級審の「いじめ」の定義③

③　「いじめ」について，下級審は，つぎのように定義する。すなわち，「いじめ」とは，「学校及びその周辺において，生徒の間で一定の者から特定の者に対し，集中的，継続的に繰り返される心理的，物理的，暴力的な苦痛を与える行為を総称するものであり，具体的には，心理的なものとして，『仲間はずれ』『無視』『悪口』等が，物理的なものとして，『物を隠す』『物を壊す』等が，暴力的なものとして，『殴る』『蹴る』など」が考えられると述べている。[6]

いずれにしても，加害者の行為が，個人・集団を問わず，また，「いじめ」

という名前がついていてもいなくても，さらに，犯罪に認定されてもされなくても，①相手方に心理的（たとえば，ⓐ持ち物への嫌がらせ，ⓑ言葉でのいじめ，ⓒ態度でのいじめ，ⓓ行動させる・させないいじめ，ⓔ身体・服装への強制，ⓕ性的な辱めなど），また，②暴力的・身体的（たとえば，ⓐ体に害を加える，ⓑ遊びの形をとるいじめ，ⓒ直接的な暴力，ⓓ身体に傷を残す，ⓔ性的暴力など）の手段や方法によって，深刻な苦痛を与える行為は，絶対に許されるべきではない。[7]

3. 現代の「いじめ」集団の構造

(一) 序　　説

　「いじめ」事件が発生すると，普通は「いじめっ子」（加害者）と「いじめられっ子」（被害者）という関係に視点をあわせ，なにが原因なのかを追究しようとする。しかし，実際には「いじめ」は，たんに「いじめっ子」と「いじめられっ子」という直接の当事者のみによって起っている現象ではない。[4]

[4]　「一般にいじめであれ，犯罪・非行であれ，およそ逸脱行動といわれている現象は，まわりの人びとの反応の仕方によって，逸脱の現われ方が異なってくるものである」[8)a]。いいかえれば，加害者と被害者の直接の当事者をふくめて，周りでこの状況に対し，「はやしたて面白がってみている子どもたち」（観衆）と「みてみぬふりをしている子どもたち」（傍観者）という４層構造が密接にからまりあった学級集団全体のあり方のなかで起っている現象である。[8)b]

(二) 「いじめ」集団の４層構造とはどういうものか

　「いじめ」集団の４層構造論を主張したのは，森田洋司氏である。すなわち，現代のいじめは，教室（学級）という舞台において，「加害者」「被害者」「観衆」「傍観者」の４役者によって演じられるドラマであり，しかも「観衆」と「傍観者」は，いじめのドラマを助長したり，抑止する重要な要素であると

第2章　教育・学校生活と法律の出会い　　27

する。[8)c

　いいかえれば,「いじめ」がだれにどんな手口・方法で,どれだけ長く・しつこく陰湿に行われるかは,加害者にもよるが,同時にかなりの数にのぼる「観衆」と「傍観者」の反応によって展開が決まってくるとされる。⑤[8)d

⑤　①したがって,「観衆」や「傍観者」が否定的な反応にでれば,いじめっ子たちは,クラスのなかで浮き上がってしまい,いじめはいったんクラスからなくなるが,いじめの新たな標的を求めて,他へ移されていくことになる。

　②また,いじめが,誰に,どんな手口で,どれだけ長く陰湿に行われるかは,加害者にもよるが,むしろかなりの数にのぼる「観衆層」と「傍観者層」の反応の仕方によって決ってくる。いわば教室全体が劇場であり,舞台と観客との反応によって進行する状況的ドラマである。

　③しかし,いじめの場面では,舞台と観客とが固定された役割ではなく,「観衆」や「傍観者」は,常に舞台の上の「被害者」にまわる可能性があり,ときには「加害者」へと変身することもある。

　こうした立場の入れかわりが,学級集団のなかに,「被害者」へとおちいることの不安感情を蔓延させ,その結果,誰もが口を閉ざして,いじめがあったことを教師に知らせようとしない雰囲気が,学級のなかに醸成される。[8)e

4.「いじめ」の認知・態様

(一)「いじめ」の認知

　平成24年11月に公表された文科省の緊急調査によると,国公私立の小学校・中学校・高校・特別支援学校における「いじめの認知件数」は,平成24年度当初から9月下旬時点までで144,054件と,上半期だけで,前年度(70,231件)1年間の2倍以上となっている。

　小学校では88,132件(平成23年度33,124件),中学校では,42,751件(同30,749件),高校では12,574件(同6,020件)であり,前年度と比較すると小学校での増加が著しい(図表2-Ⅰ-1)。

図表2-Ⅰ-1 いじめの認知(発生)件数

(1)推移

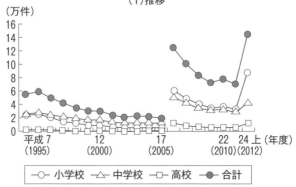

(2)学年別構成割合(平成23年度)

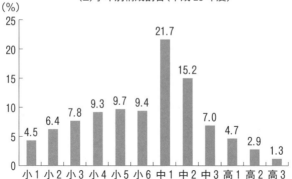

(出典)文部科学省「児童生徒の問題行動等生徒指導上の諸問題に関する調査」,「いじめの問題に関する児童生徒の実態把握並びに教育委員会及び学校の取組状況に係る緊急調査」(平成24年11月)

(注) 1 いじめの定義は,「児童生徒が,一定の人間関係のある者から,心理的,物理的な攻撃を受けたことにより,精神的な苦痛を感じているもの。なお,起こった場所は学校の内外を問わない。」
   2 平成6年度からは,特殊教育諸学校,平成18年度からは国私立学校,中等教育学校を含む。
   3 平成18年度に調査方法などを改めている。平成17年度までは発生件数,平成18年度からは認知件数。

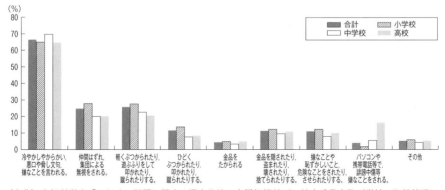

図表2-I-2 いじめの態様（平成24年度上半期）

（出典）文部科学省「いじめの問題に関する児童生徒の実態把握並びに教育委員会及び学校の取組状況に係る緊急調査」（平成24年11月）
（注）各区分の認知件数に対する割合（複数回答可）。

（二）「いじめ」の態様

　いじめの態様は，「冷やかしやからかい，悪口や脅し文句，嫌なことを言われる」などが，全体の66.8％と最も多く，ついで，「軽くぶつかられたり，遊ぶふりをして叩かれたり，蹴られたりする」などが，同25.3％と続いており，そして「仲間はずれ，集団による無視をされる」などが，同24.7％となっている。傾向としては年齢層が上がるにつれ，叩かれたり蹴られたりすることが減る一方，パソコンや携帯電話による誹謗中傷などが多くなってくる（図表2-I-2）。

5.「いじめ」に関する事件

　すでに見たように，「いじめ」事件は，今日もひろがりをみせており，文科省が把握している全国公私立の小中高校のいじめ件数は，2012（平成24）年上半期だけで14万件を突破している。ここで紹介する若干の事件は，この数年間でマスコミの紙面や社会を騒がせたものである。[6]

6 （一） 「滝川市小学校いじめ自殺事件」（北海道　2006 年 1 月）

　滝川市内の小学校 6 年生女子児童が，遺書を残して教室内で首をつり，意識がもどらぬまま 4 ヵ月後に亡くなった事件。

　遺書には，容姿を中傷されるなど「いじめ」を受けていたと見られる記述があったので，遺族はいじめ被害を認めるよう学校側や市教育委員会に対して求めたが，市教委側はこれは「遺書ではなく『手紙』である」から，無視したことがそのまま陰湿ないじめに結びつくとは思わない。学校ではよくあること」などとコメントしたため，全国的な批判を呼んだ。

　事件後，滝川市教育長が引責辞任に追い込まれ，市教育委員会幹部 2 名も停職 2 ヵ月の懲戒処分となった。また，校長・教頭・担任にそれぞれ減給や訓告などの処分がくだされた。

（二） 「富田林市中学いじめ自殺事件」（大阪府　2006 年 11 月）

　中学 1 年生の女子生徒が，府営住宅の自宅 8 階から飛び降り自殺して亡くなった事件。

　女子生徒は，小学校時代からいじめられており，「あいつ，うざいから無視してやろう」というメールが回覧されるなどの被害にあっていた。中学進学後は，身長の低さを理由に悪口を言われたり，廊下で足を引っ掛けられたり，進行を立ち塞がれるなどの嫌がらせを繰り返し受けていた。学校側はいじめを把握していたが，校長以下本格的な対応をとらなかったとされている。

（三） 「可児市中学校強制わいせつ動画撮影事件」（岐阜県　2010 年 6 月）

　中学校 1 年の女子生徒が，2 年生の女子生徒 5 人に呼び出され，衣服を脱がされ椅子にしばりつけられ，その様子を動画撮影され，メールで不特定多数に送信された事件。

　加害者生徒らは，これまでにも複数回同様の行為におよんでいた。被害者家族は，県警に被害届を提出した。これを受けて，県警は「強制わいせつ」と「児童買春・ポルノ禁止法」違反で捜査を開始し，刑事責任の問えない 4 人を児童相談所に通報し，残り 1 人を書類送検した。

（四） 「大津市中 2 いじめ自殺事件」（滋賀県　2011 年 10 月）

　大津市内の中学校 2 年生の男子生徒が，いじめを苦に自宅で自殺するに至った事件。

　少年の自殺後に，学校側が生徒に対して行ったアンケートや教育委員会の聞き取り調査によって，少年が複数の同級生らから日常的に執拗に暴力を振われ，たびたび脅迫され金銭を取られていたことや，昼休みに自殺の練習を強要されたりしていたことなどが判明した。しかるに，大津市の教育委員会は，当初この事実を部分的に公表し

第2章　教育・学校生活と法律の出会い　31

たが，自殺との因果関係は不明としていた。また，自殺した生徒の父親が再三にわたって被害届を県警大津署に提出しようとしたが，いずれも受理を拒否されていたことも後に判明した。警察は「被害者がおらず，刑事事件として立件するのは難しい」と回答していたという。

注 ——

1)　a・b—森田洋司＝清水賢二「新訂版いじめ」4頁（平成6年　金子書房）
2)　a・b・c・d—森田洋司＝清水賢二・前掲41・42頁。
3)　a・b—森田洋司＝清水賢二・前掲42頁。
4)　森田洋司＝清水賢二・前掲45頁。
5)　森田ゆり「子どもと暴力」17・18頁（平成11年　岩波書店）。
6)　東京地裁八王子支部判決（平成3・9・26）。
7)　武田さち子「あなたは子どもの心と命を守れますか！」266頁（平成18年　WAVE出版）。
8)　a・b・c・d・e—森田洋司＝清水賢二・前掲46〜51頁。

II　子どもへの「体罰」は暴力である

1.「体罰」の意味

（一）序　　説

　法務庁（1948（昭和23）年，現「法務省」）の解釈では，「体罰」の意味について，つぎのように説明している。①

① 「体罰」とは，「懲戒の内容が身体的性質のものである場合を意味する」。すなわち，まず「身体に対する侵害を内容とする懲戒——なぐる・ける類——がこれに該当する」。また，「被罰者に肉体的苦痛を与えるような懲戒もまたこれに該当する。たとえば，端座・直立等，特定の姿勢を長時間にわたって保持させるというような懲戒は，体罰の一種と解せられなければならない」が，ある特定の行為が，「体罰に該当するかどうかは」，その「児童の年齢・健康・場所及時間的環境など，さまざまな条件を考え合せて肉体的苦痛の有無を判定」すべきであるとしている。[1]

（二）「体罰」と「懲戒」の区別

教師の児童に対する「懲戒権」は，どの範囲まで認められるか。この点について，法務庁（1949（昭和24）年）は，「生徒に対する体罰禁止に関する教師の心得」と題する文書で，具体的に懲戒の限界について明示している。②

② 　第1は，用便に行かせなかったり，食事時間が過ぎても教室にそのままおくことは，肉体的苦痛をともなうから体罰となり，学校教育法に違反する。
　　第2は，遅刻した生徒を教室に入れず，授業を受けさせないことは，たとえ短時間でも義務教育では許されない。
　　第3は，授業時間に怠けたり騒いだからといって，生徒を教室外に出すことは許されない。ただし，教室内に立たせることは，体罰にならない限り，懲戒権内として認めてよい。
　　第4は，人の物を盗んだり，こわしたりした場合など，こらしめる趣旨で体罰にならない程度に，放課後残しても差しつかえない。
　　第5は，盗みの場合など，その生徒や証人を放課後尋問することはよいが，自白や供述を強制してはならない。
　　第6は，遅刻や怠けたことによって，掃除当番などの回数を多くするものは差しつかえないが，不当な差別待遇や酷使はいけない。
　　第7は，遅刻防止のための合同登校は，かまわないが，軍事教練的色彩をおびないように注意すること。

2．「体罰」は学校で日常的に行われている

（一）序　　説

わが国の教育現場における「体罰」の実態について，複数の団体が実施したアンケート調査によれば，少なくとも20％の子どもが，体罰を受けていると報告している。そして，この数字を1995年当時の小・中・高の生徒1,767万人にあてはめると，およそ353万4000人の子どもたちが「体罰」を受けていることになると推計される，という。③

③ （二） 体罰の内容

　　体罰の内容は，さまざまであるが，ここでは実際に行われたものを紹介することとする。

　　たとえば，ⓐ「宿題忘れると今からボアするぞ」（熊本・中），ⓑ「英語の単語テスト20問中，間違った分だけ尻を棒で叩かれた」「社会の5問テスト中，3問以下の者を洗面器で叩く」（熊本・中），ⓒ「さされて発表できないと，"お前はバカ"か」とチョークを投げつけられ，顔にビンタ」（鹿児島・中），ⓓ「耳を平手うちされて鼓膜が破れた」（山形・中），ⓔ「正座の上に鉄アーレイをのせ，足の間に木を入れて，石畳の上で3時間の正座」（広島・中），ⓕ「生まれつき髪が茶色なのに黒く染めさせる」（富山・中），ⓖ「いうことを聞かない子を猫づかみにして廊下の壁にゴツゴツあてる」（愛知・中），ⓗ「忘れ物をして30発殴られた」（福岡・小）などである。[2)b]

　こうした「体罰」の実態から明らかなように，体罰の方法は，言葉の暴力にとどまらず，肉体的暴力そのもの，あるいは，言葉の暴力と併せて行う複合的体罰など，さまざまである。

　また，体罰の場所は，授業中の教室・実習室・体育館，運動場，部室およびプールなど，学校内のどこででも体罰が起っている。

　子どもの体罰が日常化する状況のなかで，体罰を受けた子ども達は，「毎晩うなされている」，「忘れ物はないか？　といつもびくびく」，あるいは，「登校拒否に陥った」など，自尊心が傷つくばかりでなく，それを見ていた子どもたちも，「体罰を見ていると頭が痛くなる」，「友達の体罰を見て学校へ行けなくなり，今でも行けない」など，心に深い傷を残している。[2)c]これは，明らかに子どもに対する人権侵害である。

3．教育現場に根強く残る「体罰」容認の考え方

　教育現場で「体罰」が依然として，根強く残っているのは，親・教師が体罰を容認する潜在意識をもっているからではないだろうか。

　これを裏づける現象として，①日本PTA全国協議会（1200人）および②福岡県教職員組合（1万3000人）の行った興味深いアンケート調査があ

34
3）
る。④

④　　日本PTA全国協議会の実施した調査報告によると，「体罰はある程度許される」が
52％，「体罰は必要である」が17％とあり，両者をあわせると体罰を容認する親が
70％近くいるという実態が明らかとなった。
　　つぎに，福岡県教職員組合の実施した調査報告では，教師が過去1年間に児童・生
徒に体罰を加えたと答えた者が，50.7％と半数を占めており，しかも体罰の原因のほ
とんどが子どもにある，として暴力を正当化している。
　　また，体罰の是非について，教師の58.3％が「場合によって必要」であり，その行
為は教師と子どもとの間に「信頼関係があれば教育的効果がある」と答えている。
　　さらに，1996（平成8）年に愛知県豊田市の若園中学（生徒607人）で，教師による
体罰事件が発生した際，臨時のPTA集会が開かれた。そこで，集会に参加した親か
ら「子どもを段って下さい。先生萎縮しないで」など多くの体罰を容認する意見が出
され，体罰に対して学校・教師の責任を追及したのは，少数の親にとどまった，とい
う。

　　上記の調査報告を見る限り，親・教師の「体罰」を容認する意識が変わら
ない以上，教育現場から体罰を減少ないし失くするなどと考えるのは，現実
問題として容易なことでないと，いわなければならない。
　　もちろん，これだけの資料で，多くのPTA集会が子どもの体罰を容認す
る傾向にあるなどと判断するのは，無理があると思われるが，だからといっ
て，これらを例外的事件として取り扱うのは，事実を過小評価する危険性が
ある。

4．「体罰」の民事上・刑事上の責任
（一）　序　　説
　　そもそも教育は，教師と児童・生徒と信頼関係の基礎のうえに成り立つも
のであることは，いうまでもない。したがって，教師が子どもに対して，「体
罰」を行うことは，教育の基礎である信頼・安心・きずななどを自ら暴力に

よって，蹂躙する行為であるといわなければならない。

つまり「体罰」は，かりに教育の目的で行われたとしても，かかる行為は反社会性をおびた性格を有するものであるから，教育の分野にはなじまず，別に法的評価ないし制裁を受けることとなる。

（二）「体罰」を行った場合の民事上・刑事上の責任

「体罰」に属する行為は違法性を有し，その行為の結果いかんによっては，暴行罪（刑 208 条）や傷害罪（刑 204 条）など刑法上の犯罪を構成することとなりうる。

他方，「体罰」は民事上の不法行為（民 709 条）が成立し，損害賠償責任を生ずることとなる。この損害賠償責任について，判例は私立学校の教師が，「体罰」を加えた場合は，教師個人の責任を問うことができるが，公立学校の教師の場合には，国家賠償法にもとづき，地方自治体の責任として取り扱うことになる。

5．「体罰」に関する事件

体罰は，違法行為であるにもかかわらず，今は全国の学校現場において，広がり大きな社会問題となっている。ここでは，ここ数年に起った若干の体罰事件を紹介することとする。[5]

[5] （一）「三重総合高校暴行傷害事件」）（大分　2009 年 6 月）

豊後大野市にある県立高校で，20 代の男性教員が 3 年生の男子生徒に体罰でケガを負わせたとして書類送検され，停職 6 ヵ月となった事件。

教員は課題を出すよう命じて生徒を呼び出した際，罵声を浴びせながら，いく度も顔をこぶして殴り，胸や腹などを足で蹴る暴行を加えた。そして，保護者の病院へ連れて行きたいというのを無視して，約 3 時間にわたって面談を強行したあげく，校門付近でふたたび殴る蹴るの暴行を加えて，頭を地面に叩きつけたり身体を引きずり回すなどした。

（二）「野洲養護学校高等部嫌がらせ事件」（滋賀　2010年7月）

車椅子で通学する男子生徒に，男性教員4人が嫌がらせを繰り返して，停職1ヵ月の懲戒処分を受けた事件。

教員らは，リハビリ授業の際「これで乳首を挟んだら痛いだろうな」とペンチを見せて脅したり，マット上にうつぶせにした生徒へ「がんばれ」と言いながら，足で臀部をさわるなどした。また，給食中，嫌がる生徒のスープに唐辛子を入れるなどもした。こうした行為について，教員らは「生徒が学校になじむよう場を和ませようとした。申し訳ない」などと弁明している。

（三）「法政大学中学高等学校体罰事件」（東京　2010年10月）

法政大学の附属高校の修学旅行中，男性教諭2人が男子生徒9人を最長で12時間にわたって正座させたり，殴る蹴るの暴行を加えていた事件。

同様に北海道でスキー実習を行っていた際，男子生徒1人が禁じられていたスノーボードをしていたことから，食堂で12時間にわたって正座を強制した。また，手荷物チェックで男子生徒の部屋を調べたところ，同室の生徒たちからも禁止されていた携帯電話やゲーム機が出てきたことから，彼らも食堂での正座に加えられた。翌朝，男子生徒3名の行為を事前に知っていたかどうか確認したところ，6名が名乗り出たため，合計9名が食堂に集められた。

9名の生徒は頭に水をかけられたり，長時間正座をさせられて足指を爪楊枝でつつかれたり，床に落ちていた麻雀牌を味噌汁に入れ飲まされるなどした。生徒らは警察に被害届を提出した。その結果，男性教諭らは懲戒解雇され，法政大学の総長や校長が減給処分を受けた。

（四）「桜宮高校バスケット部体罰自殺事件」（大阪　2013年1月）

市立高校2年生の男子生徒が，バスケット部顧問の体罰を苦に自殺した事件。

顧問は同校バスケット部を全国大会レベルの強豪に育てあげる一方，19年の在籍期間に度重なる体罰事件を繰り返していた。今回の事件をめぐっては，市教委と学校側が顧問への聞き取り調査だけで，「体罰はなかった」と結論づけたことが問題となった。

さらに，学校側が，2011年にバレーボール部で起った体罰事件を「若い顧問の将来を考えて」市教委に報告していなかったことも判明した。

こうした一連の事件に対し，橋下徹大阪市長は，教員，保護者，生徒および学校OBらに根強く残る「体罰文化」を容認してはならないこと，また，このような状況下では，同校体育科の入学試験を中止せざるをえないとした。

注 —————

1） 昭和 23 年 12 月 22 日，法務庁法務調査意見（長官から国家地方警察本部長官，厚生省社会局，文科省学校教育局あての「児童懲戒権の限界について」と題する調査 2 発第 18 号回答）。

2） ａ・ｂ・ｃ―高田公子「続く体罰の深刻さ――広範に，日常的に行われている体罰――」273 頁，日本子どもを守る会編『子ども白書』（平成 10 年　草土文化）。

3） 高田公子・前掲 273〜275 頁。

Ⅲ　子どもの教育を受ける権利

1．子どもの「学習権」は教育の基本である

（一）　子どもの人権としての「学習権」の位置づけ

人はこの世に生を受け，幼児期から青年期にかけて，どのような環境でいかなる教育を受けるかによって，その後の人生に決定的ともいえる影響をおよぼすことは否定し得ない。そのような意味で，いわゆる「発達権」や「学習権」が，とくに「子どもの人権」として強調されるのは，人間の成長・発達が青少年期に 7・8 割まで形成されるという経験的事実が，これを物語っているからである。[1]a

ところで，子どもにとって，いかなる時代にどのような父母のもとに生まれ，どんな学校・教師に巡り合うかは，まったくの運命であり，しかもこの運命の女神は，人間の視点から見れば，気まぐれであり，とても公平な扱いであるとはいえない。

（二）　国家・社会は教育環境を整える責任がある

そこで，すべての子どもに対して，その人格に値する教育を授けるとすれば，国家・社会はなし得る限りの平等で豊かな教育条件を整え，自然の不平等を修正することが必要となる。[1]b

これらを前提として考えるならば，現代の民主教育は，どうあらねばならないかという問にぶつかることになるが，それは結局，人間の尊厳を基本とする人権の理念にもとづいて展開されなければならない，ということに帰結する。

すなわち，一人ひとりの子どもの生命と人格を大切にすることを前提に，子どもの「発達権」ないし「学習権」を教育の基本にすえて，それをあらゆる場所において実現する姿勢こそが，真の民主教育の「不易」の基本目標であると理解すべきであるといえる[1)c]。

（三）「教育を受ける権利」の人権としての位置づけ

教育は，一方で，何より「個人の人格の完成をめざす精神的文化的な営みである[2)a]」とともに，その個人が社会において，幸福で文化的な生活を営むための必要条件を身につける創造的な仕事であるといえる。他方で，民主主義の政治を運用するためには，自主・自立の精神を身につけた国民の育成が行われてこそ，民主国家の存立と発展が担保されることになるのであり，その意味で「教育はまさに憲法秩序の運行を左右する要件である[2)b]」ということができる。

ところで，「教育を受ける権利」は，一般に社会権（生存権的基本権）のなかに区分されているが，これを保障する意義については，学説上，ⓐ生存権説，ⓑ公民権説，ⓒ学習権説など3つの考え方がある。初期には，生存権説が有力であったが，今日では学習権説が通説的見解である。

ここにいう「子どもの学習権」とは，一般に子どもが教育を受けて学習し，人間的に発達・成長していく権利を意味すると解されている[3)]。最高裁も旭川学力テスト事件において，憲法26条の「教育を受ける権利」は，「学習権」であることを明確にした。①

① すなわち，憲法26条の規定の背後には，「国民各自が，一個の人間として，また，一市民として，成長，発達し，自己の人格を完成，実現するために必要な学習をする固有の権利を有すること，特に……子どもは，その学習要求を充足するための教育を自己に施すことを大人一般に対して要求する権利を有するとの観念が存在している」とのべている（最大判昭51・5・21刑集30巻5号615頁）。

2．教育権の所在は国家・国民のいずれにあるか

（一）　序　　説

　教育権の所在をめぐって，従来の学説および下級審では，「国家の教育権」か，それとも「国民の教育権」か，という問題として論議されてきた。そして，その争点となったのは，公教育における教育内容の決定権が，だれに帰属するか。いいかえれば，それは国家に帰属するのか，それとも親・教師など国民に帰属するか，また，その権利のおよぶ範囲はどこまでか，という点が中心となる。

（二）　「国家の教育権」説を主張する立場

　この説は，教育権の主体は国家であり，国家が教育内容および教育方法に介入できることを肯定する立場で，教育に関する裁判において国側から積極的に主張された。②

② 　第一次家永訴訟第一審判決，いわゆる高津判決——この判決の論拠は，ⓐ教育の私
　事性を捨象した現代公教育は，国に公教育を実施する権限があること，ⓑ議会制民主
　主義の原理から国民の総意が国会を通じて法律に反映されるから，国は法律に準拠し
　て公教育を運営する責務と権能を有すること，ⓒ大学など高等教育機関においては，
　学問の自由の範疇に教授の自由を含むものと解されるが，下級教育機関については，
　普通教育の本質上一定の制約をともなうこと，などを理由としてあげ，国の教育内容
　及び方法の決定権を肯定した（東京地判昭49・7・16判時751号47頁）。

（三）　「国民の教育権」説を主張する立場

　この説は，教育権の主体は親・教師など国民にあり，国民が教育内容および教育方法に介入することを肯定する立場である。それはまた，「教育の自由」論と不可分の関係にあるとして論議されてきた。この「国民の教育権」説を判例上，初めて採用し，教育にかかわる人権論の発展に大きな影響を与えたのが，第二次家永訴訟第一審判決，いわゆる杉本判決である。③

③　「国民の教育権」説を主張する立場は，教育の本質から見て，「子どもを教育する責務をになうものは親を中心として国民全体で」あり，「このような国民の教育の責務」を，「国民の教育の自由」と呼ぶことができる。したがって，国家は「国務の教育責務の遂行を助成するためにももっぱら責任を負うもの」である以上，「国家に与えられる権能は，……教育を育成するための諸条件を整備することであ」り，「国家が教育内容に介入することは基本的に許されない」とする。

　すなわち，教育の内容に関する事項は，「教師が児童，生徒との人間的な触れ合いを通じて，自らの研鑽と努力によって国民全体の合理的な教育意思を実現すべきものであり，また，このような教師自らの教育活動を通じて直接に国民全体に責任を負い，その信託にこたえるべきもの」という（東京地判昭45・7・17行集21巻7号別冊1頁）。

　要するに，国民の教育権説は，教育の本質から，国家の権能を外的条件の整備に限定するとともに，教育内容の決定は基本的に教師に委ねられるべきであると述べている。

　しかし，最高裁は，旭川学力テスト事件の上告審判決において，「国家の教育権」説，「国民の教育権」説の主張は，「いずれも極端かつ一方的であり，そのいずれも全面的に採用することはできない」として，つぎのような論理を展開した。④

④　すなわち，①憲法26条の教育を受ける権利は，「教育を施す者の支配的権利ではなく，何よりもまず，子どもの学習をする権利に対応し」，「専ら子どもの利益のために，教育を与える者の責務として行われるべきもの」である。しかし，教育内容および方法の決定権が，だれにあるかの結論は当然には導き出されないこと，つぎに②憲法23条は「学問研究の自由ばかりでなく，その結果を教授する自由をも含む」と解されるが，普通教育においては，子どもの批判能力が欠けており，学校や教師を選択する余地もなく，さらに，全国的な一定水準を確保する要請からすると，「教師に完全な教授の自由を認めることは，到底許されない」こと，さらに③親の教育の自由は「主として家庭教育等学校外における教育や学校選択の自由にあらわれるものと考えられる」こと，こうしたことは，④私学教育の自由においても「限られた一定の範囲において」肯定されること，⑤それ以外の領域でも，国が「子ども自身」の「社会公共の利益」のために，「必要かつ相当と認められる範囲において，教育内容」「を決定する権利を有するものと解さざるをえず，これを否定すべき理由ないし根拠は，どこにもみいだせない」と判示した（最大判昭51・5・21刑集30巻5号615頁）。

第 2 章　教育・学校生活と法律の出会い　　41

　要するに，最高裁の判決は，一方で，国に「教育内容」についての決定権
のあることを肯定しながら，他方で，親・教師などの「教育の自由」がある
ことも認め，そのうえで，後者によって，前者を「必要かつ相当と認められ
る範囲」に限定しようとする立場である。この立場は，基本的には妥当なも
のといえるが，国の教育内容決定の範囲が，必ずしも明らかでなく，現実に
はかなり広範囲の国の決定権能を肯定している点に疑問が残る[4]。

3. 教育を受ける権利の内容

(一) 教育の機会均等

(1) 「能力に応じて」「ひとしく」の意味

　憲法 26 条 1 項は，国民に「その能力に応じて，ひとしく教育を受ける権
利」を保障しているが，「その能力に応じて，ひとしく」という文言を付して
いるのは，憲法 14 条の「平等原則」を人格形成をめざす教育面でとくに強
調したものである[5]。

　本条を受けた教育基本法 4 条も教育上の差別禁止事由として，「人種，信条，
性別，社会的身分，経済的地位又は門地」などをあげている。ここに，「その
能力に応じて」とは，「教育を受けるに適するかどうかの能力に応じて」と
いう意味である。また，「ひとしく」とは，教育を受ける能力と関係のない理
由による教育上の差別をしてはならないことを意味する。

(2) 就学に困った者への経済的な保障

　憲法で保障する「教育の機会均等」が，実際に具体化されるためには，経
済的なうらうちがあって，はじめて可能となる。そして，これを実現するた
めに，教育基本法は「国及び地方公共団体は，能力があるにもかかわらず，
経済的理由によって修学が困難な者に対して，奨学の措置を講じなければな
らない」（4 条 3 項）と定めている。

(3) 心身障害児に対する経済的な保障

　「教育の機会均等」は，いわゆる心身障害児に対しても当然に保障される。

これを具体化するために，学校教育法は，「視覚障害者，聴覚障害者，知的障害者，肢体不自由者又は病弱者（身体虚弱者を含む）に対して，幼稚園，小学校，中学校又は高等学校に準ずる教育を施すとともに，障害による学習上又は生活上の困難を克服し自立を図るために必要な知識技能を授け」(72条) なければならないとして，特別支援教育の経済的な保障を定めている。

（二）　普通教育を受けさせる義務

(1)　就学義務者

子どもに対し教育を受けさせる義務を負う者は，第1順位は，親権を行う者（保護者），それがない場合は，未成年後見人である（学教16条）。義務の内容は，「普通教育」（憲26条2項）である。「普通教育」とは，すべての国民にとって共通に必要とされる基礎的な教育を意味する。

現行の学校制度は，ⓐ小学校は「初等普通教育」（6年）を，ⓑ中学校は「中等普通教育」（3年）を，ⓒ高等学校は「高等普通教育」（3年）を，それぞれ施すことを目的とすると定めている（学教17条・45条・50条）。そのうち小学校・中学校の9年の普通教育を「義務教育」としている（教基5条1項）。

(2)　就学義務の猶予・免除される場合

保護者は，「学齢児童」又は「学齢生徒」が，「病弱，発育不完全その他やむを得ない事由のため」，「就学困難と認められる」場合には，市町村の教育委員会によって，「就学義務猶予又は免除」を受けることができる（学教18条）。

（三）　義務教育は無償である

憲法26条2項後段は，「義務教育は，これを無償とする」と定め，子女に対し無償の普通教育を受ける権利を保障している。⑤

---

⑤　教育基本法は，国公立学校における義務教育につき「授業料を徴収しない」と定めている（5条4項）。また，昭和28年に成立した「義務教育諸学校の教科用図書の無償措置に関する法律」は，国公私立を問わず「義務教育用教科書の無償配布」を規定している。

学説では，義務教育の「無償の範囲」については，ⓐ無償範囲法定説，ⓑ授業料無償説，ⓒ就学必需費無償説などが主張されているが，授業料無償説をもって妥当と解する。判例もこの立場を採用している（最大判昭39・2・26民集18巻2号343頁）。

4．学問の自由

（一）序　説

近代的な学問の自由が，憲法上の保障を見たのは，19世紀ドイツ憲政史の発展過程においてである。すなわち，学問の自由が最初に明文化されたのは，1849年フランクフルト憲法であり，それが1850年のプロイセン憲法に受継がれた。さらに，1919年のワイマール憲法およびドイツ連邦基本法では，「芸術および学問，研究および教授は，自由である」（5条3項）と定め，学問の自由を保障している。[6]

---

[6]　これに対して，アメリカ，イギリスでは，市民的自由（思想の自由，思想の表現・交換の自由）が保障されれば，その結果として，研究の自由も当然に保障されると考えた。[7]a

ところが，19世紀の第3・4半期以降，大学の管理体制の変化にともなって，大学教授など研究教育を行う者が，理事機関から不当な干渉や解雇を受けることなく，専門的職能を自由に遂行しうることを保障すべきであるという考え方が生まれ，「学問の自由」が保障されるようになった。[7]b

わが国では，明治憲法には「学問の自由」に関する規定はなく，学問と教育の問題は，いずれも勅令による天皇大権事項（9条）とされていた。このような状況下で，戦前の滝川事件（1933年），天皇機関説事件（1935年）[8]など，国家権力による学問の自由に対する弾圧が起った。日本国憲法は，こうした過去への反省と欧米諸国の伝統的考え方の影響を受けて，[9]「学問の自由」を保障したと解される。

（二） 学問の自由の内容

(1) 「学問の自由」の意味

憲法は，「学問の自由」を保障すると定めている（23条）。「学問の自由」とは，人間が自然と社会の変化・発展のなかから，論理的手法によって何が真理であるかを探究し，その成果を発表する精神活動をいうと解される。

学問研究は，研究者の人格を発展・向上させるという個人的価値の側面もあるが，他面において，社会の進展に寄与し，広く人類の文化に貢献する社会的価値の側面もあることから，それは人間の幸福と生活向上に不可欠な要件であるといえる。

(2) 「学問の自由」が保障される範囲

学問の自由の内容について，従来の通説は，ⓐ「学問研究の自由」，ⓑ「研究成果発表の自由」，ⓒ「教授の自由」，ⓓ「大学の自治」などをあげている。そして，ⓐは思想・良心の自由（19条），ⓑは表現の自由（21条）と重複するが，にもかかわらずあえて，「学問の自由」を保障したのはなぜか。

それは，学問研究はつねに従来の考え方を批判して，新しいものを生み出そうとする努力であるから，それに対して特に高い自由が要求されるのは，当然の帰結である。ⓒは学問の自由から展開される「教授の自由」が，大学に限定されるのか，それとも初等教育機関の自由までも含まれるのか，という点について問題となった。⑦

---

⑦　ポポロ劇団事件　　この点で「学問の自由」をめぐる判例のリーディングケースは，ポポロ劇団事件である。

　　これは，昭和27年東京大学の学生団体の，いわゆるポポロ劇団が，松川事件に関する演劇発表会を開催した際，その会場へ私服警察官（4人）が潜入していたのを発見し，警察手帳を奪うなどの暴力を加えたため，暴力行為等処罰法（1条1項）違反で起訴された事件である。

　　この事案について，最高裁は，憲法23条は「大学が学術の中心」であることから，とくに大学における学問研究・教授の自由を保障する趣旨であるが，この度の学生の

集会は「真に学問的な研究またはその結果の発表のためのものでなく，実社会の政治的社会的活動に当たる行為をする場合には，大学の有する特別の学問の自由と自治は享有しない」と判示した（最大判昭38・5・22刑集17巻4号370頁）。

(3) 「学問の自由」の限界

学問の自由，とくに「学問研究の自由」は，思想の自由と同じように，内面的な精神活動にとどまる限り，無制約に保障される。しかし，先端科学技術の研究は，人間の尊厳を根底からゆるがす重大な危険をひき起こすこととなった。[8]

[8]　すなわち，大規模技術（原子力の研究），遺伝子（DNA）技術（遺伝子組み換え），医療技術（臓器移植・体外受精・遺伝子治療）など人間の生存・環境をも脅かすような研究・学問などが現われるにおよび，それを無限に認めることは危険をはらむとの観点から，法的規制の是非が議論されるようになった。

この問題について，多数説はその行為が学問的であるか否かの判断は，「第一義的には学者自身と学問の府『大学・研究機関』の自律や自主判断に委ねられるべき[10]」であるとする。これに対して，特定の内容の研究については，規制できるとする見解もある[11]。

(4) 教授の自由

「教授の自由」について，従来の通説的見解は，教授の自由を大学における教授の自由に限られるものとし，初等中等教育機関における教師の「教育の自由」は，憲法23条の学問の自由によって保障されていないと解する（これを「狭義説」という）。

判例もポポロ劇団事件において，憲法23条は「大学において教授その他の研究者が，その専門の研究結果を教授する自由」のみが保障されているとする。[9]

46

⑨　1）「第二次家永訴訟」　　これに対して，下級審の第二次家永訴訟のいわゆる杉本判決は「憲法 23 条は，教師に対し学問研究の自由だけでなく教授の自由をも保障している」とし，したがって，「下級教育機関における教師についても教育の自由の保障は否定されていない」という（東京地判昭 45・7・17 行集 21 巻 7 別冊 1 項）。

　　2）「旭川学力テスト事件」　　下級審の判決に対して，最高裁は，旭川学力テスト事件において，「知識の伝達と能力の開発を主とする普通教育の場においても」，「一定の教育の自由があると考えられる」が，その反面「児童生徒の能力，教師の影響力，全国的に一定の教育水準の確保の要請を考えれば，完全な教授の自由を認めることは許されない」とした（最大判昭 51・5・21 刑集 30 巻 5 号 615 頁）。

　　3）「伝習館高校事件」　　その後，高校教師（3 人）が，文科省の学習指導要領の内容を逸脱し，所定の教科書を使用しなかったため，福岡県教育委員会から懲戒処分を受けたことで，教師の「教育の自由」が争われた。

　　このいわゆる伝習館高校事件において，最高裁は原審を破棄して一審判決を取消し，教師の教育の自由にも制約があるとして，教師の行為は教師の裁量の範囲を逸脱したものであり，懲戒処分は妥当であると判示した（最判平 2・1・18 民集 44 巻 1 号 1 頁）。

　　4）「高嶋教科書訴訟」　　また，高校の現代社会の教科書検定における検定処分の違法性等が争われた，いわゆる高嶋教科書訴訟で，東京高裁は，検定意見は文部大臣の裁量権を逸脱していないとして，一審原告の請求を一部認容した原判決を取消し，この部分の原告の請求を棄却した（東高判平 14・5・29 判時 1796 号 28 頁）。

注 ────────────────

1）　a・b・c―小林直樹「教育と子どもの人権」子どもの人権〔ジュリスト増刊総合特集〕No. 43，59～63 頁（昭和 61 年）。

2）　a―兼子仁「教育法」〔新版〕法律学全集 228 頁（昭和 58 年　有斐閣）。
　　b―堀尾輝久「現代における教育と法」現代法⑻ 151 頁以下（昭和 41 年　岩波書店）。

3）　堀尾輝久「現代教育の思想と構造」339 頁以下（昭和 46 年　岩波書店）。

4）　中村睦男「教育権の所在」憲法の争点〔新版〕ジュリスト 147 頁（昭和 60 年　有斐閣）。

5）　伊藤正己「憲法」〔第 3 版〕386 頁（平成 7 年　弘文堂）

6）　宮澤俊義（芦部信喜補訂）「全訂日本国憲法」274 頁（昭和 53 年　日本評論社）

7）　a・b―有倉遼吉編「基本法コメ」103〔高柳〕

8）　「滝川事件」は，昭和 8（1933）年に，当時京都帝国大学の教授であった滝川幸辰の「刑法読本」・「刑法講義」の著書が，自由主義的であるとの理由から，内務大臣によって発禁処分を受け，ついで文部大臣より辞職を要求された事件である。

9）　「天皇機関説事件」は，昭和 10（1935）年に，当時貴族院議員であった美濃部達吉の 3 冊の著書（「憲法撮要」・「遂条憲法精義」・「日本憲法の基本主義」）に説かれている天皇機関説

第 2 章　教育・学校生活と法律の出会い　47

を非難し，発売禁止と処分を命じた事件である。

10)　小林直樹「憲法講義」(上)〔新版〕381 頁（昭和 35 年　東京大学出版会)。

11)　橋本公亘「日本国憲法」〔改訂版〕247 頁（昭和 63 年　有斐閣)。佐藤幸治「憲法」〔第
　　3 版〕511 頁（平成 7 年　青林書院)。

第3章　労働・職場生活と法律の出会い

第1節　労働問題の誕生と労働基本権

I　労働関係の推移

1．労働関係の移り変り

（一）封建社会と労働関係

　人間はいかなる時代・社会においても，「労働」なくして生きてゆくことはできない。衣食住などの生活をはじめ，あらゆる文化の創造は，人々の身体・精神労働が，その源である。しかも労働関係のあり方は，それぞれの時代ごとに組織された社会構造によって異なる。

　かつての封建社会における生産労働は，もっぱら権力者の強制によって従事する「農奴労働」が中心であった。しかし，こうした身分的支配にもとづく労働もその後の科学技術の進歩にともなって，機械生産を中心とする「労働関係」へと移っていくのである。

　そして，このような労働関係こそ新たな近代市民社会を形成するものであり，そこでは資本主義による生産方式という段階をむかえることになる。

（二）近代社会と労働関係

　ところで，資本主義の生産方式は，資本家が資本を出して，生産に必要な工場・機械・材料などを買い入れ，それを労働者が用いて生産する仕組みである。すなわち，資本家は自ら働くわけでなく，労働者が商品を生産し，もっぱら利潤を追求することを目的とする労働関係である。

　したがって，そこでは資本家がだれを雇用するかは自由であり，また，労

働者もどの資本家に雇われるかは自由であるとするのが，「近代社会の労働関係」である。[1]

[1]　近代企業においては，かつての「熟練労働者」の雇用の必要性が殆どなくなったばかりでなく，むしろ資本家の指示にしたがって，工場内で忠実に働いてくれる「労働者」であれば，だれでもよくなったのである。すなわち，機械生産を中心とする労働関係のもとでは，熟練労働者はしだいにその地位を追われ，これらの失業者がやがて「新たな労働力」として，労働市場へ創出されることとなった。

他方，資本主義経済の必然的現象ともいえる景気後退にともなう事業の縮小は，さらに多数の失業者を生み，それらがいわゆる「産業予備軍」となって，労働市場における労働力の供給をいっそう豊かなものとした。

2．いわゆる「労働問題」とは

「労働力の供給」の創出は，企業者の雇用条件をますます有利なものとし，そのことが以前にも増して悪い労働条件で多くの労働者を雇い入れる環境を生む状況となった。とくに，女子・年少者の長時間労働や深夜業などの労働が常態化し，また，機械生産に特有の災害・疾病の発生は，労働者の健康をむしばむ事態を引きおこすこととなった。

その結果，労働者の生活は，急速に貧困化の途をたどることとなった。このような段階にいたって，ようやく国家は人道的・慈恵的立場から，あるいは，健全な労働力を将来とも確保するという観点から，「労働者の生活を保護する政策」をとらざるをえなくなった。

このような資本主義経済の基本的矛盾，すなわち「資本と賃労働の対立」から必然的に発生する問題を「労働問題」と呼ぶのである。

Ⅱ 憲法が保障する労働関係の規定

1. 何人も「職業選択の自由」が保障される

(一) 序 説

憲法は,「何人も……職業選択の自由を有する」と規定する (22条1項)。かつて封建社会における職業は,生まれついた身分に組まれた関係にあったから,特別な場合を除いて,生涯その職種は変わることはなかった。

したがって,「職業選択の自由」の保障は,一方で,身分的・世襲的拘束からの解放を目的とするとともに,他方で,資本主義経済の生産関係の基礎をなすものである。

ここにいう「職業」は,自己(および家族)の生計を維持するための社会的・経済的活動であるとともに,[1)a]個人の人格的価値や幸福追求の仕方と不可分の関係にあることを留意しなければならない。[1)b]

(二) 職業選択の自由と「営業の自由」

「職業選択の自由」とは,自己のたずさわるべき職業を決定する自由をいい,そのなかに職業を行う自由,すなわち「営業の自由」を含むと解するのが,通説的立場である。[1]

[1] 判例も,いわゆる小売商業特別措置法事件において,「憲法22条1項は,国民の基本的人権の一つとして,職業選択の自由を保障しており,そこで職業選択の自由を保障するというなかには,広く一般に,いわゆる営業の自由を包含しているものと解す」べきであると判示した (最大判昭47・11・22刑集26巻9号586頁)。

2.「職業選択の自由」の限界

(一) 規制に関する基本原則

「職業選択の自由」は,基本的に社会・経済的活動であって,精神的自由と比較して,公権力による強い規制を受ける。

これらの規制は，規制の目的に応じて，「消極目的規制」と「積極目的規制」に区別される。「消極目的規制」とは，国民の生命や健康に対する危険を防止するために課される予防的・警察的な規制である。[2)a] これに対して，「積極目的規制」とは，現代的な福祉国家の理念にもとづいて，とくに社会的・経済的弱者を保護するために課される政策的な規制である。[2)b]

（二）　具体的規制の例

　「職業選択の自由」を制約する態様には，いろいろあるが，ここでは，主な規制例をあげることとする。[3] ②

②　1）　反社会的職業の禁止　　これは，反社会性をおびた職業はいっさい禁止されることを意味する。たとえば，売春防止法にいう「管理売春」を処罰していることなどが，それである。（最判昭36・7・14刑集15巻7号1097頁）。

　　2）　公益事業の特許制　　これは，地域的独占性と生活必需性の見地から，国家によってそれを営む権利を認められたものだけが経営できるとされる。たとえば，電気，ガス，鉄道などが，これに属する。

　　3）　一定の専門的職業の資格制　　これは，国家により資格を認められた者だけが経営できるとされる。たとえば，医師，薬剤師，看護師，弁護士，司法書士，弁理士，公認会計士，税理士，栄養士，教師などが，その例である。

　　4）　国の独占化による私人による営業の禁止　　これは，国の財政収入の確保や，国民に対する均等なサービスの提供などを理由に，国家の独占事業とされる。たとえば，旧郵便事業，旧たばこ専売制などが，これにあたる。

　　5）　衛生，風俗その他の警察目的からの営業許可制　　たとえば，風俗営業，飲食店，旅館，古物商，質屋などが，これに属する。

　　6）　税収目的のための規制　　酒税法は，酒類の販売業は税務署長の免許を必要とすると定め（9条），したがって，免許を与えないことのできる場合として，「経営の基礎が薄弱である」（10条10号）とか，「酒税の保全上酒類の需給の均衡を維持する必要がある」（10条11号）とか，などをあげている。

3. 人権保障に関する労働関係の規定

(一) 序説

憲法は，人権保障に関する各種の規定をおいているが，そのなかで「労働関係」に関連して，つぎのような規定を設けている。③

③ 〔勤労の権利義務，勤労条件の基準，児童酷使の禁止〕
　憲法27条　すべて国民は，勤労の権利を有し，義務を負ふ。
　②　賃金，就業時間，休息その他の勤労条件に関する基準は，法律でこれを定める。
　③　児童は，これを酷使してはならない。
〔勤労者の団結権〕
　憲法28条　勤労者の団結する権利及び団体交渉その他の団体行動をする権利は，これを保障する。

(二) 憲法と労働法の関係

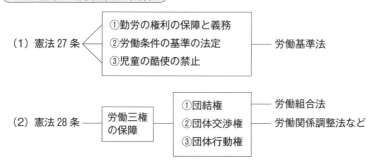

注
1) ａ―佐藤幸治「憲法」〔第3版〕556頁（平成7年　青林書院），ｂ―小林直樹「憲法講義」（上）〔新版〕510・511頁（昭和55年　東京大学出版会）。
2) ａ・ｂ―辻村みよ子「憲法」〔第3版〕257頁（平成21年　日本評論社）。
3) 佐藤幸治「日本国憲法論」304〜307頁（平成23年　成文堂）。

第3章 労働・職場生活と法律の出会い 53

III 労 働 基 準 法

1. 労働基準法とはどんな法律か

労働基準法は，労働者を保護することを目的とする法律で，多くの人事関連の中で最も核となる法律である。

労働基準法は，労働者の労働条件の最低基準を定め，それを使用者が守ることを罰則つきで義務づけており，これには6つの特色がある。①

① 第1は，個別の労働契約の内容を直接修正することができる点である。すなわち，労働者が直接，使用者に対して，契約内容を法律どおりに変更することを求められるようになっている（労基13条）。

第2は，違反に対しては刑事罰が行われる点である（強行規定）。すなわち，違反すると「1年以上10年以下の懲役または20万円以上300万円以下の罰金」から「30万円以下の罰金」までの罰則が定められている（同117条・118条・119条・120条）。

第3は，両罰規定を設けている点である。すなわち，違法行為をした管理者等，本人を罰すると同時に，事業主にも法違反の責任を負わせるとしている。

第4は，特別な監督行政組織が設置されている点である。すなわち，厚生労働省労働基準局，全国の都道府県労働局と労基署に「労働基準監督官」が配置され，使用者に最低労働条件を守らせるために，各事業場への立ち入り，書類提出，使用者や労働者への尋問，捜査，検察庁への送検等が行われている。

第5は，労働基準法は，「事業場単位」で適用される点である。すなわち，法律は企業単位ではなく事業場単位に業種と規模を判断し適用する。

第6は，使用者が義務，禁止の対象となる点である。

2. 労働基準監督署の役割

労働基準監督署は，各都道府県に設置されている労働局の「出先機関」で各地域ごとに設けられている。

監督署の業務としては，労働基準法，最低賃金法，労働安全衛生法などの関連法規が守られているか否かの監督，指導の他，就業規則の届出，36協定，産業医の届出，労働保険給付の手続など，労働関係のさまざまな書類の受理，

設定なども行っている。また，労働者からの賃金不払いや解雇などの相談にも応じている。

Ⅳ　労 働 基 本 権

1．総　　　説

（一）労働法とは

「労働法」とは，使用者と労働者を当事者とする労働契約を規律する法の総称といわれる。そして，労働法に関する基本的法律として，ⓐ労働基準法，ⓑ労働組合法，ⓒ労働関係調整法などが制定され，これを「労働三法」と呼ぶ。

憲法は，基本的人権に関する各種の規定を設けているが，そのなかで労働基準法は，憲法 27 条 2 項に対応した法律である。また，労働組合法と労働関係調整法は，憲法 28 条に対応した法律である。

労働法における問題は，大きく分けて 2 つある。1 つは，使用者と個々の労働者との間で問題となる「個別的労働関係」であり，その場合に基本となる法律は，労働基準法である。もう 1 つは，使用者と労働者の集団との間で問題となる「集団的労働関係」であり，その場合に基本となる法律は，労働組合法である。

（二）勤労の権利ないし「労働権」

憲法 27 条 1 項は，「すべて国民は，勤労の権利を有し，義務を負ふ」と定める。そして，「勤労の権利」は，一般には社会権の一種として理解されている。これは，資本主義経済体制における労働市場において，「労働の意思と能力をもつ者が，私企業等で就業しえないときに，国家に対して労働の機会の提供を要求」[1) a]できるとともに，「それが不可能なときには相当の生活費の支払を請求する権利」（これを「限定的労働権」という[1) b]）と解するのが通説である。

そして，この権利を実現するために国は，職業安定法，雇用保険法，男女

雇用機会均等法等多くの法律を制定している。

2. 労働条件の法定

　憲法27条2項は、「賃金、就業時間、休息その他の勤労条件に関する基準は、法律でこれを定める」としている。資本主義体制では、契約自由の原則にもとづき、労働条件は労働者と使用者の自由な交渉によって決定するのが建前である。

　しかし、実際には、経済的に弱い立場の労働者は、使用者の苛酷な労働条件（たとえば、低賃金・長時間労働・過重労働など）の従属下におかれることとなり、その結果、人間としての生存を維持することも困難な状況を現出するにいたった。

　そこで、国家はかかる雇用状況を改善するために、労働条件に関する最低基準を法律でもって定めることとした。そして、この要請のもとに、今日労働基準法、最低賃金法、労働安全衛生法、労働者災害補償保険法等多くの法律がつくられている。

　さらに、憲法27条3項は、「児童は、これを酷使してはならない」と定める。成長期の児童を虐待および酷使することを禁止したのは、歴史上、わが国の労働関係において、年少者保護が必ずしも十分でなかった状況にかんがみ、とくにこの問題を明文化したのである。

3. 労働基本権

（一）序　　説

　憲法28条は、「勤労者の団結する権利及び団体交渉その他団体行動をする権利は、これを保障する」と規定し、いわゆる「労働基本権」を保障している。労働基本権は、団結権・団体交渉権・団体行動権（争議権）の3つからなり、これを「労働三権」と呼ぶ。①

① 　近代資本主義を標榜する体制のもとでは，労使間の形式的な自由・平等の契約関係は，労働者は常に従属的立場にたたされ，その結果，労働者の「人たるに値する生活」を維持できないことが，経験的事実から明らかとなった。

　しかし，労働者は，生存のためには，「労働力を売らざるを得ない」のであり，もし市民法上の労働契約を結ばない自由があるとすれば，「餓死の自由」を意味することとなる。そこで，国家は労働者に対し，労働契約を締結する場合，「団結して使用者と対等の交渉ができる」よう，労働に関する法律を制定し，「労働者の生存権」を保障する政策をとることとなった。

（二）　労働基本権の性格

　労働基本権は，つぎのような複合的性格を有すると指摘される[2]。

　1）「刑事免責」　国家の刑罰権からの自由という側面，すなわち，国家は正当な争議行為に対して，刑罰権を発動してはならない（労組1条2項）。

　2）「民事免責」　使用者に対する民事上の権利という側面，すなわち，この権利を侵害する契約は無効であり，また，事実行為による侵害は違法となり，さらに，正当な争議行為は，債務不履行や不法行為等の責任を発生することはない（労組8条）。

　3）「労働委員会による救済」　国（労働委員会）による救済を受けられるという側面，すなわち，労組法が不当労働行為という制度を設けているのは，この権利を確実なものとするためである（労組7条・27条）。

4．団結権，団体交渉権，団体行動権（争議権）

（一）団　結　権

　「団結権」とは，労働者が労働条件の維持・改善を目的として，使用者と対等の交渉をするために，団体（労働組合・争議団）を結成し，それに加入する権利をいう。団結権は，結社の自由（憲21条1項）の一環であるといえる。

　団結権は，団体を結成する自由が保障されるだけでなく，団体自体の自由をも保障されることが重要である。それゆえ，国家や使用者が，労働組合内

部の問題に対して，不当に介入することは禁止される（労組7条3号）。つまり，労働組合という団体は，一種の「部分社会」をなすものと解される。[3]

（二）団体交渉権

「団体交渉権」とは，労働者の団体が使用者と労働条件について交渉する権利をいう。したがって，正当な手続をふんだ団体交渉は，使用者が「正当な理由がなくて拒むこと」は，許されないのであり（労組7条2号），もし交渉を拒絶した場合には不当労働行為となる。

団体交渉の結果，労使間で合意に達した事項は，「労働協約」として締結され，その協約はいわゆる「規範的効力」を有するとされる。したがって，そこに定められた協約内容に違反する労働契約の部分は無効となる。

（三）団体行動権

憲法28条は，労働者に対し，「その他の団体行動をする権利」を保障するといい，「争議権」という文言を用いていないが，一般には団体行動権のほかに争議権を含むと解されている。

(1) 争議権保障の意義

「争議権」とは，労働者の団体が，自主的な意思にもとづき，その団体目的を達成するための行動であって，使用者の業務の正常な運営を阻害するものをいう。争議行為の典型的なものは，ストライキ（「同盟罷業」）であるが，このほか怠業，作業所閉鎖，ピケッティング，示威運動なども含まれる。

(2) 争議行為の正当性

1）正当性の基準　争議行為の正当性を判断する場合，実際は争議行為が多様で流動的であるため，すべての事例に有効で適用可能な基準を明示することは困難である。この点について，近時の学説では，争議行為の目的，手段，態様などを――〈労働基本権の趣旨や憲法の精神とを総合して〉――個々の具体的ケースごとに検討し，その正当性の限界を見定めてゆくほかないとする見解が主張されており，[4]この立場が妥当である。②

②　争議行為の正当性の限界をこえる事例として，学説・判例は，3つの類型をあげている。

　　①　その1は，いかなる場合にも，暴力の行使は，正当な争議手段として許されないとする（労組1条2項ただし書）。

　　②　その2は，「社会通念に照らして不当に長期に及ぶときのように国民生活に重大な障害をもたらす場合」も正当性の限界をこえるものとして認められない（全逓東京中郵事件＝最大判昭41・10・26刑集20巻8号901頁）。

　　③　その3は，「工場事業場における安全保持の施設」の停廃またはこれを妨げる行為は，争議行為として許されないのは当然である。（労調36条）。

　　2）　争議行為の目的の正当性　　争議行為の「目的」の正当性について，問題となるのは，いわゆる「政治スト」である。③

③　「政治スト」の正当性の問題について，学説上は，ⓐ政治スト違法説，ⓑ経済的政治スト合法説，ⓒ政治スト合法説などの考え方がある。

　　判例は，一貫して政治スト違法説の立場をとっている。すなわち，全逓東京中郵事件で，争議行為が「政治的目的のために行われる場合」には，正当性の限界を超え，刑事制裁をまぬがれないと判示した（最大判昭41・10・26刑集20巻8号901頁）。全農林警職法事件（最大判昭48・4・25刑集27巻4号547頁）などについても，同趣旨の判決がでている。

　　3）　争議行為の手段・態様の正当性　　争議行為が正当であるためには，その「手段・態様」も正当でなければならない。そこで，つぎの4つの場合について，概説する。④

④　①　ストライキ（同盟罷業＝strike）は，労働者が要求を貫徹するために，集団で労務の提供を拒否する行為であり，争議行為のなかで代表的な手段である。ストライキには，ⓐゼネスト（全国的ないし地域的に一斉に行う場合），ⓑ部分スト（組合員の一部が行う場合），ⓒ指名スト（特定組合を指名して行う場合）などがあるが，他に違法な問題がない限り，正当性を失うものではないと解される。

② 怠業（Sabotage）は，サボタージュと同じ意味に用いられ，労働者が団結して意識的に作業能率を低下させる手段である。わが国では，積極的サボタージュ（たとえば，機械・製品を破壊する行為）は，違法と解されている。

③ ピケッティング（Picketing）は，ストライキなどに付随して行う争議行為で，組合員の脱落・スト破りの防止，あるいは，ストライキ中であることを他の労働者や公衆に知らせるために，現場付近で監視・説得する手段である。

④ 生産管理は，労働組合がその要求を貫徹するために，一時的に企業施設・資材・賃金などをその手におさめ，使用者の指揮命令権を排除して，自ら企業経営を行う行為である。生産管理は現在では行われていない。

(3) 争議行為が法律によって制限される場合

1) 労働関係調整法による制限　労働関係調整法は，4つの制限を設けている。

すなわち，ⓐ安全保持施設の停廃・禁止（36条），ⓑ公益事業の争議行為の予告（37条），ⓒ緊急調整決定の際の争議行為の制限（38条），ⓓ受諾された調停案の解釈・履行に関する争議行為の制限（26条2項〜4項）などが，これにあたる。

2) スト規制法による制限　「電気事業及び石炭鉱業における争議行為の方法の規制に関する法律」，いわゆるスト規制法は，電気事業および石炭鉱業の特殊性ならびに国民経済および国民の日常生活に対する重要性にかんがみ，「公共の福祉」を擁護するために，これらの事業について争議行為を禁止している（1条）。

(4) 公務員の「労働基本権」の制限

1) 現行法上の制限　公務員の労働基本権は，職種におうじて制限が設けられている。[5]

---

[5]　① 警察職員，監獄職員，消防職員，自衛隊員，海上保安庁職員などは，団結権，団体交渉権，争議権のすべてが否認されている（国公108条の2第5項，地公52条5項，自衛64条）。

② 非現業の国家公務員および地方公務員は，団体交渉権が制限され，争議権は否認されている（国公108条の2第3項・108条の5第2項・98条2項，地公52条3項・55条2項・37条1項）。

③ 国営企業の国家公務員（国有林野事業，印刷事業および造幣事業等），地方公営企業の地方公務員（市電・市バス等）は，争議権が否認されている（国営企業労働関係法4条・8条・17条1項，地方公営企業労働関係法5条・7条・11条1項）。

2）判例　　公務員の労働基本権を制限する諸規定が，憲法上許されるか否かについて，これまで数多くの裁判で争われ，判例も変遷を重ねてきた。⑥

⑥　最高裁は，昭和28年の政令201号事件において，憲法13条の「公共の福祉」と憲法15条の「全体の奉仕者」を根拠に，公務員の労働基本権の一律禁止を合憲と判断した（最大判昭28・4・8刑集7巻4号775頁）。この考え方は，昭和30年代の数多くの訴訟において，踏襲された。

ところが，いわゆる全逓東京中郵事件の判決で，公務員の労働基本権（憲28条）は，「国民生活全体の利益」の保障という見地から内在的制約を有するが，その制約は「合理性の認められる必要最小限のものにとどめられ」るべきという新たな判断基準を示すにいたった（最大判昭41・10・26刑集20巻8号901頁），そしてこの判決の趣旨は，いわゆる都教組事件（最大判昭44・4・2刑集23巻5号305頁）の判決によって承継された。

しかし，最高裁は，全農林警職法事件において，再び合憲的限定解釈を否定し，公務員の争議行為の一律禁止を合憲と判断した（最大判昭48・4・25刑集27巻4号547頁）。

この判決は，岩手教組事件（最大判昭51・5・21刑集30巻5号1178頁）および全逓名古屋中郵事件（最大判昭52・5・4刑集31巻3号182頁）の判決に踏襲されている。

注

1）　a・b―辻村みよ子「憲法」〔第3版〕315頁（平成21年　日本評論社）。

2）　芦部信喜編「憲法Ⅲ人権（2）」461・462頁（昭和53年～56年　有斐閣）。

3）　辻村「前掲」316頁。

4）　小林直樹「憲法講義」（上）587頁（昭和55年・56年　東京大学出版会）。

第3章　労働・職場生活と法律の出会い　61

第2節　労働契約の成立，就業規則，労働協約

Ⅰ　労働契約を締結する場合の留意点

1．労働契約成立の流れ

（一）　申し込みと承諾

　労働契約の成立要件について，労働契約法は，「労働契約は，労働者が使用者に使用されて労働し，使用者がこれに対して賃金を支払うことについて，労働者及び使用者が合意することによって成立する」（6条）と規定する。

　すなわち，労働契約は，「労働の提供」と「賃金の支払」いを内容とする有償の双務契約であり，当事者の義務は，労働者の「労働義務」と使用者の「賃金支払義務」である。

（二）　それでは，労働契約はいつ成立したといえるのか。①

①　一般的な順序でいえば，労働契約は，企業・使用者が募集広告によって，労働者の募集を行い，これを見て労働者になろうとする人が応募してくる。この場合の企業の募集は，申し込みをさせるための「申し込みの誘引」にすぎない。

　　これに申し込みをなした者が，「申し込み」にあたり，そして「採用試験・面接」を受けた後に，企業・使用者の「採用通知」があれば，それが「承諾」であり，この段階で労働契約が成立するものと解される。1)a

（三）　採用の際における「プライバシー」への配慮

　企業は，一般的には，憲法が職業選択の自由（憲22条），財産権（憲29条）を保障していることから，使用者がだれと労働契約を締結するかは原則として自由である。したがって，使用者は採用過程において，その対象となる者の採否を決めるための「判断資料」を収集し得ることになる。

　もっとも，労働者側にもプライバシーがあるので，使用者の調査がどこまでなし得るかが問題となる。②

② この観点から，職安法5条の4第1項は，労働者の募集を行う者は，その業務の目的の達成に必要な範囲内で求職者等の個人情報を収集しなければならないと規定する。そして，労働省告示141号の指針（平11・11・17）では，「職業紹介事業者等は，その業務の目的の範囲内で求職者等の個人情報〈中略〉を収集することとし，次に掲げる個人情報を収集してはならないこと」と定めている。「ただし，特別な職業上の必要性が存在すること，その他業務の目的の達成に必要不可欠であって，収集目的を示して本人から収集する場合は，この限りでないこと」として，次の事項をあげている。[1)b]

① 人権，民族，社会的身分，門地，本籍，出生地その他社会的差別の原因となるおそれのある事項

② 思想および信条

③ 労働組合への加入状況

2．採用内定

（一） 採用内定が取消される場合

労働契約を結ぶ過程において，採用内定通知が出されることがある。もとより，そのまま労働者が入社できれば，特別な問題は生じない。ところが，ときには「内定取り消し」の通知がなされることもあり，その場合には，「内定の取り消し」をめぐって争いが生じることがある。

（二） 採用内定の法的性格[3]

③ この問題について，最高裁は，採用内定の法的性格という側面から，次のように述べている。すなわち，採用内定の段階で，「入社予定日を就労の始期とする解約権留保付き労働契約」が成立するものと判示している（大日本印刷事件＝最判昭54・7・20民集33巻5号582頁）。判例はいったん採用内定の通知が出されてしまうと，労働者は他の企業への就職の機会を放棄してしまうこともあるから，その保護を図るために，採用内定の段階で労働契約が成立しているという立場をとったものといえる。

それでは，内定取り消しは，いかなる場合にできるのか。

判例は，「採用内定の取消事由は，採用内定当時知ることができず，また知ることが期待できないような事実」があって，しかも「これを理由として採用内定を取消すことが解約権留保の趣旨，目的に照らして客観的に合理的と認められ社会通念上相当として是認することができるものに限られる」と解している（大日本印刷事件＝最判昭54・

7・20）。

　実務上，「内定取り消し」が比較的多い事由として，虚偽申告については，内容・程度が重大なもので，信義を欠き従業員の適格性がないといえなければ，内定取り消しは，認められないとする傾向にある。[1) c]

3. 試 用 期 間

（一） 試用期間の意味

　「試用期間」とは，入社後の一定期間を「試用」期間として，その間に労働者の職務能力や適格性を判断し，本採用にするかどうかを決定する期間をいう。一般的には，3ヵ月〜6ヵ月として設定される。使用者は，この間に研修や指導を行い，労働者が職場に適応できるように努める必要がある。

（二） 本採用拒否ができる場合

　本採用拒否は，どのような場合に可能なのか。試用期間は，労働契約が成立していると考える以上，本採用拒否は解雇の問題ということになる。

　すなわち，解雇の問題については，「解雇権濫用法理」が適用されることになる。したがって，一般的には，採用内定の際に見極めることができなかった重大な解雇理由の存することが，具体的な証拠によって明確に裏付けられなければならない。[2)] 判例は，次のように説明している。④

④　「企業者が，採用決定後における調査の結果により，または試用中の勤務状態等により，当初知ることができず，また知ることが期待できないような事実を知るに至った場合において，そのような事実に照らしその者を引き続き当該企業に雇傭しておくのが適当でないと判断することが，上記解約権留保の趣旨，目的に徴して，客観的に相当であると認められる場合」にのみ，留保していた解約権を行使することが許される（三菱樹脂事件＝最大判昭 48・12・12 民集 27 巻 11 号 1536 頁）。

4．労働条件明示義務

　労働者にとって，自分がどのような労働条件で雇われるかは重要な問題であり，これを明確にしておくことは労働者保護の観点から重要なことである。

　そこで，労基法は，「使用者は，労働契約の締結に際し，労働者に対して賃金，労働時間その他の労働条件を明示しなければならない。この場合において，賃金及び労働時間に関する事項その他の厚生労働省令で定める事項については，厚生労働省令で定める方法により明示しなければならない」（15条1項）とし，労働条件を明示する義務を規定した。

　実務的には，「労働条件通知書」等で対応するのが通例であるが，このほかにも労働契約書の締結や就業規則の交付などがある。

5．身　元　保　証

　労働契約の締結にあたり，使用者が労働者に対し，「身元保証人」をつけるよう求めることがある。これは，労働者が労務を提供していく過程で，使用者に対し損害をおよぼした場合に補填する保証人である。

　この問題について，「身元保証ニ関スル法律」は，つぎのように定めている。

　①　身元保証契約の存続期間は，期間の定めがない場合には3年間となり（1条），当事者で定める場合も5年間を超えることはできない（2条）。

　②　労働者に業務上不適任の事由があり，身元保証人の責任が発生するおそれが生じた場合や，労働者の任務または任地が変更されて，身元保証人の責任が過重になったり，監督が困難になったときなどは，保証人に遅滞なく通知しなければならないとされ，通知を受けた保証人は将来に向けて「身元保証契約」を解除できるものとされている。

　注
　　1）　a・b・c―千葉　博「人事担当者のための労働法の基本」18・19・23頁（平成25年

労務行政）。

2）　千葉　博「これで納得！すぐわかる労働法」43頁（平成20年　労務行政）。

Ⅱ　就業規則・労働協約との関係

1．労働条件内容の決定

　労働条件は，労働契約で定められるとする認識は，基本的には正しいが，それだけで当該労働者の労働条件がすべて決まるわけではない。すなわち，労基法および労組法により，就業規則，また労働協約には労働契約より強い効力が認められており，したがって，これらの規範の内容を確認して確定することになる。

　それゆえ，これらの規定の優劣は，つぎのようになる。

　労働協約 ＞ 就業規則 ＞ 労働契約

　結局，労働契約・就業規則・労働協約という規範および労使慣行によって，労働条件が定まることになる。[1]

2．「就業規則」とは

（一）　就業規則の意義および効力

　「就業規則」とは，事業場における職場規律や労働条件を統一的に定め，効率的な労務提供が可能となるように，使用者が定める規則類をいう。[2]

　就業規則は，使用者が一方的に定めるものであるが，労働条件を統一的に定める必要もあることから，強い効力が認められている。

　労契法12条は，「就業規則で定める基準に達しない労働条件を定める労働契約は，その部分については，無効とする。この場合において，無効となった部分は，就業規則で定める基準による」と規定する（労基93条参照）。

　就業規則が，労使間の合意である労働契約より強い効力を有することについて，判例はつぎのように判示している。[1]

① すなわち,「多数の労働者を使用する近代企業においては,労働条件は,経営上の要請に基づき,統一的かつ画一的に決定され,労働者は,経営主体が定める契約内容の定型に従って,附従的に契約を締結せざるを得ない立場に立たされるのが実情であり,この労働条件を定型的に定めた就業規則は,一種の社会規範として……それが合理的な労働条件を定めているものであるかぎり,……事実たる慣習が成立しているものとして,その法的規範性が認められるに至っている(民法92条参照)ものということができる」と説明する(秋北バス事件=最大判昭43・12・25民集22巻13号3459頁)。

（二） 就業規則の作成手続

(1) 就業規則の作成義務

就業規則は,常時10人以上の労働者を使用する事業場においては,これを作成し,行政官庁に届け出なければならない(労基89条)。「常時」とは,常に10人以上の労働者を使用していることを意味し,この10人には正社員のみならず,パートタイマー,契約社員,嘱託なども含まれる。

(2) 就業規則の記載事項

労基法で義務づけられている就業規則の記載事項には,ⓐ「必要的記載事項」と,ⓑ「相対的必要記載事項」の2つがある(労基89条)。具体的な内容は,以下のとおりである。②

② 1）必要的記載事項　①「始業及び終業の時刻」,「休憩時間(長さ,与え方),「休日」(日数,与え方),「休暇」(年次有給休暇,産前・産後の休暇,生理休暇,忌引休暇,結婚休暇),「就業時転換に関する事項」(交替期日,交替順序)など。

②「賃金」(臨時の賃金等は除く),その「決定・計算の方法」(学歴・年齢,勤続年数,技能,職階制,出来高などの賃金決定の要素),「支払方法」(直接支給,銀行振込,定期券による通勤手当),「締切り及び支払の時期」(日給か,週給か),「昇給に関する事項」(昇給の期間,率その他の条件)など。

③「退職に関する事項」(任意・解雇・定年退職)など(労基89条1号～3号)。

2）相対的必要記載事項　①「退職手当の適用される労働者の範囲,手当の決定,計算及び支払の方法」(勤続年数,退職事由,一時か年金か,没収・減額条項),「支払いの時期」に関する事項など。

② 「臨時の賃金」（一時金，臨時の手当）および「最低賃金額」に関する事項など。

③ 「食費，作業用品その他の負担」に関する事項など。

④ 「安全および衛生」に関する事項など。

⑤ 「職業訓練に関する事項」など。

⑥ 「災害補償および業務外の傷病扶助に関する事項」など。

⑦ 「表彰」に関する事項および「制裁」に関する事項など。

(3) 労働者の意見聴取義務

就業規則の作成・変更について使用者は，「当該事業場に，労働者の過半数で組織する労働組合がある場合においてはその労働組合」，もしそのような労働組合がない場合には，「労働者の過半数を代表する者」の意見を聴かなければならない（労基90条1項）。しかも就業規則の作成・変更を行政官庁に届け出る際には，この労働組合または労働者の代表の意見を記した書面を添付することを要する（労基90条2項）。

なお，ここで規定しているのは，あくまでも労働者の過半数代表の意見を「聴取」する義務であって，その意見を「取り入れる」義務ではない。

(4) 周知義務

使用者は，就業規則を常時各作業場の見やすい場所に掲示するか，備えつける等の方法によって，労働者に周知させなければならない（労基106条1項）。

（三） 就業規則の不利益変更

就業規則は，使用者が一方的に定めるものであるから，どのような不利益変更を行っても無制限に労働者を拘束するのは不合理である。問題は，合理性の限界である。[3]

---

[3] 合理性判断の基準——使用者側の業務上の必要性と労働者の受ける不利益を比較衡量することによって，合理性の有無を判断することとなる。この点につき，判例はつぎのようにのべている。

すなわち，「合理性の有無は，具体的には，就業規則の変更によって労働者が被る不利益の程度，使用者側の変更の必要性の内容・程度，変更後の就業規則の内容自体の相当性，代償措置その他関連する他の労働条件の改善状況，労働組合等との交渉の経緯，他の労働組合又は他の従業員の対応，同種事項に関する我が国社会における一般的状況等を総合考慮して判断すべきである」と説明している（第四銀行事件＝最判平9・2・28民集51巻2号705頁）。

3.「労働協約」とは

（一） 労働協約の意義

「労働協約」とは，労働組合と使用者またはその団体との間の労働条件その他に関する約束事をいう。この労働協約は，書面に作成し，両当事者が署名し，または記名押印することによって，その効力を生ずる（労組14条）。

このような内容に該当する限り，名称は「覚書」でもよいし，場合によっては，団体交渉の「議事録」でも，署名があれば，労働協約と認められるとされている。

（二） 労働協約の効力

労働協約についても，就業規則と同様な労働契約より強い効力が認められている。その事を労組法16条は，「労働協約に定める労働条件その他の労働者の待遇に関する基準に違反する労働契約の部分は，無効とする。この場合において無効となった部分は，基準の定めるところによる。労働契約に定がない部分についても，同様とする」と規定している。

わが国においては，組合の多くは企業別組合であることから，「労働協約」も企業別協約が中心ということとなる。

4. 労 使 慣 行

（一） 労使慣行の意義

「労使慣行」とは，ある事実が労使間において相当期間にわたり異議なく反復継続して行われ，それが事実上相当程度に拘束力をもつにいたった場合

に，その事実のことをいう。これを「労働慣行」ということもある。④

④　判例では，民法92条を根拠に，ⓐ長期間にわたって反復継続し，ⓑそれについて
労使双方が明示的に異議をとなえず，ⓒとくに使用者のそれにしたがうという規範意
識に支えられている場合に，事実たる慣習として労働契約の内容をなすという（商大
八戸ノ里ドライビングスクール事件，大阪高判平5・6・25）。

（二）労使慣行の機能・効力

①　労働契約の効力として認められる労使慣行は，労働条件その他労働者
の待遇に関するものであって，恒常的な取り扱いとして行われてきたもので
なければならない。

②　労働協約や就業規則の規定が不明確または抽象的な場合に，労使慣行
により，その明確または具体的な意味が与えられる場合がある。

③　労使慣行の効力をめぐっては，労使慣行を使用者が一方的に変更でき
るかが問題となる。たとえば，定年後に再雇用する慣行が成立していたにも
かかわらず，使用者が一方的に「今後は再雇用しない」と主張するといった
場合に問題となる。

注
1）　千葉　博「これで納得！すぐわかる労働法」51頁（平成20年　労務行政）。
2）　千葉　博「人事担当者のための労働法の基本」34頁（平成25年　労務行政）。

第3節　労働条件を定める場合の留意点

Ⅰ　労働条件と労働契約期間

1．労 働 条 件

労契法が「労働者及び使用者は，その合意により，労働契約の内容である

労働条件を変更することができる」（8条）と規定するように，労働条件は原則として労働契約によって決まることになる。また，労働条件は労働協約，就業規則，労使慣行によっても変更を受けることになる。

　そこで，労基法は，「使用者は，労働契約の締結に際し，労働者に対して賃金，労働時間その他の労働条件を明示しなければならない」（15条1項）とし，労働条件を明示する義務を規定した。①

①

〔図表 3-3-Ⅰ-1〕　労働条件の明示

書面の交付による明示事項	口頭の明示でもよい事項
①労働契約の期間 ②期間の定めのある労働契約を更新する場合の基準に関する事項 ③就業の場所・従事する業務の内容 ④始業・終業時刻，所定労働時間を超える労働の有無，休憩時間，休日，休暇，交替制勤務をさせる場合は就業時転換に関する事項 ⑤賃金（退職手当および右欄の③に掲げる賃金を除く）の決定，計算・支払いの方法，賃金の締め切り・支払いの時期に関する事項 ⑥退職に関する事項（解雇の事由を含む）	①昇給に関する事項 ②退職手当の定めが適用される労働者の範囲，退職手当の決定，計算・支払いの方法，支払いの時期に関する事項 ③臨時に支払われる賃金（退職手当を除く），賞与などに関する事項 ④労働者に負担させる食費，作業用品その他に関する事項 ⑤安全・衛生に関する事項 ⑥職業訓練に関する事項 ⑦災害補償，業務外の傷病扶助に関する事項 ⑧表彰，制裁に関する事項 ⑨休職に関する事項

（千葉　博「人事担当者のための労働法の基本」52頁から引用）

2．期間の定めのない契約と期間の定めのある契約

（一）序　　説

　労働契約には，「期間の定めのない契約」（「無期労働契約」とも呼ぶ）と非正規社員に多く見られる「期間の定めのある契約」（「有形労働契約」とも呼ぶ）がある。

　両者の特徴を理解しておくことは，実務において重要なことである。

（二） 期間の定めのない契約

民法は，「当事者が雇用の期間を定めなかったときは，各当事者は，いつでも解約の申入れをすることができる。この場合において，雇用は，解約の申入れの日から２週間を経過することによって終了する」(627条) とあるように，期間の定めのない契約の場合，労働者は使用者に対し２週間前に退職の予告をすれば，使用者との契約を解約し，退職することができる。

しかし，期間の定めのない契約を使用者が契約を終了させようとする場合は，常に解雇の問題が生じることになるので，一定の配慮が必要である。

（三） 期間の定めのある契約

これに対して，民法628条は「当事者が雇用の期間を定めた場合であっても，やむを得ない事由があるときは，各当事者は，直ちに契約の解除をすることができる」とあるが，いいかえれば，これは労働契約に期間の定めがある場合は，労働者もやむを得ない事情がなければ契約解除をすることはできないこととなる。

もちろん，使用者側からの契約解除，すなわち解雇もこの規定による規制を受ける。他方で，期間の定めのある契約では，期間満了をむかえたときには，更新しなくても解雇の問題は生じない。

3．労働契約の期間

（一） 序　　説

「期間の定めのある契約」については，労基法にその期間の上限に関する定めがあり，３年を超えることはできないとされている (14条)。したがって，３年を超える契約を結んだ場合は，有効期間３年の契約が結ばれたものとみなされ，もし３年を超えて契約したいときは，契約の更新をすることとなる。

（二） 例外的な長期の労働契約を結ぶことも可能

ただし，例外的に，３年の期間を超えて，有効期間を５年までとする長期の労働契約を締結することができる (労基14条１項・２項)。②

②

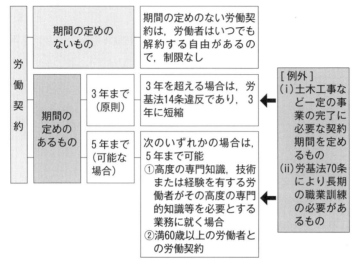

〔図表3-3-Ⅰ-2〕 労働契約期間の上限

※契約期間を定めた労働契約では，上記「例外」と「5年まで可能な場合」を除き，労働契約の初日から1年を超えた日以降は，いつでも退職できる（労基附則137条）。

(千葉　博・前掲56頁から引用)

4．「労働契約法」による有期労働契約者の保護

（一）序　　説

　「有期労働契約者」として典型的なのは，「契約社員」「パートタイマー」と呼ばれる社員である。これらは，「有期契約」を結んでいる以上，期間満了時に契約を更新しないならば，解雇の問題が発生することなく，会社を辞めることとなる。このように，有期労働契約者は，使用者にとって，ⓐ安価な労務提供が受けられること，ⓑ雇用調整がしやすいこと，などのメリットがある。

　しかし，労働者の立場からすれば，「自分の地位が著しく不安定となる」[1]ことにかんがみ，その保護をはかる必要性が強調されてきた。③

③　そこで，平成24年に「労働契約法」が改正され，有期労働契約者の地位を保護する，

の3つの点を柱とする規定が設けられた。すなわち第1は、「有期労働契約の期間の定めのない労働契約への転換」(労契18条)であり、第2は、「有期労働契約の更新等」(労契19条)であり、第3は、「期間の定めがあることによる不合理な労働条件の禁止」(労契20条)などである。以下問題となるところを見ることとする。

(二) 5年を超えて反復更新されれば、「期間の定めのない労働契約への転換」(労契18条)

(1) 使用者側が拒絶できない「無期転換」の申し込み (労契18条1項)

同一の使用者との間で締結された2以上の有期労働契約の契約期間を通算した期間が5年を超える労働者が、当該使用者に対し、期間の定めのない労働契約の締結の申し込みをしたときは、使用者は当該申し込みを承諾したものとみなすとした。④

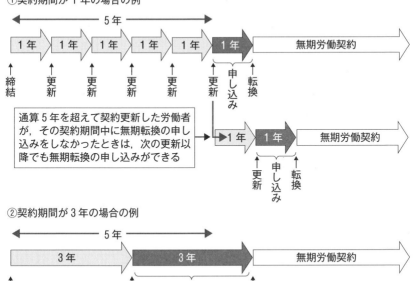

〔図表3-3-Ⅰ-3 無期転換の申し込みができる場合〕

(千葉 博・前掲58・59頁から引用)

④　この規定の施行は，平成25年4月1日であるから，それ以後開始した「有期労働契約」の通算期間が5年を超える場合に，その契約期間の初日から末日までの間に，労働者は無期転換の申し込みができることになる。申し込みは口頭でも可能である。

(2) 通算契約期間の算定の仕方（労契法18条2項）⑤

⑤　通算契約期間の算定は，暦を用いて，年・月・日の単位で行う。すなわち，契約期間の初日から起算して，翌日の応当日（月違いの同日）の前日を「1ヵ月」とする。また，複数の契約期間について，1ヵ月未満の端数がある場合には，その端数同士を合算した後に，「30日をもって1ヵ月」に換算する。

無期転換がなされた場合，労働条件は，別段の定めがない限り，直前の有期労働契約と同一とされる。ただし，別段の契約をすることは可能である。

これに対して，使用者は「クーリング期間」を設ける方法がある。これは有期労働契約と有期労働契約の間に，いずれの契約にも属さない期間を設けることで，労働契約期間を通算しないでいいとするものである。

具体的な期間については，原則として，6ヵ月以上の空白期間（クーリング期間）が必要であるが，有期労働契約の契約期間が短い場合のクーリング期間は，次のとおりとなる。

2ヵ月以下	→	1ヵ月以上
2ヵ月超から4ヵ月以下	→	2ヵ月以上
4ヵ月超から6ヵ月以下	→	3ヵ月以上
6ヵ月超から8ヵ月以下	→	4ヵ月以上
8ヵ月超から10ヵ月以下	→	5ヵ月以上
10ヵ月超	→	6ヵ月以上

〔図表3-3-Ⅰ-4〕　通算契約期間の計算（クーリングとは）

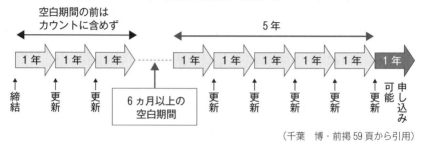

（千葉　博・前掲59頁から引用）

第3章 労働・職場生活と法律の出会い 75

（三） 有期労働契約の更新等 （労契法 19 条）

この「雇止め法理」は，従前から判例において確立されてきたもので，平成 24 年改正で条文化されたものである。「雇止め法理」の説明は，第 3 章第5 節 I 3 で行う。

（四） 期間の定めがあることによる不合理な労働条件の禁止 （労契法 20 条）

有期労働契約者の労働条件が，同一の使用者と期間の定めのない労働者の労働条件と期間の定めがあることにより，相違する場合においては，当該労働条件の相違は，労働者の業務の内容および当該業務に伴う責任の程度，当該職務の内容および配置の変更の範囲その他の事情を考慮して，不合理と認められるものであってはならないとする。

ここにいう「不合理な差別がされてはならない」とは，賃金，労働時間等の狭義の労働条件のみならず，災害補償，服務規律，教育訓練，付随義務，福利厚生など，労働者に対する一切の待遇について，適用されることを意味する。[2]

注
1） 千葉　博「人事担当者のための労働法の基本」57 頁（平成 25 年　労務行政）。
2） 千葉　博・前掲 60 頁。

II　賃金，賞与，退職金等

1.「賃金」とは

（一） 賃 金 の 意 義

労基法によれば，賃金とは「賃金，給料，手当，賞与その他名称の如何を問わず，労働の対償として使用者が労働者に支払うすべてのものをいう」(11条) と定義する。「賃金」は，「労働の対償」であるから，祝金，見舞金，慶弔金などの恩恵的給付や社宅貸与などの福利厚生給付は，賃金にあたらないと解される。

つぎに，賞与・退職金については，労働協約および就業規則に支給条件・支給基準をあらかじめ定めておいたり，あるいは，労働者が入社するにあたって，契約に支給条項がある場合は，賃金にあたると解される。もっとも，こうした定めがなくても，以前から賞与・退職金が支払われ続けてきたという実績があれば賃金として認められる場合もある。

（二）平均賃金

労基法12条は，平均賃金とは，「これを算定すべき事由の発生した日以前3箇月間にその労働者に対し支払われた賃金の総額を，その期間の総日数で除した金額をいう」と定義している。

この平均賃金は，休業手当（労基26条），年次有給休暇（労基39条），労災補償（労基76条以下），減給をなすときの上限（労基91条）などの規定のなかで，金額の算定に際して用いる用語である。

2．賃金に関する諸原則

労基法は，賃金の支払いに関して，5原則を定めている（24条）。

（一）通貨払いの原則

賃金は，「通貨で支払わなければならない」という原則である。その理由は，賃金を通貨以外のもので支払うと，換金する手間と減価になる危険を労働者に負わせることになるからである。

ただし，労働協約に別の定めがある場合には，通貨以外での支払いも認められる。また，「厚生労働省令で定める賃金について確実な支払の方法で厚生労働省令で定めるものによる場合」も例外として認められている。[1]

第3章　労働・職場生活と法律の出会い　77

① すなわち，労働者の指定する銀行その他の金融機関の「預貯金口座」や「証券会社の口座」に振り込んで支払うことは認められる。また，退職金についても，労働者の同意があれば，銀行の自己あて小切手等で支払うことも許されると解されている。しかし，今日では口座振り込みが一般化したため，通貨払いの原則は，実務上あまり問題にならなくなったといえる。

（二）　直接払いの原則

　賃金は，「労働者に直接支払わなければならない」という原則である。賃金が本人以外の者に支払われると，中間搾取の危険性があるので，それを防止するためである。この原則も口座振り込みが一般化したため，実際上はあまり問題はおこりにくくなったが，この原則にも例外がある。すなわち，たとえば，裁判所が賃金を差し押さえた場合には，その差し押さえに応じて，他の者に支払っても直接払いの原則に違反したことにはならない。

（三）　全額払いの原則

　賃金は，「その全額を支払わなければならない」という原則である。賃金は，労働者が生活して行くための糧であるから，その全額を支払うことを明示したものである。この原則にも例外がある。すなわち，「法令に別段の定めがある場合」，たとえば，給与所得税の源泉徴収や，社会保険料の控除などは，全額を支払わないことができる。②

② また，労働者の過半数で組織する労働組合があるときは，その労働組合，もし労働者の過半数で組織する労働組合がないときは，労働者の過半数を代表する者との書面による協定を結ぶことで，例外が認められる。

（四）　毎月1回以上払いの原則

　賃金は，「毎月1回以上，一定の期日に支払わなければならない」という原則である。ただし，臨時に支払われる賃金，賞与，精勤手当，勤続手当等には，この原則は適用されない。

（五） 一定期日払いの原則

賃金は，「一定の期日を定めて支払わなければならない」という原則である。これは労働者の生活の安定をはかろうとするものである。この原則にも，「非常時払い」という例外がある。③

③　すなわち，ⓐ本人または扶養家族等の出産，疾病，災害の費用にあてる場合，ⓑ本人または扶養家族等の結婚，死亡の費用に充てる場合，ⓒ本人または扶養家族等が，やむを得ない事由により，1週間以上帰郷する際の費用に充てる場合，においては支払期日前にあっても，既往の労働に対する賃金を支払わなければならないとする（労基25条，労基則9条）。

（六） 賃金債権の時効

労基法は，「賃金」の請求権の消滅時効を2年と定めている。また，「災害補償その他の請求権」についても同様である（労基115条）。ただし，退職金の請求権の消滅時効は5年とされている（労基115条）。

3．その他賃金に関する規定

（一） 賠償予定の禁止

労基法は，「使用者は，労働契約の不履行について違約金を定め，又は損害賠償額を予定する契約をしてはならない」（16条）と定める。「損害賠償額の予定」とは，債務不履行の場合に，賠償すべき損害額を一定の金額として定めておくことをいう。このような形態を労働契約で取り決めることは，労働者を縛りつけるおそれがあるので，労基法は，これを禁止することとした。

（二） 前借金相殺の禁止

労基法は，「使用者は，前借金その他労働することを条件とする前貸の債権と賃金を相殺してはならない」（17条）と規定する。「前借金」とは，将来にわたって働くことを条件とする貸しつけをいう。

第3章　労働・職場生活と法律の出会い　79

（三）　強制貯金の禁止

　労基法は，「使用者は，労働契約に附随して貯蓄の契約をさせ，又は貯蓄金を管理する契約をしてはならない」（18条1項）と規定する。これも，労働者の不当な拘束・中間搾取のおそれがあるので禁止されたのである。もとより，使用者は労働組合，あるいは事業場の労働者の過半数を代表する者と書面による協定をむすび，労働基準監督署長に届け出た場合は，貯蓄を管理することは許される（18条2項，労基則5条の2・6条の2）。

4．賞　　　与

（一）　賞　与　と　は

　行政解釈によれば，「賞与とは，定期又は臨時に原則として労働者の勤務成績に応じて支給されるものであって，その支給額が予め確定されていないもの」，すなわち，予め金額が確定されていないものと解されている。一般に，ⓐ一時金，ⓑ報奨金，ⓒ夏期手当，ⓓ年末手当などと呼ばれるものである。

（二）　労基法には，賞与を支払う規定はない

　労基法には，賞与を支払う規定は設けられていない。規定がないということは，「支給する必要はない」ということで，支払うかどうかは使用者（企業主）の判断に委ねられている。また，支払額についても使用者が自由に決めることができる。

　ただし，就業規則，労働契約等により，賞与の支給要件を明確に定めている場合には，使用者に支払義務があり，賃金として支払うこととなる。労基法は，賞与の支給を規定したときは，就業規則に「支給の時期」「支給の条件」を記載しておくことが義務づけられている（89条）。

（三）　賞与をめぐる問題点

（1）　賞与の「支給日在籍要件」

　賞与の支給に関して問題となる点として，「支給日在籍要件」がある。これは，賞与の対象となる期間の全部または一部には在籍したが，支給日には

在籍していない者には，賞与を支給しないという制度である。④

④　この制度について，判例はその効力を認める傾向にある（大和銀行事件＝最判昭57・10・7判時1061号118頁）。しかし，今後は労働者がその地位を失った理由いかんによって，区分して考えるべきであるとの指摘がある。

　　1）　自己都合による退職者　　自分の都合で退職した場合は，「支給日在籍要件」が適用され，したがって，賞与・一時金が支給されなくても，やむを得ないと解される。
　　2）　自己都合以外で退職した者　　ⓐ定年退職者の場合，労働者は支給日より先に定年を迎えることを知っているわけだから，不利益はあまり問題にならないといえよう。学者・実務家も見解が分かれている。ⓑ被解雇者の場合は，労働者の意思で辞めたのではないので，「勤務期間に対応した賞与を請求し得る」という見解もあるが，判例上では分かれている。
　　3）　死亡退職者　　この場合は，「労働者に責を負うべき原因」はないので，原則的には賞与を支払うべき必要性が高いと解される。[1)a]

(2)　賞与の「不当査定の場合」

　賞与の具体的金額の算定方法は，企業によってさまざまである。一般的には，企業のその期間中の業績とともに，個々の労働者の勤務成績の査定などを経て行われるものであり，企業側の裁量が広く認められる性格のものであるといえる。

　しかし，事実に誤認がある場合や重要視すべき事項を無視したりするなど，評価が合理性を欠き，社会通念上著しく妥当性を欠くと認められない限り，違法とはならないと解される。[1)b]

第3章　労働・職場生活と法律の出会い　81

5．退　職　金

（一）　退職金の意味

「退職金」とは，労働者が退職する際に受け取る金銭のことをいう。退職金は，労働契約，就業規則，労働協約において支給することが定められている場合には賃金である。退職金の算定は，算定基準額に勤続年数毎に設けられた支給率を乗じて行われることが多い。

労基法は，使用者は労働者の退職に際して，労働者から退職の請求があった場合には，7日以内に賃金を支払うほか，積立金，保証金，貯蓄金その他名称の如何を問わず，労働者の権利に属する金品を返還しなければならないと規定する（23条1項）。

（二）　退職金の減額

退職金・退職年金は，労働者の退職後の人生設計に影響する問題であるから，その引き下げ・切り下げは，重大なダメージを与えかねないゆえ，個々の労働者の同意をえなければできないと解すべきであろう（幸福銀行事件＝大阪地判平12・12・20）。

（三）　退職金の没収は可能か

就業規則において，「懲戒解雇される労働者」は，退職金を没収するという条項がおかれている場合がある。判例・通説は，このような条項も，退職金の功労報償的な性格に照らし，原則として有効と解している。⑤

---

⑤　　しかし，下級審は，懲戒解雇の場合に，退職金を全額不支給とすることの有効性が争われた事案で，懲戒解雇の原因となった行為が「当該労働者の永年の勤続の功を抹消してしまうほどの重大な不信行為があることが必要であ」り，とくに「職務外の非違行為である場合には，それが会社の名誉信用を著しく害し，会社に無視しえないような現実的損害を生じさせる」等の強度の背信性があることが必要であるとする（小田急電鉄事件＝東京高判平15・12・11労判867号5頁）。

6．休 業 手 当

(一) 休業手当の意義

「休業手当」とは，使用者の責に帰すべき事由により休業する場合に，その休業期間中の労働者に対し，平均賃金の6割以上の手当を支払うことをいう（労基26条）。

休業手当は，労働者の最低生活を保障することを目的とするものであるから，「全日休業」のみならず，「時間単位」の休業もふくまれる。また，一斉休業および個人を対象とした休業もこれに属する。

(二) 「使用者の責に帰すべき事由」とは何か

「使用者の責に帰すべき事由」とは，具体的には，機械の検査，原料の不足，資材入手難，監督官庁の勧告による操業停止等が，それにあたる（昭23・6・11基収1998号）。

逆に，天災事変などの不可抗力により，やむをえず事業を休業せざるをえない場合は，休業手当を支払う必要はないが，事業場が直接的な被害を受けていない場合の休業は，休業手当の支払いが必要と解される。

7．最低賃金制度

日本では，賃金の最低額を保障することを目的として，「最低賃金法」が制定されている。

すなわち，使用者は，最低賃金の適用を受ける労働者に対し，その金額以上の賃金を支払わなければならない（最賃4条1項）。最低賃金の適用を受ける労働者と使用者との間で，最低賃金を下回る賃金額での労働契約を結んだ場合，その部分は無効となる。この場合無効となった部分は，最低賃金と同様の定めをしたものとみなされる（最賃4条2項）。

労働者は，事業場に最低賃金法違反の事実があるときは，その事実を都道府県労働局長，労働基準監督署長または労働基準監督官に申告して，是正のため適当な措置をとるように求めることができる（最賃34条1項）。

第3章　労働・職場生活と法律の出会い　83

注 ————————————————

1）　a・b―千葉　博「人事担当者のための労働法の基本」77・78頁（平成25年　労務行政）。

Ⅲ　労働時間，休日，休暇

1．労働時間の原則

（一）労働時間の定義

　労基法は，労働時間について，1日につき8時間，1週間につき40時間までとするという規制を設けている（32条）。これを「法定労働時間」という。

　それでは，ここにいう「労働時間」とは何を指すかであるが，労基法上，「労働時間」とは，休憩時間を除き，現実に「労働させている時間」をいうと定めている（32条参照）。これを「実労働時間」という。[1]

[1]　最高裁は，労基法32条の労働時間とは，労働契約，就業規則，労働協約等の定めのいかんにより決定されるべきものでなく，労働者の行為が「使用者の指揮命令下に置かれていたものと評価することができるか否かにより客観的に定まるものというべきである」とする（三菱重工長崎造船所事件＝最判平12・3・9民集54巻3号801頁）。

（二）労働時間にあたるかどうかの判断

　通常業務以外で行った時間についても，それが「使用者の命令に基づいてなされている限り，労働時間にあたる」と解されるが，つぎのような場合はどう判断するか。[2]

84

②

〔図表 3-3-Ⅲ-1〕　労働時間かどうかの判断のポイント

労働時間にあたるかどうか問題となる事例		判断ポイント
始業時刻前	朝礼，ミーティング，職場体操	参加が強制されているか，不参加の場合の不利益の有無，内容の業務との関連性の程度などがポイント
終業時刻後	作業衣への更衣保護具の着用清掃，整理整頓	作業を行う上での必要性の程度，法令（労働安全衛生規則など）で義務づけられているか，就業規則，内規などで義務づけられているか，不実施に対する不利益取扱いの有無などがポイント
	入浴，着替え	一般には，労働時間にならない
休憩時間・仮眠時間		労働からの解放が保障されているかがポイント
接　待		主な目的が「付き合い」にとどまる限り，労働時間でない
休日の企業行事（運動会・慰安旅行）		参加が強制されているかなどがポイント
研修・教育活動		出席の強制があるか，不参加の場合の不利益取扱いの有無などのポイント
小集団活動		
安全・衛生委員会の会議		労働時間に含まれる

第1芙蓉法律事務所編著「よく分かる労働法」［新版］21頁（平成17年　日本能率協会マネジメントセンター）

2．休憩時間の原則

（一　休憩時間の付与　）

　使用者は，労働時間が6時間をこえる場合は45分，8時間をこえる場合には1時間，休憩時間を労働者に与えなければならない（労基34条）。

　「休憩時間」とは，「労働者が権利として労働から離れることを保障されている時間」である（昭22・9・13基発）。この休憩時間は，疲労回復を目的としているため，始業時刻・終業時刻に接して設けることは認められず，「労働時間の途中に与えなければならない」（労基34条）。ただし，休憩時間は，分割して与えることは許される。

（二　休憩時間一斉付与の原則　）

　労基法は，「休憩時間は，一斉に与えなければならない」と規定する（34条

2項)。したがって，同一事業場内の部・課ごとに異なる時間の休憩を設ける
ことは違法となる。③

③　もっとも業種によっては，顧客への対応で一斉に休憩するわけにはいかない場合も
　　ある。たとえば，運輸・交通，商業，金融・広告，映画・演劇，通信，保健・衛生，接
　　客・娯楽の事業については，適用が除外されている。また，労使協定を結ぶことによ
　　り，個別にあるいはグループごとに与えることもできる（労基34条2項）。

（三）　休憩時間自由利用の原則

　労基法は，休憩時間は，労働者の自由な利用にゆだねなければならないとす
る（34条3項）。もっとも，合理的な理由があれば，最小限の制限は許される。④

④　①　事業場の施設管理および規律保持のための取決めには，したがわなければならな
　　　　い。たとえば，飲酒行為やビラ配布の政治活動や宗教活動をするなどの行為は
　　　　制限を受ける。
　　②　就業規則等で外出することを許可・届け出とするなど，最小限の制限をするこ
　　　　とは許される。
　　③　昼の1時間の休憩が終わっても職場に戻らず5〜10分くらい平気で遅れて戻る
　　　　のは，規律違反である。
　　④　一斉休憩の場合，休憩を自分勝手に遅らせてとり，その分遅れて戻るのも規律
　　　　違反であるが，所属長が承認すれば許される。

3．週休制の原則

（一）　週休1日制の原則

　労基法は，休日について，「使用者は，労働者に対して，毎週少くとも1回
の休日を与えなければならない」と定める（35条1項）。この「週休1日制の
原則」が，わが国における休日に関するルールである。

(1)　「休日」の意義

　「休日」とは，労働者が労働契約において，労働義務を負わないことをいう。

86

したがって，労働日を労働日としたまま就労させない日は，休業日であって休日ではない。また，労働者が労働日に権利として，労働から離れることができる日として，種々の「休暇」があるが，もとより「休日」と区別される。

(2) 休日の位置

週休日を週のどの日に位置づけるかについても，法は特別の義務づけをしていない。したがって，休日は日曜日に定める必要はない。また，「国民の祝祭日」を休日とすることも，法は特別の要請をしていない。⑤

⑤ 「出張と休日」 労働者が出張期間中に，休日を出張先の地で業務に従事せずに過ごしたり，移動のため旅行する場合，労基法でいう「休日」を与えたことになるかという問題である。これについて，解釈例規は，「出張中の休日は，その日に旅行する場合であっても，旅行中における物品の監視等別段の指示がある場合の外は，休日労働として取り扱わなくても差支えない」としている。(昭23・3・17基発461号，昭33・2・13基発90号)。実際にも，こうした解釈を前提として，出張手当や日当などで対処するのが普通である。

(二) 変形週休制

労基法は，使用者は「4週間を通じて4日以上の休日を与え」れば，週休1日制の原則にしたがわなくてもよいとしている（35条2項）。これを4週間を単位とした「変形週休制」と呼ぶ。

(三) 休日振替と代休

使用者は，突発的な業務上の必要から，労働者を休日に出勤させたいという場合，一般には36協定を結んで出勤させることになる。しかし，その代わりに休日を振り替えたり（「休日振替」），あるいは，代わりの休日を与える（「代休」）ことで処理する場合もある。⑥

⑥ 1) 休日振替の要件 休日振替を実施する場合には，つぎの5つの要件のすべてを満たさなければならない。

すなわち，ⓐ就業規則等で，休日の振替措置をとる旨を定めておくこと，ⓑ就業規

則で休日を振替える事由・手続きを定めておくこと，ⓒ振替える日を特定しておくこと，ⓓ法定休日の振替日は，振替えられた日を含む週から4週間以内の日にしなければならないこと，ⓔ前日の勤務時間終了までに，振替を決めて周知すること，などの要件が必要である。

　2）　代休　　「代休」とは，事前に休日振替の手続きをとらずに休日に労働させ，その代わりに他の労働日を休日として与える場合をいう。代休の場合には，「休日労働」となるから，「割増賃金」の支払いが必要である。

4．時間外・休日労働

(一)　「時間外・休日労働」の意義

「時間外労働」とは，1日（8時間）または1週（40時間）の法定労働時間をこえる労働であり，「休日労働」とは，1週1回・4週4日の法定休日における労働である。したがって，法定時間内の残業（所定労働時間をこえる労働）や法定外休日（週休2日制における1日の休日，週休日でない祝日休日）における労働は，これにあたらない。⑦

⑦　労基法上は，このように法定労働時間外の労働（「時間外労働」と呼ぶ）と所定時間外労働とは区別される。また，法定休日における労働（「休日労働」と呼ぶ）と所定休日における労働とは区別される。この場合，それぞれ前者についてのみ労使協定の締結・届出や割増賃金の支払いなどの法規制が行われる。

しかし，企業の実務では，両者を含めた所定外労働の全体について，三六協定の締結や割増賃金の支払いで対応されることが多い。⑧

⑧　〔図表3-3-Ⅲ-2〕　時間外労働の時間部分

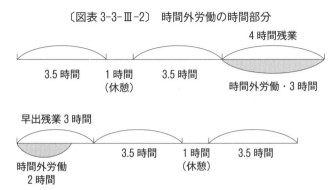

〔図表 3-3-Ⅲ-2〕 割増賃金の率

原則	時間外労働（法定 8 時間をこえる労働）	1.25 倍
	深夜労働（22：00〜5：00）	1.25 倍
	休日労働（法定 4 週 4 日の休日労働）	1.35 倍

重複	時間外労働＋深夜労働	1.5 倍
	休日労働　＋深夜労働	1.6 倍
	休日労働　＋時間外労働	1.35 倍

（二）「非常事由」による時間外・休日労働

　「災害その他避けることのできない事由によって，臨時の必要がある場合」
には，使用者は官庁の許可を受け必要な限度で法定（労基 32 条〜32 条の 5・40
条）の労働時間を延長し，または，法定（労基 35 条）の休日に労働させること
ができる。これを「非常事由による時間外・休日労働」と呼んでいる。ただ
し，事態が急迫のため官庁の許可を受ける暇がない場合は，事後に遅滞なく
届出なければならない（労基 33 条 1 項）。

（三）「三六協定」による時間外・休日労働

(1)「三六協定」の意義

　使用者は，事業場に雇用されている過半数の労働者で組織する労働組合，
もし労働組合がない場合には，労働者の過半数を代表する者と事業場の「労
使協定」（いわゆる「三六協定」という）を締結し，それを行政官庁に届出た場
合には，労働時間を延長し，または，休日に労働させることができる（労基
36 条 1 項）。ただし，坑内労働その他省令で定める健康上とくに有害な業務の
労働時間の延長は，1 日について 2 時間をこえてはならない（労基 36 条 1 項
ただし書）。

(2)「三六協定」の内容

　協定においては，「時間外又は休日の労働をさせる必要のある具体的事由，
業務の種類，労働者の数並びに 1 日及び 1 日を超える一定の期間についての

延長することができる時間又は労働させることができる休日」を定めなけれ
ばならない（労基則16条1項）。

(3) 「三六協定」の有効期間

協定の有効期間については，労基則は「三六協定」の有効期間の定めをし
なければならないとするが，その期間の長さを制限していない（労基則16条
2項）。実務上は，大部分の三六協定が1年以内の期間で締結されている。

(4) 「三六協定」届出の効力

「三六協定」の届出をした場合には，使用者はその有効期間中は協定の定
めるところにしたがい，8時間労働制・週休制の基準（労基32条・35条）を
こえる労働をさせても違反とはならない。

5．変形労働時間制

（一） 変形労働時間制の意味

「変形労働時間制」とは，単位となる期間内において，平均した所定労働
時間が，週法定労働時間をこえなければ，一部の日または週において，所定
労働時間が1日または1週の法定労働時間をこえても，所定労働時間の限度
で，法定労働時間をこえたとの扱いをしない制度をいう。

（二） 変形制の種類

変形制には，ⓐ1ヵ月単位の変形労働時間制（労基32条の2），ⓑ1年単位
の変形労働時間制（労基32条の4），ⓒ1週間単位の変形労働時間制（労基32
条の5）など，3種類がある。実務的には，ⓐとⓑが多く用いられている。

（三） 「1ヵ月単位」の変形制（労基32条の2）

(1) 意 味

使用者が作成権限をもつ就業規則また労使協定により，1ヵ月以内の一定
期間を平均し，1週間あたりの労働時間が40時間をこえない定めをしたう
えで，特定の週において40時間をこえて労働させ，または，特定の日におい
て1日8時間をこえて労働を命じるものである（労基32条の2）。

(2) 要　件

　変形労働時間制は，就業規則または労使協定その他これに準ずるものにより定めることを要する。ここに「準ずるもの」とは，常時10人未満の労働者を使用する使用者（たとえば，商業，映画，演劇業（映画の製作の事業を除く），保健衛生業，接客娯楽業の事業者）の定めるものをいい，この場合は，労働者に周知させなければならない（労基則12条）。また，使用者が「労使協定」で定めた場合には，労働基準監督署長に届け出ることを要する（労基32条の2第2項，労基則12条の2）。

（四）「1年単位」の変形制（労基32条の4）

(1) 意　味

　使用者は，労使協定により，1年以内の一定期間を平定し，1週間あたりの労働時間が40時間をこえない範囲内で，特定された週において40時間をこえて労働させ，または，特定された日において8時間をこえて労働させることができる（労基32条の4）。

(2) 要　件

　労使協定には，つぎの事項を定めなければならない。⑨

⑨　　1）　労働者の範囲——変形制の対象となる労働者である。
　　　2）　対象期間——その期間を平均し，1週間あたりの労働時間が40時間をこえない範囲内において労働させる期間をいい，1ヵ月をこえ1年以内の期間に限る。
　　　3）　特定期間——対象期間中のとくに業務が繁忙な期間を特定期間として定める。この場合，連続して労働させることができるのは12日が限度である。
　　　4）　労働日および労働日ごとの労働時間——対象期間を平均し，1週間あたりの労働時間が40時間をこえない範囲で定める。
　　　5）　労使協定の有効期間——労使協定は，最低でも対象期間と同じ期間を有効期間として定めなければならない。
　　　6）　その他厚生労働省令で定める事項——1日，1週の所定労働時間の上限については，1年間をこえない変形労働時間制の全般を通じて，それぞれ10時間，52時間とされている。

第3章　労働・職場生活と法律の出会い　91

（五）　変形性の適用制限

つぎにあげる者には，変形労働時間制の適用が制限される。

　　1）　妊産婦　　使用者は，妊産婦が請求したときは，変形労働時間制を採用している場合であっても，1週間については労基法32条1項の労働時間，また，1日については労基法32条2項の労働時間をこえて労働させてはならない。

　　2）　育児を行う者　　使用者は，ⓐ育児を行う者，ⓑ老人の介護をする者，ⓒ職業訓練または教育を受ける者については，これらの者が育児等に必要な時間を確保できるよう配慮しなければならない。

　　3）　年少者　　満18歳未満の者には，変形労働時間制は適用されない。ただし，満15歳以上満18歳未満の年少者については，1週間につき48時間，1日につき8時間をこえない範囲内で1ヵ月単位の変形労働時間制または1年単位の変形労働時間制を適用することができる。

（六）　フレックスタイム制（労基32条の3）

「フレックスタイム制」とは，1ヵ月以内の一定の期間の総労働時間を定めておき，労働者がその範囲内で各日の始業および終業の時刻を選択して働くことを認める制度をいう（労基32条の3）。これは，柔軟な労働時間制を認めることをねらいとするものといえる。

（七）　事業場外労働についての「みなし労働時間制」（労基38条の2）

(1)　「みなし労働時間制」の意味

労基法は，「労働者が労働時間の全部又は一部について事業場外で業務に従事した場合において，労働時間を算定し難いときは，所定労働時間労働したものとみなす」と規定される。これを「みなし労働時間」という。

(2)　「みなし労働時間制」の適用除外

「みなし労働時間制」は，労働時間の算定が困難な場合のための制度であるから，これにあたらないときは用いることはできない。

92

（八）　専門業務型「裁量労働制」（労基38条の3）⑩

⑩　(1)　「裁量労働制」とその2類型

　　1）「裁量労働制」の趣旨　　業務の内容によっては，労働者を一定時間の労働に拘束するよりも，労働者の裁量に任せて業務を遂行させた方が，自らの知識，技術や創造的な能力を活かすことになると考えられる場合がある。

　そこで，法所定の業務について，労使協定で「みなし労働時間数」を定めた場合には，その業務を行う労働者については，実際の労働時間数にかかわらず，協定で定める時間数を労働したものとみなす制度が認められている。これを「裁量労働制」という。

　　2）「裁量労働制」の2類型　　労基法上，具体的には，ⓐ「専門業務型裁量労働制」と「企画業務型裁量労働制」がある。ここでは，前者について説明することとする。

(2)　「専門業務型裁量労働制」とは

　これは，業務の性質上その遂行の方法を大幅にその業務に従事する労使者の裁量に委ねる必要があるため，業務遂行の手段および時間配分につき，使用者が具体的指示をすることが困難な一定の専門的業務に適用されるものである。具体的な対象業務は，つぎのような場合である。

　①　新商品または新技術の「研究開発」などの業務，及び人文・自然科学の「研究の業務」

　②　情報処理システムの「分析または設計」の業務

　③　新聞・出版の記事の「取材・編集」，放送番組制作のための「取材・製作」の業務

　④　衣服，室内装飾，工業製品，広告等の新たな「デザインを考察する」業務

　⑤　放送番組，映画等の「プロデューサー，ディレクター」業務

　⑥　その他厚生労働大臣が指定する業務（コピーライター業務，公認会計士業務，弁護士業務，1級建築士業務，不動産鑑定士業務，弁理士業務など）

6．年次有給休暇

（一）　年次有給休暇の意義

　「年次有給休暇」とは，一定の年次において継続勤務した労働者が，使用者に対し有給で請求しうる休暇をいう。これは，労働者に休養・心身のリフレッシュ，娯楽，能力啓発および生活の質的向上の機会を与えるために，有

給で労働日における労働の義務を免除する制度である。

　年次有給休暇の権利は，法定要件を満たした場合に，「法律上当然に」発生する権利であり，労働者が年休を請求するのを待って生ずるものではない。⑪

⑪　　　　　　〔図表 3-3-Ⅲ-3〕　年次有給休暇の付与日数

継続勤務期間	6ヵ月	1年6ヵ月	2年6ヵ月	3年6ヵ月	4年6ヵ月	5年6ヵ月	6年6ヵ月以上
付与日数	10日	11日	12日	14日	16日	18日	20日

　年次有給休暇は，パートタイマーなどの非正規労働者も対象となる。もっとも，パートタイマーの労働時間が正社員の労働時間より，相当程度少ない場合には，正社員と同日数の「年次有給休暇」を与える必要はない。

　たとえば，1週の所定労働時間が「30時間未満」のパートタイマーについては，ⓐ1週の所定労働日数が週4日以下の場合，またⓑ週以外の期間により所定労働日数が定められており，年間所定労働日数が216日以下の場合には，その1週間の所定労働日数と（5.3日）との比率により，比例配分して決定されることとなる。

（二）　年次有給休暇の成立要件

　労基法で定める年次有給休暇権は，ⓐ「6ヵ月間継続勤務し」，かつ，ⓑ「全労働日の8割以上出勤した」労働者が，取得する。⑫

⑫　⑴　「6ヵ月間継続勤務する」こと
　　これは，その事業場に「在籍している期間」を意味する。
　　たとえば，ⓐ海外留学のための休職期間，ⓑ長期の病欠期間，ⓒ臨時労働者の正社員の採用，ⓓ停年退職後嘱託としての再雇用などは，その勤務実態から見て，継続勤務と認められる，また，起算日は，その労働者の採用日である。

(2) 「全労働日の8割以上出勤している」こと

これは，最初の年は，雇い入れた後6ヵ月間，その後は前1年間の出勤率8割以上であることをいう。

また，「全労働日」とは，判例によれば「労働者が労働契約上労働義務を課せられている日」をいい，したがって，実質的に見て労働義務のない日は，これに入らないとしている（最判平4・2・18労判609号12頁）。

（三） 労働者の「時季指定権」に関する問題

(1) 半日付与

労働者が「半日付与」を請求してきた場合，使用者はこれに応じなければならないか。この問題について，行政解釈では，半日付与は法律上保障されていないが，半日付与も法律上許されるとの立場をとっている（昭63・3・14基発150号，平7・7・25基監発33号）。

(2) 「時季変更権」の行使

使用者は，有給休暇を労働者の請求する時季に与えなければならない（労基39条5項）。ただし，請求された時季に有給休暇を与えることが，「事業の正常な運営を妨げる場合」には，時季変更権を認め，別の日に休暇を与えることができる（労基39条5項ただし書）。

（四） 年次有給休暇の際に「支払うべき賃金」

年次有給休暇の際に支払うべき賃金には，つぎのような方法がある。[13]

---

[13]　　ⓐ平均賃金，ⓑ通常の賃金，ⓒ標準報酬日額に相当する金額
①　　ⓐⓑについては，「就業規則」に定めておく必要がある。
②　　ⓒについては，「労使協定」で締結されていることが必要である。

（五） 年次有給休暇「未消化」の場合の「買い上げ」は認められない

使用者は，年次有給休暇が残った場合に，買い上げることができるか。この問題について，行政解釈では，いわゆる年休は使用者が労働者に対して，

「与えなければならないものであって」，これを事前に年次有給休暇の買い上げを予約したり，あるいは，労基法39条にもとづいて請求し得る年休の日数を減じ，または，請求された日数を与えないことは，違法であると解されている（昭30・11・30基収4718）。

注 ——————————————
1) 菅野和夫「労働法」〔第7版補正〕241頁（平成18年　弘文堂）。
2) a・b・c―菅野和夫・前掲250頁。

Ⅳ　育児休業，介護休業，雇用機会均等，ハラスメント

1.　育児休業・介護休業法

（一）育児休業・介護休業法の目的

　育児休業・介護休業法は，「育児休業及び介護休業」ならびに「子の看護休暇及び介護休暇」に関する制度を設けるとともに，「子の養育及び家族の介護を容易にするため」，労働時間等に関し，「事業主が講ずべき措置を定める」ほか，「子の養育又は家族の介護を行う労働者等に対する支援措置を講ずること」等により，「子の養育又は家族の介護を行う労働者等の雇用の継続及び再就職の促進を図り，もってこれらの者の職業生活と家族生活との両立に寄与することを通じて，これらの者の福祉の増進を図り，あわせて経済及び社会の発展に資することを目的」としている（1条）。

（二）用語の定義

　育児休業・介護休業法は，「育児休業」，「介護休業」，「要介護状態」，「対象家族」，「家族」等の定義について，つぎのように定めている（2条）。①

① (1) 育児休業の意味
　「育児休業」とは，労働者（日々雇用される者および期間を定めて雇用される者を除く）が，第2章に定めるところにより，子を養育するためにする休業をいう（育児・介護休業法2条1号）。

(2) **介護休業の意味**

「介護休業」とは，労働者が第3章に定めるところにより，その要介護状態にある対象家族を介護するためにする休業をいう（同2条2号）。

(3) **要介護状態の意味**

「要介護状態」とは，負傷，疾病または身体上もしくは精神上の障害により，2週間にわたり常時介護を必要とする状態をいう（同2条3号）。

(4) **対象家族の意味**

「対象家族」とは，配偶者（婚姻の届出をしていない事実上の婚姻関係にある者を含む），父母および子（これに準ずる者として労働者と同居し，かつ扶養している祖父母，兄弟姉妹および孫を含む）ならびに配偶者の父母をいう（同2条4号）。

(5) **家族の意味**

「家族」とは，対象家族その他同居の親族をいう（同2条5号）。

2. 「育児休業制度」とは

（一） 育児休業制度の意義

「育児休業制度」とは，1歳未満の子を養育する労働者から，一定期間の育児休業の申し出があった場合，使用者は原則として認めなければならない制度をいう（育児・介護休業法5条1項）。

（二） 育児休業の申出があった場合の「事業主の義務」

1) 育児休業の付与　事業主は，労働者からの育児休業の申出があったときは，その育児休業の申出を拒むことはできない（育児・介護休業法6条1項）。

2) 不利益取扱いの禁止　事業主は，労働者が育児休業の申出をしたこと，または，育児休業をしたことを理由として，労働者を解雇その他不利益な取扱いをしてはならない（同10条）。

（三） 育児休業の申出・延出・撤回

(1) **育児休業の申出**

労働者は，その性別にかかわらず，満1歳未満の子のいる者は，その子が生後1年に達するまで養育するために，使用者に対し育児休業を申出ること

ができる（育児・介護休業法5条1項）。

　育児休業の申出は，その子の親である配偶者が死亡，疾病，身体もしくは精神上の障害，婚姻解消による別居などにより，その子の養育をするのが難しくなったなど，特別の事由がある場合を除いて，原則として1人の子につき1回に限られる。

　しかし，出産後8週間以内（母親の産後休業期間）に育児休業を取得した父親は，特例として，子が1歳2ヵ月になるまでの間に再度育児休業を取得できる（同9条の2第1項「パパ・ママ育休プラス」）。

(2) 育児休業の延長

　育児休業の期間は，「特定の者」については，1歳6ヵ月まで延長される（同5条3項）。ここにいう「特定の者」とは，1歳を超えても休業を必要とするつぎの状態にある者である（育児介護法施行規則4条の2）。

　① 保育所に入所を希望しているが，入所できない場合。

　② 子の養育をしている配偶者で，1歳以降子を養育する予定だった者が，死亡，負傷，疾病等により，子を養育することが困難になった場合。

(3) 育児休業の申出の撤回

　育児休業の申出をした労働者は，育児休業開始予定日の前日までに，事由を問わずその申出を撤回することができる（同8条）。

（四） 育児休業の申出を拒むことができる場合

　事業主は，労働組合または労働者の過半数を代表する者との協定で育児休業を認めないと定めた場合には，その申出を拒むことができる。具体的には，つぎの事由があげられる。②

---

② 　ⓐ勤続1年未満の労働者である場合，ⓑ休業申出のあった日から起算して，1年以内に雇用関係の終了する者である場合，ⓒ1週間の所定労働日数が，2日以下の者である場合，ⓓ配偶者が，子を養育できる状態にある労働者の場合（同6条1項ただし書，同施行規則7条，平7・9・29労告114号）。

98

（五） 育児休業期間の終了

　育児休業の終了は，原則として労働者が指定した日に終わるが，つぎのような特別の事由によっても終了する。③

③　ⓐ子の死亡，離縁，別居等により，子を養育しなくなった場合，ⓑ休業予定日前に，子が1歳に達したとき，ⓒ産前産後休業の場合（同9条，同施行規則20条）。

（六） 育児休業期間中の処遇

　事業主は，ⓐ休業期間中の待遇，ⓑ休業終了後の賃金・配置その他の労働条件，ⓒ休業後の労務提供の開始時期，ⓓ休業期間中の社会保険料の支払等に関する事項について，あらかじめ規定を設け，周知するように努めなければならない（同21条，同施行規則32条）。④

④　1）賃金　事業主は，就業規則などで特別の定めや合意をしない限り，育児休業期間中に「賃金を支払う義務はない」。ただし，労働者は，休業期間中の所得保障として，雇用保険から「育児休業給付金」が支給される（雇保61条の4）。その給付額は，休業前賃金日額の40％相当額である（同条4項，雇保附則12条）。
　　　2）保険料　育児休業期間には，健康保険や厚生年金などの社会保険は継続しているが，労働者と事業主の双方について保険料の支払は免除される。
　　　3）年次有給休暇　休業期間中の年次有給の計算に関しては，出勤扱いとなる。
　　　4）退職金・賞与　休業期間中を退職金や賞与の期間計算に算入するか否かは，事業主の意思によって決定される。

3．「介護休業制度」とは

（一） 介護休業制度の意義

　「介護休業制度」とは，負傷・疾病，心身の障害により，要介護状態にある家族を介護する目的で労働者が休日を申出た場合，使用者は原則としてこれを認めなければならないとする制度をいう（育児・介護休業2条2〜5号・11条1項・3項）。

第3章 労働・職場生活と法律の出会い　99

（二）　介護休業の申出があった場合の「事業主の義務」

　　1）　介護休業の付与　　事業主は，労働者からの介護休業の申出があったときは，その介護休業の申出を拒むことができない（同12条1項）。

　　2）　不利益取扱いの禁止　　事業主は，労働者が介護休業の申出をしたことを理由として，不利益な取扱いをしてはならない（同16条）。

（三）　対象となる家族の範囲

　　ここにいう「家族」とは，配偶者（内縁関係を含む），父母，子，配偶者の父母および同居し，かつ扶養している祖父母，兄弟姉妹，孫のいずれかが「要介護状態」にある労働者の男女を問わない者をいう（同2条5号）。

　　また，期間雇用者でも，ⓐ同一事業主に引き続き雇用される期間が1年以上ある者，ⓑ介護休業開始予定日から93日を経過する日を超えて引き続き雇用されることが見込まれる者のいずれに該当する場合も，介護休業の対象者となる（同11条1項1号・2号）。

（四）　要介護状態

　　ここにいう「要介護状態」とは，負傷・疾病，心身の障害によって，2週間以上のの期間にわたり，常時介護を必要とする状態をいう（同2条3号）。

（五）　介護休業の申出・撤回

　　介護休業の申出は，休業開始日の2週間前までに行う。休業は複数回申出ができるが，通算93日が限度となっている（同11条・12条・15条）。

　　労働者は，介護休業開始予定日の前日までに，その申出を撤回することができる。

（六）　介護休業の終了

　　介護休業期間中に，ⓐ対象家族の死亡その他厚労省令で定める事由が生じた場合，あるいは，ⓑ産前産後休業，育児休業または新たな介護休業が始まった場合には，介護休業期間は終了する（同15条3項，同施行規則29条の2）。

（七）　介護休業期間中の賃金・給付金，有給休暇，退職金，賞与

　　1）　賃金・給付金　　介護休業期間中の賃金については，この法律で

とくに規定を設けていないので，有給にすることも無給にすることもできる。

一方，雇用保険から，休業期間中，賃金月額の40％相当額の「介護休業給付金」が支給される（雇保61条の6）。

2）　有給休暇　　介護休業期間中は，年次有給休暇の計算に関しては出勤扱いとなる。

3）　退職金，賞与　　介護休業期間中は，退職金や賞与の期間計算に算入するか否かは，事業主の意思によって決定される。

4．雇用機会均等法

（一）　男女雇用機会均等法とは

雇用の分野における男女の均等な機会及び待遇の確保に関する法律（男女雇用機会均等法）は，男女の平等を実現することを目的に制定され，昭和61年4月に施行された。

この男女雇用機会均等法は，その後何回かの改正を経て，男女の平等を規定する範囲も徐々に広がってきている。すなわち，平成18年の改正法では，ⓐ降格・ⓑ職種変更，ⓒパートタイマーへの変更，ⓓ退職勧奨，ⓔ雇止め，ⓕ配置などの点において，性別による差別を禁止する範囲がさらに拡大し，かつ明確化するとともに，雇用関係におけるすべての分野で平等が要求されるようになった。

ただ，この法律には，「罰則」の規定がないのが特徴としてあげられるが，平成18年の改正で一部，過料（行政罰）の支払いが設けられた。

（二）　間接差別の禁止

「間接差別の禁止」とは，外見上は性中立的な要件であっても，業務遂行上の必要などの合理性がない場合には，禁止するというものである。しかもその範囲は，非常に広く，つぎの3つが厚労省令で定められている。⑤

第3章　労働・職場生活と法律の出会い　　101

⑤　　①　労働者の募集または採用にあたって，労働者の身長・体重または体力を要件とすること。

　　②　コース別雇用管理における総合職の労働者の募集または採用にあたって，転居をともなう転勤に応じることを要件とすること。

　　③　労働者の昇進にあたって，転勤の経験があることを要件とすること。

（三）　不利益取り扱いの禁止

　定年・退職・解雇に関しては，従来から差別禁止が定められていたが，この度妊娠・出産等を理由とする解雇以外の不利益取り扱いも禁止されることとなった。

　また，妊娠中・産後1年以内の解雇は，事業主が妊娠・出産・産前産後休業の取得など，つぎに掲げる理由による解雇でないことを証明しない限り，無効となる。⑥

⑥　ⓐ妊娠したこと，ⓑ出産したこと，ⓒ母性健康管理措置を求め，または受けたこと，ⓓ坑内業務・危険有害業務に就くことができないこと，これらの業務に就かないことの申し出をしたこと，またはこれらの業務に就かなかったこと，ⓔ産前休業を請求したこと，または産前休業したこと，産後に就業できないこと，または産後休業したこと，ⓕ軽易業務への転換を請求し，または転換したこと，ⓖ時間外等に就業しないことを請求し，または時間外等に就業しなかったこと，ⓗ育児時間の請求をし，または取得したこと，ⓘ妊娠または出産に起因する症状により労働できないこと，または能率が低下したこと。

（四）　ポジティブ・アクション

　「ポジティブ・アクション」とは，男女の労働者の間に事実上生じている格差を解消するための自主的・積極的な取り組みをいう。これは，男女雇用機会均等を確保するうえで支障となっている事業を改善する目的で，女性労働者に対し，特例措置を行うことは禁じられないこととされるのは，男女の実質的な平等を実現するためである。

5．セクシュアル・ハラスメント

（一）序　説

改正雇用機会均等法が，平成11年4月1日から施行され，はじめてセクシュアル・ハラスメントについて，「事業主の配慮義務」が定められた。さらに，平成19年4月には雇用機会均等法の見直しがなされ，男性に対するセクハラや間接差別の禁止，違反企業について企業名の公表などが設けられた。

かくして，セクシュアル・ハラスメントの法制化によって，セクハラの苦情申立てや訴訟の増加に拍車がかかってきているのが現状である。

（二）セクハラの定義

(1)　「セクハラ」とは

セクシュアル・ハラスメント，すなわちセクハラの定義にはいろいろあるが，一般に認知されているのは，「職場での相手の意に反する性的言動」を指すと定義される。そして，この種類には，つぎの2つがある。

その典型例は，平成10年労働省告示第20号の「事業主が職場における性的な言動に起因する問題に関して雇用管理上配慮すべき事項についての指針」に示されている。

(2)　「対価型」セクシュアル・ハラスメント

「対価型セクシュアル・ハラスメント」とは，職場において性的な言動が行われ，その言動に対する女性労働者の反応がもとで，女性労働者が解雇，配転されたり，労働条件で不利益な取り扱いを受けることをいう。典型的な例として，つぎのようなものがあげられる。⑦[1)a]

---

⑦　1）　解雇　　事務所内において事業主が女性労働者に対して性的な関係を要求したが，拒否されたため，女性労働者を解雇すること。
　　　2）　配転　　出張中の車内において上司が女性労働者の腰や胸をさわったが，拒否されたため，不利益な配置転換をすること。

3） 降格　　営業所内において，事業主が日頃から女性労働者にかかる性的な事について公然と言いふらしていたが，抗議されたため，女性労働者を降格すること。

(3) 「環境型」セクシュアル・ハラスメント

「環境型セクシュアル・ハラスメント」とは，職場における性的な言動により，女性労働者が苦痛を感じたり，仕事に対する意欲をそがれたりするなど，職場環境が害されることをいう。その状況はさまざまであるが，典型的な例として，つぎのようなものがあげられる。⑧

⑧　1） 働く意欲の低下　　事務所内において事業主が女性労働者の腰や胸などにさわったため，女性労働者が苦痛に感じて，働く意欲が低下していること。
　　2） 仕事が手につかない　　同僚が取引先において女性労働者にかかる性的な内容の情報を意図的かつ継続的に流布したため，女性労働者が苦痛に感じて仕事が手につかないこと。
　　3） 業務に専念できない　　女性労働者が抗議しているにもかかわらず，事務所内にヌードポスターを掲示しているため，女性労働者が苦痛に感じて業務に専念できないこと。

上記の説明でわかるように，「対価型セクハラ」は，女性労働者が要求を拒否したことで，その不利益が解雇，降格，減給などの形で現われるため，セクハラと判定するのは容易である。これに対して，「環境型セクハラ」は，どのような言動がセクハラに属するのか，あいまいな部分があるので，セクハラの判定はむずかしいといえる。

（三） セクハラの構成要件

(1) 「職場」の範囲

「職場」とは，雇用する労働者が業務を行う場所を指すが，それ以外の場所であっても，業務を行う場所であれば職場に含まれる。たとえば，取引先の事務所，接待や打ち合わせのための飲食店，宴会場，顧客の自宅，車内な

ども，これにあたると解される。

(2) 「意に反する」の意味

「意に反する」とは，相手の同意のないもの，相手が望んでいないものを意味する。したがって，同じような言動であっても，女性が不快や嫌悪を感じればセクハラとなり，軽い冗談と受け流したり，ほめてもらって光栄であると感じたときは，相手の合意があったものとして，セクハラにならない。

(3) 「性的な言動」の内容

「性的な言動」とは，性的な内容の発言や行動をいう。性的な内容の「発言」には，性的な事実関係を尋ねること，性的な風評を流すこと，食事やデートに執拗に誘うこと，また，「行動」には，性的関係を強要すること，身体を不必要にさわること，わいせつな図画を配布すること，などを指すと解される。

〔四〕 セクハラによる法的責任

セクシュアル・ハラスメントに対する法的責任については，ⓐ加害者の責任が問われる場合と，ⓑ使用者の責任が問われる場合がある。

(1) 加害者の責任が問われる場合

セクシュアル・ハラスメントが，強烈な行為であるときは，強制わいせつ（刑176条）や名誉毀損（刑230条）などの罪に問われることになる。すなわち，「強制わいせつ」は，暴行・脅迫をもって，わいせつな行為をすることであり，「名誉毀損」は，人の社会的評価を低下させる行為を公然と行うことである。

その行為が刑事上の責任を問われないまでも，雇用上の利益・不利益を条件に，性的な誘いをかけたり，性的な言動によって職場環境を悪化させた場合など，その程度が著しいときは，不法行為責任が成立し，損害賠償請求権が発生することになる。

かくして，刑事罰を受けることになると，就業規則の定めにより，懲戒処分となり，懲戒解雇，諭旨解雇，降格などの処分が行われることとなる。

第3章 労働・職場生活と法律の出会い 105

(2) 使用者の責任が問われる場合

　セクシュアル・ハラスメントが，業務行為の一環として行われたような場合には，企業責任が発生することもある。これには，使用者責任（民715条）と，債務不履行責任（民415条）の2つがある。

　　1）　使用者責任の例　　この例としては，セクハラのリーディングケースといわれる「福岡セクシュアル・ハラスメント事件」が，その典型としてあげられる。⑨

⑨　この事案は，出版社に勤務していた女性が，上司の編集長から従業員や外部の関係者に対して，「結構遊んでいる。お盛んらしい」などの性的中傷をくり返され，また，特定の個人名をあげて，「怪しい仲にある」などの噂を流された。女性は編集長本人に抗議し，また，専務に対しても改善を求めたが，専務は「両者の話し合いで誤解を解くしかない」などといい，もし「話し合いがつかなければやめてもらうしかない」などと述べたので，女性は会社に対して退職の意思を伝えた。
　　これに対して，福岡地裁は，女性が受けた損害について，会社が「職場環境を調整するよう配慮する義務を怠り」，また，女性の「譲歩，犠牲において職場関係を調整しようとした点」に，不法行為性が認められるから，会社は使用者責任（民715条）を負うべきであるとした（福岡地判平4・4・16労判607号6頁）。

　　2）　債務不履行責任の例　　債務不履行責任の例としては，「京都セクシュアル・ハラスメント（呉服販売会社）事件」をあげることができる。⑩

⑩　これは，男性社員が女性の更衣室前にビデオカメラを設置し，隠し撮りした事案である。会社は隠し撮りに気づきながら，カメラの向きを逆にしただけで撤去しなかったため，そのカメラを取りはずし，犯人を割りだして，その者を懲戒解雇にした。
　　その後，隠し撮りされた女性社員が，朝礼において「会社を好きになれない」旨の発言をしたことを受けて，代表取締役が「会社が好きになれなければ退職してもよい」などと発言した。そして，それ以降，社員の多くが「その女性とのかかわりを避けるようになったため」，女性社員が退職したというものである。
　　判決は，会社は労働者の「プライバシーが侵害されないよう職場環境を整える義

務」と，「意に反して退職することがないよう職場環境を整える義務」があるとした。さらに，会社は労務遂行に関連してその人格的尊厳を侵し，労務提供に重大な支障をきたす事由が発生することを防ぐ「職場環境整備義務」と，問題が生じた場合に適切に対処して，被害者にとって働きやすい職場環境を保つよう配慮する「職場環境調整義務」を負っている。それゆえ，会社は債務不履行により，女性の損害を賠償する責任があるとした（京都地判平9・4・17労判716号49頁）。

（五）　セクハラ防止のために，事業主が雇用管理上講じなければならない措置⑪

⑪　男女雇用機会均等法11条は，「事業主は，職場において行われる性的な言動に対するその雇用する労働者の対応により当該労働者がその労働条件につき不利益を受け，又は当該性的な言動により当該労働者の就業環境が害されることのないよう，当該労働者からの相談に応じ，適切に対応するために必要な体制の整備その他雇用管理上必要な措置を講じなければならない」としている。

そこで，使用者は雇用管理上必要な措置を講ずることが義務づけられている（「事業主が職場における性的な言動に起因する問題に関して雇用管理上講ずべき措置についての指針」平成18・10・11厚労告615号）。

① 事業主の方針を明確にし，その周知・啓発を行うこと
② 労働者の相談・苦情に応じ，適切に対応するために必要な体制の整備をすること
③ セクシュアル・ハラスメントにかかる事後の迅速かつ適切な対応を行うこと

などをあげている。

6．パワーハラスメント

（一）　職場のパワーハラスメントの定義

平成24年，厚生労働省は，「職場のパワーハラスメントとは，同じ職場で働く者に対して，職務上の地位や人間関係などの職場内の優位性を背景に，

業務の適正な範囲を超えて，精神的・身体的苦痛を与える又は職場環境を悪化させる行為をいう」と定義した[2)a]。すなわち，この提言にあるように，「職場内の優位性」を背景に，相手に精神的・身体的苦痛を与える行為が，パワハラになるといえる。

　このような観点から見ると，上司から部下へのハラスメントがその典型であるものの，先輩と後輩の間，同僚の間，さらには，部下から上司に対して行れる行為も職場のパワハラに含める必要があると解すべきである。

（二）　パワハラ行為の類型

　パワハラ行為について，提言はつぎのような具体的類型をあげている[12]。

[12]　〔職場のパワーハラスメント行為の例〕
　　①　暴行・傷害（身体的な攻撃の方法）
　　②　脅迫・名誉毀損・侮辱・ひどい暴言（精神的な攻撃の方法）
　　③　隔離・仲間外し・無視（人間関係からの切り離しの方法）
　　④　業務上明らかに不要なことや遂行不可能なことの強制および仕事を妨害する（過大な要求の方法）
　　⑤　業務上の合理性がなく，能力や経験などとかけ離れた程度の低い仕事を命じること，および仕事を全く与えない（過小な要求の方法）
　　⑥　私的なことに過度に立ち入る（個人を侵害する方法）

　いわゆる「円卓会議ワーキング・グループ」は，各地の労働局によせられている具体的なパワハラの例として，つぎのものをあげている[2)b]。[13]

[13]　1)　身体的苦痛を与えるもの（暴力・傷害等）
　　①　段ボールで突然叩かれる，怒鳴る。
　　②　上司がネクタイを引っ張る，叩く，蹴る，物を投げる。
　　③　0℃前後の部屋で仕事をさせる。
　　2)　精神的苦痛を与えるもの（暴言，罵声，悪口，プライバシーの侵害，無視等）
　　①　客の前で「バカ，ボケ，カス」などと言い，人としてなってないと発言する。
　　②　社長の暴言「何でもいいからハイと言え，このバカあま」。

③　私生活への干渉。

④　部下への非難を言うミーティングを上司が行ったケース。

⑤　ロッカー室冷蔵庫内の私物食品の盗みを疑われる。

⑥　仕事を取り上げ，毎日「辞めてしまえ」。

⑦　呼び名は「婆さん」・業務命令はいつも「怒声」。

⑧　同僚が手や髪の毛を触る。不愉快な発言。

３）　社会的苦痛を与えるもの（仕事を与えない等）

①　社員旅行参加を拒絶される。

②　回覧物を回されない，暑気払いや忘年会によばれない。

③　中国転勤を断ったところ，仕事を与えず小部屋に隔離。

（職場のいじめ・嫌がらせ問題に関する円卓会議ワーキング・グループ報告参考資料集（2012 年 1 月 30 日）4 頁）

（三）　加害者と使用者の責任

　パワハラの加害者は，被害者に対して不法行為にもとづく損害賠償責任（民 709 条）を負うことになる。また，パワハラの加害者は，刑事責任を負う可能性がある。すなわち，パワハラの際に暴行をともなっていた場合には，加害者の行為は，暴行罪（刑 208 条）や傷害罪（刑 204 条）が成立する。また，被害者の名誉を傷つけるような形でのパワハラが行われた場合には，名誉毀損罪（刑 230 条）や侮辱罪（刑 231 条）が成立することになる。

　使用者・管理者は，「職場環境配慮義務」違反として，経営責任を負うとともに，法的責任として，使用者責任（民 715 条・415 条）を負うことになる。

　なお，パワハラの加害者は，就業規則にもとづき懲戒処分を受ける可能性がある。

（四）　アカデミック・ハラスメント――大学の場合

　大学など研究・教育機関において，教授などが「権力を濫用」して学生や職員などに対して行う「いやがらせ」は，今日「アカデミック・ハラスメント」，通称「アカハラ」と呼ばれる。アカハラの例としては，ⓐ学生に対するものと，ⓑ教職員に対するものの 2 つのタイプがある。

第3章 労働・職場生活と法律の出会い　109

　　1）　学生に対するもの　　これには，たとえば，ⓐ授業を受けさせない，
ⓑ専攻の変更をせまる，ⓒ学位（卒業）論文を受理しない，ⓓ学生のプライ
バシーを暴露する，ⓔ就職活動において不利な扱いをする（理由なく推薦を
拒否する），ⓕ私的な用事に学生を使うなどが，あげられる。

　　2）　教職員に対するもの　　これには，たとえば，昇進・昇格におけ
る差別，研究の妨害，退職勧告などがあげられる。

（五）　アカハラ事件の例

　その1，奈良県立医大アカハラ事件 ⒁

⒁　奈良県立医大の教室主任（教授）が，確執のあった女性助手（現在の名称は助教）に
　　対して，「廃液を助手の研究室の前に移動させたり」，「研究室内の助手の私物を本人
　　の了承を得ないで移動させたり」，「研究費を配分しなかったり」，「他大学の専門外
　　の大学教員への公募をせまったり」，「非常勤講師の兼業許可書に押印しなかった」
　　などの行為がなされたので，女性助手は提訴した。裁判所は，最後の教授の行為を
　　違法と認め，県に対して，11万円の支払いを命じる判断をした（大阪高判平14・1・29
　　判タ1098号234頁，最決平14・10・10労判839号5頁）。

　その2，和田勉事件 ⒂

⒂　和田氏は2002年，東京都内の私立大学に講師として勤務し，講義した後，学生と
　　の懇親会に出席した。その後和田氏から同行するよう誘われた女子大生は，担当教授
　　からも一緒に行くよう言われたので，和田氏とホテルのレストランに行った。すると
　　和田氏は女子大生に対し，筆談を持ちかけ，「僕が言ったことに『うん』と言って」と
　　促し，「部屋でしゃべりたい」「うん」というやり取りを交わした。そして，女子大生
　　がホテルの客室についていったところ，わいせつな行為をされた。和田氏は，就職の
　　ことで相談があれば連絡するように言って別れた。
　　　女子大生は，2003年，弁護士を通じ謝罪するよう求めたが，これに対して和田氏は
　　「アホ学生」などと書いた文書を送付したというものである。
　　　この事案について，東京高裁は「たとえ，外観的・物理的には，そこに至るまでの
　　間に，女性からいくらでも『帰ります』と言える機会や黙って逃げる機会があり，男

性からの性行為を拒絶することができたといい得る状況であったとしても，それまでの過程において，その男性の誘いを拒絶することができない心理的束縛を受け，『帰ります』と言ったり，その場から逃げたり，誘いを拒んだりする意思が働かなくな」っている「心理状態に陥ったこと」，しかも「その男性の性的行為は，女性がそのような心理的状況において拒絶不能の状態にあることを悪用し，女性を一時的な性的欲望の対象としてもてあそんだものと評価すべきであり，人の性的自由ないし性的自己決定権を侵害する不法行為を構成するというべきである」として，200万円の賠償を命じた（東京高判平16・8・30判時1879号62頁）。

注 ───────

1） a・b─千葉　博「人事担当者のための労働法の基本」140・141頁（平成25年　労務行政）。

2） a・b─水谷英夫「職場のいじめ・パワハラと法対策」8・12頁（平成26年　民事法研究会）。

第4節　労働契約を変更・終了する場合の留意点

Ⅰ　解　　雇

1．解雇の意義・種類

（一）　解雇の意義

「解雇」とは，使用者の意思表示により労働契約を終了させることをいう。解雇は，労働者の生活の基盤を失うことになるわけだから，そこには，法律や判例により，さまざまな規制が設けられている。

（二）　解雇の種類

解雇には，解雇の事由によって，「普通解雇」と「懲戒解雇」に区別される。すなわち，普通解雇は，労働者が労働契約にもとづく労務の提供をなしえないか，あるいは，不完全な労務の提供しかできない場合（たとえば，病気，能力不足，適格性欠如など）と，使用者の経営上の必要にもとづく場合などである。これに対し，懲戒解雇は，労働者が企業秩序違反をなした場合に，その

第3章　労働・職場生活と法律の出会い　111

制裁としてなされる解雇である。

2. 解雇予告

使用者が，労働者を解雇する場合には，「少くとも 30 日前にその予告を」するか，または，「30 日分以上の平均賃金を支払わなければならない」(労基20 条 1 項)。この手続をふんでなされる解雇を「解雇予告」という。これは一定の時間的余裕をもたせることで，労働者が就職先を探すことができるようにした制度である。

この原則に対して，つぎのような労働者には解雇予告は不要とする例外規定がおかれている。①

① ⓐ日々雇い入れられる者，ⓑ 2 ヵ月以内の期間を定めて使用される者，ⓒ季節的業務に 4 ヵ月以内の期間を定めて使用される者（4 ヵ月を超えて引き続き使用された場合を除く），ⓓ試用期間中の者（14 日を超えて引き続き使用される場合を除く）などは，予定なくして解雇できる。

また，一般的には，解雇予告が必要とされているが，例外的に解雇予告が不要となる場合として，つぎのようなものがある。②

② ⓐ天災事変その他やむを得ない事由のために事業の継続が不可能となった場合，ⓑ予告期間をおかずにすぐに企業から追放する必要があり，またそうされてもやむを得ないほどの解雇理由がある場合。

懲戒解雇は，通常，予告なしで解雇するⓑの場合にあたる。しかし，実際に予告なしで解雇するには，労働基準監督署長に申請し，除外理由のあることの認定を受ける必要がある。

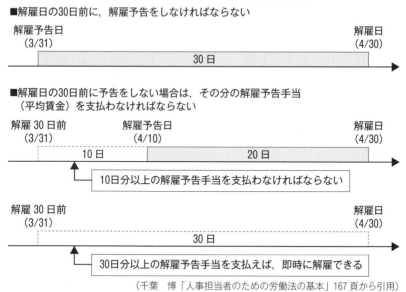

（千葉　博「人事担当者のための労働法の基本」167 頁から引用）

3．解雇権濫用法理

(一) 解雇権濫用法理とは

　民法上は，期間の定めのない雇用契約に関して，「雇用は，解約の申入れの日から２週間を経過することによって終了する」(627条) とし，使用者が労働者に対して，２週間前に予告することで，いつでも解雇が自由であると規定されている。

　しかし，これでは労働者の地位を極めて不安定にしてしまうため，これを考慮して，判例が，解釈上，「解雇を制限する法理」として確立してきたのが，「解雇権濫用法理」である。[3]

---

[3] すなわち，判例は「使用者の解雇権の行使も，それが客観的に合理的な理由を欠き社会通念上相当として是認することができない場合には，権利の濫用として無効になると解するのが相当である」と判示している（日本食塩製造事件＝最判昭 50・4・25 民集 29

第3章 労働・職場生活と法律の出会い　113

巻4号456頁)。

　その後この法理は，2003年労基法18条の2として立法化され，現在では労働契約法16条で定められている。すなわち，「解雇は，客観的に合理的な理由を欠き，社会通念上相当であると認められない場合は，その権利を濫用したものとして，無効とする」と規定する。

　要するに，判例はこれらの要件を満たすことを使用者側において立証しなければならないとするのである。

（二）　解雇権濫用とならないのは，どのような場合か

　解雇権濫用法理は，その文言が非常に抽象的であるため，結局どのような場合に「解雇が認められるかは」，個々の判例を見て判断するしかない。以下，主なものを概観する。④

④　　1）労働者の心身の状態による労務提供不能，勤務成績不良，適格性の欠如　　一般に，就業規則では，「業務能力が著しく劣り，又は勤務成績が著しく不良のとき」などと定めているが，「能力・成績不良」だけで，当然に解雇できるというわけでなく，「成績不良の程度が著しい場合でなければ」ならないと解されている。

　　また，使用者には「解雇回避努力義務」があるとされ，他の部署への配転や教育の機会を与えることが求められる。

〔図表3-4-Ⅰ-2〕　解雇の権利濫用をめぐる判例①
（労働者が労務提供をなし得なかったこと・適格性の欠如）

	裁判所等 （年月日）	要　旨
横須賀米軍基地事件	横浜地裁決定 （平元・1・27）	職務について能力を欠き，不適格であることを理由とする解雇はその理由がないため，無効である。
大阪築港運輸事件	大阪地裁決定 （平2・8・31）	従業員数名の企業で，復職してきた労働者を数ヵ月間，軽作業に従事させ，通院の都合もはかったが，完治せず同僚からも苦情が出るなどした事情のもとでの解雇。

（千葉　博・前掲172頁引用）

2）労働者の規律違反　　労働者の規律違反があった場合には，解雇が認められる
傾向にある。

〔図表 3-4-Ⅰ-3〕　解雇の権利濫用をめぐる判例②（労働者の規律違反）

	裁判所等 （年月日）	要　旨
川崎重工業事件	神戸地裁判決 （平元・6・1）	労働契約時に勤務場所の指定変更について会社に委ねる旨を合意していたが，余剰人員の解消と別部門の人員増強の必要に基づく人員異動計画による配置転換命令を拒否することは，他の従業員に対しての影響が大きく，人事異動計画の円滑な遂行の妨げになることから，解雇はやむを得ない。
大通事件	大阪地裁判決 （平10・7・17）	得意先で暴言を吐いた者に休職処分を命じた際に，「会社を辞めたる」旨発言したことは雇用契約の合意解約の申し込みであり，会社の承諾前に撤回されたので，合意解約は成立していないが，重要な得意先での同人の言動および休職処分に抵抗したこと等を考慮すると，その後会社が行った解雇は有効である。

（千葉　博・前掲 174 頁から引用）

3）解雇手続きに問題があった事案

〔図表 3-4-Ⅰ-4〕　解雇の権利濫用をめぐる判例③（解雇手続きに問題があった事案）

	裁判所等 （年月日）	要　旨
日立製作所事件	東京地裁判決 （昭27・7・7）	労働協約上の解雇協議約款・解雇同意約款があった。

（千葉　博・前掲 177 頁から引用）

4．退職勧奨と解雇の限界

「退職勧奨」とは，労働者から退職の意思表示をするように勧めることをいう。これは，使用者側からの勧めに応じて，労働者が自主的に退職することであって，解雇とは異なる。

しかし，この退職勧奨は，あくまでも任意に行われるべきで，度がすぎれば違法性をおびることがあり，実質上強制的に退職させたとなると，それは

解雇にほかならない。

　なお，退職を勧める対象については，自由に決めていいが，特定組合の組合員をねらったり，合理的な理由もなく男女間に勧奨のための基準に年齢差を設けることなどは違法となる。

Ⅱ　懲戒処分

1.「懲戒」とは

　「懲戒」とは，企業秩序に違反した場合や労働契約に定める義務の著しい違背があった場合に，違反行為に対する制裁処分をいう。企業は組織であり，そこに所属する構成員を統制するのは，当然のことである。企業秩序を定め維持する権利は，使用者が有するのであり，企業秩序の遵守義務を負うのは，労働者である[1)a]。

　使用者は，企業秩序を維持するため，就業規則に，ⓐ労働者の心得，ⓑ服装規定，ⓒ企業施設の利用制限，ⓓ職務専念規定，ⓔ法令規則の遵守義務，ⓕ上司の命令に服する義務，ⓖ信用保持義務，ⓗ秘密保持義務等の，労働者の行為規範を定めている[1)b]。

　企業秩序に違反する労働者に対しては，使用者は損害賠償請求や解雇などの手段をとることができる。また，使用者はそれとは別個に，上に述べた懲戒処分を行うこともできる。

　ところで，懲戒権の根拠について，最高裁は，「企業秩序違反行為」にあると解している。①

---

①　すなわち，使用者は，企業の存立・運営に不可欠な企業秩序を定立・維持する当然の権限を有し，労働者は労働契約の締結によって当然この企業秩序の遵守義務を負うと判示している（富士重工業事件＝最判昭 52・12・13 民集 31 巻 7 号 1037 頁，JR 東日本事件＝最判平 8・3・28 労判 696 号 14 頁）。

2．懲戒処分の種類

懲戒処分の種類としては，一般につぎのようなものが設けられている。

1）　注意　　　口頭で改める点を諭す。

2）　戒告　　　将来を戒める。始末書の提出はない。

3）　譴責　　　始末書を提出させて，将来を戒める。

4）　減給　　　賃金から一定額を差し引く。

5）　出勤停止　　一定期間の出勤を停止し，その間は無給である。上
　　　　　　　　限の制約はないが，一般的には，14日から1ヵ月以
　　　　　　　　内が多い。

6）　降職・降格　役職・職位を下げる。その結果，賃金が下がるのは，
　　　　　　　　減給とはならないので，減給規制にはかからない。

7）　諭旨解雇　　依願退職を勧告して退職させること。

8）　懲戒解雇　　重大な規律違反により解雇する。退職金は不払い，
　　　　　　　　または減額されるのが一般的である。

3．懲戒の有効要件

具体的に懲戒処分を行う場合，判例はおおむね，次のような基準でその効力の有無を判断すべきであるとする（東京高判平11・7・19労判765号19頁）。

(1)　予め就業規則等に定めがあること

懲戒処分をするためには，その理由となる事由，懲戒種類・程度を定めておくことが必要である。

(2)　相当性の原則

懲戒は，懲戒事由に照らして相当な範囲のものでなければならない。労契法15条も懲戒が「客観的に合理的な理由を欠き，社会通念上相当であると認められない場合」は，権利の濫用として無効になると定めている。

(3)　平等取扱いの原則

同様の懲戒にあたる行為を行った者に対しては，同一種類，同一程度の懲

戒であるべきとされる。したがって，同様の事例についての先例を参考にしてすることが必要である。

(4) 二重処罰の禁止

原則として，同じ懲戒事由に対して，重ねて懲戒処分を行うことは認められない。

(5) 適正手続

告知聴聞の機会，すなわち本人に弁明の機会を与えることは最小限必要である。

なお，労基法91条は，「就業規則で，労働者に対して減給の制裁を定める場合においては，その減給は，1回の額が平均賃金の1日分の半額を超え，総額が一賃金支払期における賃金の総額の10分の1を超えてはならない」として，減給を一定の範囲に限定している。

4. 懲 戒 事 由

懲戒事由の例としては，以下のようなものがあげられる。②

② ① 重要な経歴を偽るなど，不正手段によって入社したとき
② 就業規則その他会社の諸規程にしばしば違反したとき
③ 素行不良で，職場の秩序または風紀を乱したとき
④ 正当な理由なく，無許可の欠勤，遅刻または早退を繰り返し行ったとき
⑤ 業務上の指示命令に従わなかったとき
⑥ 故意に会社の業務を阻害したとき
⑦ 業務上の怠慢または監督不行届により災害事故を引き起こしたとき，または，会社の設備器具を損壊したとき
⑧ 許可なく会社の物品を持ち出したとき，または持ち出そうとしたとき
⑨ 会社の名誉，信用を傷つけたとき
⑩ 無許可で他人に雇用されたとき，または事業を営んだとき
⑪ 職務上知り得た秘密を洩らし，また洩らそうとしたとき
⑫ 前各号に準ずる程度の不都合な行為をしたとき

5．問題となる懲戒事由

（一）　兼職や二重就職の場合

　懲戒処分の実質的根拠は，企業秩序違反という点にある。したがって，「兼職」等によって企業秩序に影響をおよぼす場合は，懲戒の対象となる。しかし，会社の業務が終了してから行う「仕事」の場合，しかもそれが私生活上の行為の一つとして行うときは，企業秩序に影響がない限り，原則として懲戒の対象とはならないと解される。

（二）　「飲酒運転」を行った場合

　企業が飲酒運転を行う者を懲戒処分にする規定を設けることが可能かの点である。近年飲酒運転による重大事故の発生に対する社会の目は厳しく，それが企業の信用に重大な影響をおよぼし得る状況からすれば，懲戒解雇の根拠になると解される。それゆえ，飲酒運転により解雇する旨の規定を設けることは認められるといえる。

（三）　労働組合の活動に関連した「公務執行妨害」行為の場合[3]

[3]　判例は，労働組合の活動に関連した「公務執行妨害行為」について，従業員の職場外で行った職務遂行に関係のない行為であっても，企業秩序に直接の関連を有するものであり，それにより社会的評価の低下毀損は，企業の円滑な運営に支障をきたすおそれがないわけではなく，その評価の低下毀損につながるおそれがあると客観的に認められる行為については，……なお広く企業秩序の維持確保のために，これを規制の対象とすることが許される場合もあり得るといわなければならない，として懲戒免職を有効と判示した（国鉄中国支社事件＝最判昭 49・2・28 民集 28 巻 1 号 66 頁）。

（四）　通勤手当等の「不正受給」をしている場合

　公共交通機関で通勤していると装って，実際には，自転車，あるいは，自家用車で通勤をし，通勤手当等を不正に受給していた場合である。もとより，「虚偽の申告」をして会社から通勤手当の不正受給を受けていたときには，刑法上の「詐欺罪」（刑 246 条），もしくは「横領罪」（刑 252 条）にあたる犯罪

になる。

　しかし，現実には罪の意識も薄く，軽い気持ちでそのような行為をしてしまう者も多いため，いきなり懲戒解雇にするのは酷である。したがって，譴責から減給までの軽い処分に付し，それでも改まらない場合は，懲戒解雇にする場合が多いようである。④

④　判例も，懲戒解雇まで認めた事例としては，住所を偽り，平成4年6月分から平成7年3月分の定期券代として，合計102万8840円を受け取り，金を詐取していたなど，期間・金額の点で，極めて悪い場合に限定するとしている（アール企画事件＝東京地判平15・3・28）。

6. 懲戒解雇

（一）懲戒解雇の意義

　「懲戒解雇」とは，企業秩序違反を理由として懲戒処分の一環としてなされる解雇をいう。

　懲戒解雇は，労働者にとって最も重い懲戒処分であり，使用者にとっては職場の秩序維持の効果があるが，解雇される者にとっては，職を失うと同時に，名誉・信用にかかわる問題である。したがって，懲戒解雇は厳格な要件を満たさなければならない。

（二）下級審が明示した「懲戒解雇事由」

　下級審が，懲戒解雇事由にあたるとして，つぎのような例をあげている。

　①　「その者がなお改悛せず，その者を引き続き企業内におくときは，さらに，経営に重大な支障をもたらすことが明白な場合」（大阪地判昭43・11・22）。

　②　「情状酌量の余地がないか，改悛の見込みがなく，企業秩序の維持が困難と認められるなど，客観的に懲戒解雇が妥当とする程度に重大かつ悪質である場合」（東京地判昭48・8・29）。

注 ─────────────────────

1) a・b―小畑史子・緒方桂子・竹内（奥野）寿「労働法」74・75頁（平成25年　有斐閣ストゥディア）。

Ⅲ　退職，定年

1．退職をめぐる問題

(一)　退職（労働者による解約）

「退職」とは，労働者の一方的な意思表示によって労働契約を終了させることをいう。通常は，労働者が使用者に対して，退職届（辞職届）を提出する方法で行われる。

(1)　期間の定めのない「労働者の解約」の申入れ

期間の定めのない雇用契約では，労働者は2週間の「予告期間」を置けば「いつでも」解約の申入れをすることができる（民627条1項）。退職は，労働者の一方的な意思表示によって，効力が発生するので，使用者にその意思が到達した時点以降は撤回することができない。

毎月1回払いの月給制の場合は，解約の申入れは翌月以降に対してのみなすことができ，しかも当月の前半において，その予告をすることが必要である（民627条2項）。

(2)　期間の定めのある「労働者の解約」の申入れ

期間の定めのある雇用契約の場合は，労働者は「やむを得ない事由」があるときに「直ちに契約の解除をする」ことができるにとどまり，しかもその事由が当事者の一方の過失によって生じたときは，相手方に対して損害賠償の責任を負うこととなる（民628条）。

(二)　合意解約

「合意解約」とは，労働者と使用者が合意によって，労働契約を将来に向けて終了することをいう。「依願退職」の場合には，合意解約にあたることとなる。

第3章 労働・職場生活と法律の出会い　121

合意解約は，解雇ではないから，労働法上の解雇規則（労基19条・20条）や解雇権濫用法理（労契16条）の規制を受けない。したがって，当事者が合意すれば，「即時解約」も可能である。

2．定年をめぐる問題

（一）定年制の意義

「定年制」とは，労働者が一定の年齢に達した時に労働契約が終了する制度をいう。定年制には，2つの形態がある。1つは，「定年退職制」で，これは定年に達したときに自動的に契約が終了するものである。もう1つは，「定年解雇制」で，これは定年に達したときに使用者が解雇の意思表示をすることにより労働契約が終了するものである。

（二）平成16年改正の内容

(1) 実質的な定年の引き上げ

定年については，60歳定年制が長らく義務づけられ実施されてきたが，平成16年の「高年齢者雇用安定法」の改正により，この時から実質的に65歳定年制を採用することが義務づけられることになった。その理由は，年金支給年齢の上方変更などにともない，高齢者保護の観点から，就労可能な年数を実質的に引きあげ，それに対応する必要性が生じたためである。

具体的には，平成25年4月1日までに，段階的に定年65歳へ引き上げることとされた。

① 平成18年4月1日から同19年3月31日……62歳
② 平成19年4月1日から同22年3月31日……63歳
③ 平成22年4月1日から同25年3月31日……64歳
④ 平成25年4月1日から…………………………65歳

このように，平成25年4月1日をもって，65歳までの定年の引き上げは完了した。

(2) 「義務づけられた雇用確保措置」とは

平成16年の改正法では，65歳以上の定年を定めている場合以外は，「高年齢者雇用確保措置」として，つぎの①〜③のいずれかの措置を講じなければならないとして，使用者に対する義務づけを求めている[1]。

① 65歳までに定年年齢を引き上げること。

② 継続雇用制度を導入すること（再雇用・勤務延長制度）。

③ 定年制度を廃止すること。

この改正法には，基本的に罰則がなく違反者に対して厚生労働大臣による必要な助言・指導がなされるのみである。それでも措置をとらない場合は，厚生労働大臣が勧告できるとされていた。

(3) 平成24年度「改正高年齢者雇用安定法」の趣旨

平成24年に，再度「高年齢者雇用安定法」が改正され，希望者全員の65歳までの雇用を確保するための仕組みが導入された。そして，この改正された法律は，平成25年4月1日から施行されている。

注 ―――――――――――――――――

1） 千葉　博「人事担当者のための労働法の基本」208頁（平成25年　労務行政）。

第5節　有期契約労働者に関する法

Ⅰ　労働契約法の改正の概要

1．労働契約法の改正の趣旨

（一）　有期労働契約の意義

近年，わが国の労働市場においては，短期的には，経済環境への対応のため，期間の定めのある労働契約，すなわち「有期労働契約」の労働者の利用が進み，すでに雇用者全体の3割を超えている（総務省「労働力調査」。平成23年平均（速報）で35.2％）。

第3章　労働・職場生活と法律の出会い　123

　有期契約労働者の雇用形態は，「パート社員」，「アルバイト」，「臨時工」，「契約社員」，「嘱託社員」等さまざまである。

　この有期労働契約者については，期間の定めのない労働契約（「無期労働契約」という）を締結している正規労働者と比べて，必ずしも長期雇用の保証がなく，雇用状況が不安定であり，また，賃金，福利厚生，教育訓練などの労働条件について「格差」が現存している。

（二）　労働契約法の改正のポイント[1]

　契約法の改正では，ⓐ有期労働契約の無期労働契約への転換，ⓑ雇止め法理の法制化，ⓒ有期労働契約であることによる不合理な労働条件の禁止の3点が，新たなルールとして設けられた。

(1)　有期労働契約の「無期転換」の新設（平成25年4月1日施行）

①　有期労働契約が更新されて通算5年を超える場合，労働者の申込みにより，無期労働契約に転換する。

②　原則6ヵ月以上の空白期間があるときは，その前の契約期間は通算しない。

③　無期労働契約に転換された場合は，原則として，労働者の申込み時点の有期労働契約と同一の労働条件となる。

(2)　雇止め法理の法制化（平成24年8月10日施行）

①　有期労働契約の反復更新により，無期労働契約と実質的に異ならない状態で存在している場合。

②　有期労働契約の期間満了後の雇用継続につき，労働者の更新への合理的期待が認められる場合には，「雇止めが客観的に合理的な理由を欠き，社会通念上相当であると認められないときは，当該雇止めは無効である」という判例法理を法文に明文化した。

(3)　不合理な労働条件の禁止（平成25年4月1日施行）

　期間の定めがあることにより，有期契約労働者と無期契約労働者とで労働条件が相違する場合，その相違は，職務の内容や配置の変更の範囲等を考慮

して，不合理と認められるものであってはならない。

2．有期労働契約の無期転換

（一）有期契約労働者の無期転換申込権とその効果

(1) 契約法18条1項前段

① 有期労働契約の契約期間が，通算5年を超える場合は，労働者の申込みにより，無期労働契約に転換する。

② 上記の労働者は，通算5年を超えることとなる有期労働契約の初日から末日までの間に無期転換の申込みをすることができる。

(2) 有期労働契約の無期転換の要件

有期契約労働者が申込みにより，無期労働契約に転換するには，ⓐ同一の使用者との間で締結されていること，ⓑ2以上の有期労働契約があること，ⓒ通算で契約期間が5年を超えていること等の要件を満たしている場合でなければならない。①

① ① 「同一の使用者」とは，労働契約を締結する法律上の主体が同一であることをいう。したがって，法人の場合は法人単位で，個人事業主の場合は，個人事業主単位で同一か否かを判断することとなる。

② 「2以上の有期労働契約」とは，更新が1回以上行われている場合をいう。

③ 「無期転換申込権を行使できる期間」は，その契約期間中に通算契約期間が，5年を超えることとなる有期労働契約の契約期間の初日からその有期労働契約の契約期間の満了日までの間に行使できる。

④ 無期転換ルールは，契約法が適用されるすべての労働者に適用される。

(3) 無期転換を回避することは可能か

1）無期転換申込権の「事前放棄」の合意　　無期転換申込権が発生する有期労働契約を締結する前に，無権転換申込権を行使しないことを「更新の条件」とするなど，有期契約労働者に事前に無期転換申込権を放棄させ

●無期転換の具体例

(A) 1年契約を更新して5年超となるケース

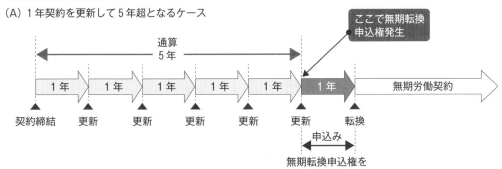

(B) 3年契約を更新して5年超となるケース

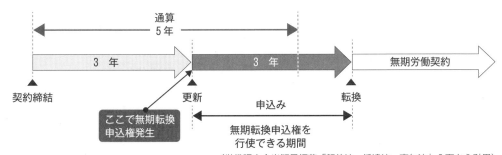

(労働調査会出版局編著「契約法・派遣法・高年法」8頁から引用)

ることはできない。

　2）　無期転換申込権が発生することとなる「有期労働契約を終了」させる場合　現に締結している有期労働契約の契約期間の満了日をもって，その有期契約労働者との「労働関係を終了」させようとすれば，労働者からの申込権の行使によって成立した無期労働契約を解約（解雇）することになる。

（二）　無期転換後の労働条件

(1)　契約法18条1項後段

　①　労働者の申込みにより，無期労働契約へ転換した後の労働条件は，原則として，申込み時の有期労働契約と同一の労働条件とする。

●無期転換申込権が発生することとなる有期労働契約を終了させようとする場合の考え方

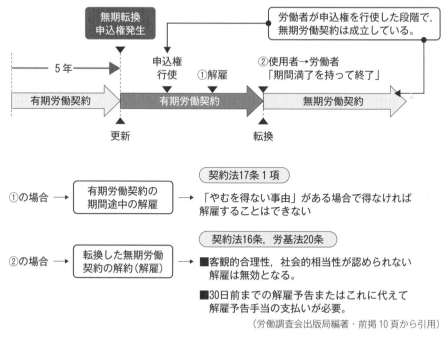

（労働調査会出版局編著・前掲10頁から引用）

② 契約期間を除く労働条件について、別段の定めをすることもできる。

(2) 「別段の定め」とは

期間の定め以外の労働条件を変更することができる「別段の定め」とは、労働協約、就業規則および個々の労働契約による定めをいう。

また、有期労働契約から無期労働契約に転換する際に、職務内容等が、従来の有期労働契約のときと変わらないのに、無期転換後に労働条件を従前より低下させることは望ましくない。

(3) 無期転換にともない「従前より職責が重くなった場合」

無期労働契約に転換するにともない、職務や責任の度合い、人事異動の有無や範囲など就業の実態に見合った労働条件や待遇とすることは、労使当事

者間の協議等によって決めることが望ましいと解される。

(三) 通算契約期間の計算とクーリング

(1) 契約法 18 条 2 項

有期労働契約が無期転換する要件である「通算契約期間 5 年超」には、原則として 6 ヵ月以上の無契約期間（クーリング期間）がある場合には、その前の契約期間を通算しない。

(2) 通算契約期間に算入されないこととなる無契約期間（クーリング期間）

通算契約期間に算入されないこととなるのは、有期労働契約と再度締結された有期労働契約との間の無契約期間の長さが、つぎのいずれかに当てはまる場合である。

1) クーリングされる無契約期間（クーリング期間）

原則 ① カウントの対象となる有期労働契約の契約期間が 1 年以上の場合

➡ 6 ヵ月以上

② カウントの対象となる有期労働契約の契約期間が 1 年未満の場合

➡ その直前の有期労働契約の契約期間の 2 分の 1 以上 ⬅ 1 ヵ月未満の端数は 1 ヵ月に切上げ

2 つ以上の有期労働契約があるときは、これらの期間を通算する。
　(a) 間を置かずに 2 つ以上の有期労働契約があるとき
　(b) 契約期間が連続しているものと扱われる「法第 18 条第 2 項の厚生労働省令で定める基準」に該当する場合

（労働調査会出版局編著・前掲 13 頁から引用）

2) カウントの対象となる有期労働契約の「契約期間が1年以上の場合」

① 無契約期間が6ヵ月以上ある場合の例

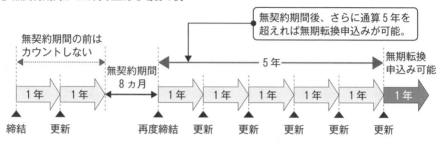

→無契約期間の前の契約期間は通算されない(クーリングされる)。

② 空白期間が6ヵ月未満の場合の例

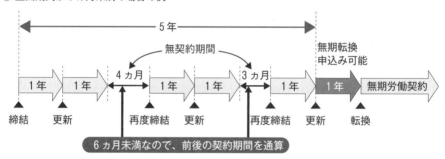

→無契約期間が通算され、契約期間が連続しているものとされる(クーリングされない)。

(労働調査会出版局編著・前掲14頁から引用)

(3) 通算契約期間の計算の取扱い

1) 「同一の使用者」ごとに計算する。　有期労働契約の契約期間の「途中」や「満了後」更新する場合に、勤務先の事業場が変わっても、同じ使用者の事業場間での異動があれば、契約期間が通算されることとなる。

2) 労働契約の「存続期間」で計算する。　たとえば、育児休業等により、勤務しなかった期間でも、労働契約関係が継続していれば、その期間も通算される。

第3章 労働・職場生活と法律の出会い　129

(四) 経過措置等

(1) 契約法改正附則2項

　有期労働契約の無期転換に関する18条は，平成25年4月（改正法施行日）以後を契約期間の初日とする有期労働契約についても適用される。ただし，施行日前の初日の有期労働契約の期間は，同条1項の通算契約期間にはカウントされない。

(2) 法18条の適用の例

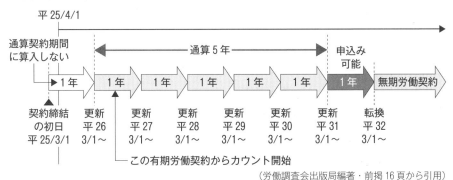

（労働調査会出版局編著・前掲16頁から引用）

3．雇止め法理

(一) 雇止め法理とその対象・効果

(1) 契約法19条（新設・平成24年8月10日施行）

　有期労働契約について，労働者が契約の更新・締結を申し込んだ場合に，使用者がこれを拒絶することが，「客観的に合理的な理由を欠き，社会通念上相当であると認められないときは」，使用者は従前の有期労働契約と同一の労働条件で，その申込みを承諾したものとみなす。

(2) 雇止め法理の対象

　雇止めの法理の対象となるのは，つぎの2つの事由のいずれかに当てはまる場合である。②

② その1は，有期労働契約が，過去に反復更新され，その雇止めが無期労働契約の解雇と社会通念上同視できると認められる場合。

その2は，労働者が有期労働契約の契約期間満了時に，契約が更新されると期待することに，合理的な理由が認められる場合。

1) 雇止めが無期労働契約の解雇と「社会通念上同視できる」場合
雇止め法理が適用される契約法19条1号は，東芝柳町工場事件の最高裁判決が示した要件を規定したものである（最判昭49・7・22民集28巻5号927頁）。

2) 労働者の更新への期待に「合理的な理由がある」場合　雇止め法理が適用される契約法19条2号は，日立メディコ事件の最高裁判決で示した要件を規定したものである（最判昭61・12・4判時1221号134頁）。

(3) それでは，雇止め法理が適用されるか否かの判断を何に求めるか

1) 雇止めの「有効性」を判断する際の要素　雇止めの有効性を判断する際に考慮される観点は，これまでの裁判例で，つぎのようなものがあげられている。

すなわち，ⓐ臨時雇用か常時雇用か，ⓑ更新された回数，ⓒ雇用の通算期間，ⓓ契約期間の管理状況，ⓔ雇用継続の期待をもたせるような使用者の言動の有無などを総合的に考慮して，判断されている。

2) 満了時における「合理的」な理由の有無　合理的な期待の有無は，最初の有期労働契約の締結から雇止めとなった有期労働契約の期間満了時までの間におけるすべての事情から総合的に判断されることとなる。

(4) 雇止め法理による「みなし承諾」の効果

労働者から有期労働契約の「更新の申込み」または，契約期間満了後に遅滞なく有期労働契約の「締結の申込み」があった場合，その申込みを拒絶するには，「客観的に合理性を欠き，社会通念上相当と認められなければ」雇止めは認められず，使用者は，その申込みを「承諾したものとみなす」こととなる。

第3章　労働・職場生活と法律の出会い　131

　この場合，使用者側は労働者の申込みに対して，承諾の意思表示をしなくても，「契約の更新」または「契約締結」の効果が生じる。

　そして，更新後の有期労働契約，あるいは，期間満了後に締結された有期労働契約は，従前の有期労働契約と「同じ労働条件で更新・締結された」ものとなる。

（二）　労働者の「申込み」・「遅滞なく」の意味

　①　契約法19条は，雇止め法理の適用について，契約期間が満了する日までの間に，労働者からの「有期労働契約の更新」または「締結の申込み」があることを前提としている。

　②　この「遅滞なく」というのは，契約期間満了後であっても，「正当または合理的な理由」があれば，申込みが遅れた場合も適用される。

4．期間の定めのあることによる不合理な労働条件の禁止

（一）　契約法20条（新設・平成25年4月1日施行）

　同一の使用者のもとで，有期契約労働者と無期契約労働者の労働条件に「相違がある」場合においては，ⓐ労働者の職務の内容，ⓑその業務にともなう責任の程度，ⓒその職務の内容および配置の変更の範囲，ⓓその他の事情を考慮して，不合理と認められるものであってはならない。

（二）　「不合理な」労働条件であるかどうかの判断

(1)　対象となる「労働条件」

　契約法20条にいう「労働条件」とは，賃金，労働時間に限らず，災害補償，服務規律，教育訓練，付随義務，福利厚生などを含め一切の労働条件がその対象となると解される。

(2)　「不合理」かどうかの判断要素

　不合理かどうかの判断は，ⓐ職務の内容，ⓑ業務にともなう責任の程度，ⓒその職務の内容および配置の変更の範囲，ⓓその他の事情を考慮して，個別の労働条件ごとに判断される。

（三） 契約法20条の効力

　この点について，施行通達は，「法第20条は，民事的効力のある規定であること。法第20条により不合理とされた労働条件の定めは無効となり，故意・過失による権利侵害，すなわち不法行為として損害賠償が認められ得ると解されるものであること。法第20条により，無効とされた労働条件については，基本的には，無期契約労働者と同じ労働条件が認められると解されるものであること。」としている。

5．有期労働契約の労働条件の明示等

（一） 更新の基準の明示義務（労基則5条1項）

　有期労働契約を締結する場合は，「更新する場合の基準に関する事項」も，労基法15条1項で義務づけられる労働契約締結時の明示事項とされ，その明示方法は，「書面の交付」によらなければならない（労基則5条3項）。これに違反すれば，労基法15条1項の違反として罰則の対象となる（労基120条1号）。

（二） 更新に関する事項の明示方法

　「更新の有無」や「更新の基準」の明示例は，行政通達で下記のように例示されている。

（1） ＜更新の有無の明示例＞

・自動的に更新する
・更新する場合があり得る
・契約の更新はしない　　等

（2） ＜更新の基準の明示例＞

・契約期間満了時の業務量により判断する
・労働者の勤務成績，態度により判断する
・労働者の能力により判断する
・会社の経営状況により判断する
・従事している業務の進捗状況により判断する　　等

（労働調査会出版局編著・前掲25頁から引用）

注

　1） 労働調査会出版局編著「契約法・派遣法・高年法の改正と実務対応」4頁（平成25年労働調査会）。

Ⅱ　パートタイム労働法の概要

1．パートタイム労働者

（一）　パートタイム労働の意義

　パートタイム労働者の地位についての法的規制の中心をなしているのが「短時間労働の雇用管理の改善等に関する法律」（「パートタイム労働法」とも呼ぶ）である。そして，同法2条では，「短時間労働者」（パートタイム労働者）について，「1週間の所定労働時間が同一の事業所に雇用される通常の労働者……の1週間の所定労働時間に比し短い労働者」と定義している。

（二）　パートタイム労働者と労働法の適用

　パートタイム労働者も，「使用者に使用されて労働し，賃金を支払われる者」（労契2条，労基9条，労組3条）にあたる。したがって，労働契約法，労働基準法，最低賃金法，労働安全衛生法，男女雇用機会均等法，労働組合法などの法律が広く適用される。

　なお，パートと呼ばれていない，アルバイトや臨時社員，契約社員なども上記の定義にあたれば，パートタイム労働法の適用を受けることとなる。

2．パートタイム労働法の内容

(一) パートタイム労働法の内容の条文根拠

項目	パートタイム労働法等
労働条件に関する文書の交付	パート6条1項，パート則2条
就業規則作成に関する意見聴取の努力義務	パート7条
待遇の決定に当たって考慮した事項の説明義務	パート14条
差別的取扱いの禁止	パート9条
職務関連賃金に関する均等待遇の努力義務	パート10条
教育訓練の実施に関する均等待遇の措置義務	パート11条
福利厚生施設の利用に関する配慮義務	パート12条
通常の労働者への転換の措置義務	パート13条

(大坪和敏編「労働法の実務ガイドブック」241頁（平成26年　一般財団法人大蔵財務協会))

(二) 労働条件の明示・就業規則・説明義務

　事業者は，労働基準法15条1項に定められた事項に加えて，昇給，退職手当，賞与の有無について明示しなければならない (パート則2条)。明示方法としては，文書の交付のほか，労働者が希望する場合には，ファクシミリまたは電子メールによる送信でもよいとされている (パート則2条)。

　もしこれに違反したときは，10万円以下の過料の制裁が科されることとなる。手順としては，まず都道府県労働局長が助言，指導，勧告を行い，それでも履行されない場合に過料を請求される。

　また，パートタイム労働者にかかる事項について，就業規則を作成・変更する場合には，その労働者の過半数を代表する者の意見を聴くように努めなければならない (パート7条)。

第3章 労働・職場生活と法律の出会い 135

Ⅲ 労働者派遣法

1. 労働者派遣の意義

「労働者派遣」を規制する法律として,「労働者派遣事業の適正な運営の確保及び派遣労働者の保護等に関する法律」(以下「派遣法」という)が制定されている。[1]

[1] 労働者派遣制度は,昭和60年の「労働者派遣事業の適正な運営の確保及び派遣労働者の就業条件の整備等に関する法律」(派遣法)の制定により,専門的知識,技術,経験を必要とする業務または特別の雇用管理を必要とする業務で,常用雇用の代替のおそれが少ないと認められる業務にその対象を限定して導入された。[1)a]

その後,経済・産業構造の変化にともなう「企業側の有効な人材活用へのニーズ」[1)b] と労働者の希望により「その専門的知識等を活かして働きたいという労働者側の多様な働き方へのニーズ」[1)c] に応えるものとして,一定の労働力の需給調整機能を果たしてきた。

また,平成11年には,適用対象業務が原則自由化されるにともない,いわゆる専門26業務以外で新たに適用対象業務となった業務については,「派遣受入期間の制限」(1年)が設けられた。[1)d]

さらに,平成15年の改正により,物の製造業務についても,労働者派遣を解禁して,「派遣受入期間の制限」(3年)まで延長することとされ,これにより労働者派遣の活用が急速に進んだ。

一方,いわゆる「日雇派遣」・「偽装請負」などの違反事業が顕在化し,業務停止処分等の事業も見られるなどから,これらの事態への対応も要請されている。

そこで,「派遣労働者の保護や雇用の安定等の観点から,労働者が安心・納得して働けるようにする」[1)e] ことを目的として,平成24年3月に派遣法が改正された。

2. 派遣法改正のポイント

(一) 派遣法改正の3つの柱

平成24年度改正の派遣法は,ⓐ事業規制の強化,ⓑ派遣労働者の無期雇

用化と待遇の改善，ⓒ違法派遣に対する迅速・的確な対処等の3点が柱となっている。これにより，「派遣元事業主」と「派遣先」に対して，新たな業務が課されることとなった。[2)]

この改正法は，平成24年10月1日から施行されている。ただし，「労働契約申込みみなし制度」については，平成27年10月1日からの施行となっている。

（二）　派遣法改正における3つの柱の概要

(1)　事業規制の強化

1）　日雇派遣の原則禁止（派遣35条の3第1項）　雇用期間が30日以内の日雇派遣は，原則として労働者派遣を禁止することとなった。ただし，ⓐ日雇派遣をしても，適正な雇用管理に支障をおよぼすおそれがないと「政令で定める一定の業務」について，労働者を派遣する場合，またはⓑ雇用機会の確保がとくに困難な労働者の雇用継続等を図るために必要な場合に該当する場合については，例外として日雇派遣を認めている（ここにいう政令とは，「労働者派遣事業の適正な運営の確保及び派遣労働者の保護等に関する法律施行令」（派遣令）という）。②

② 〔日雇派遣が例外として認められる「業務」〕（派遣令4条1項）

① ソフトウェア開発 　⑩ デモンストレーション
② 機械設計 　　　　　⑪ 添乗
③ 事務用機器操作 　　⑫ 受付・案内
④ 通訳，翻訳，速記 　⑬ 研究開発
⑤ 秘書 　　　　　　　⑭ 事業の実施体制の企画，立案
⑥ ファイリング 　　　⑮ 書籍等の制作・編集
⑦ 調査 　　　　　　　⑯ 広告デザイン
⑧ 財務処理 　　　　　⑰ OAインストラクター
⑨ 取引文書作成 　　　⑱ セールスエンジニアの営業，金融商品の営業

第3章　労働・職場生活と法律の出会い　137

2）　グループ企業派遣の8割規制と派遣割合の報告義務（派遣23条3項・23条の2）

①　あるグループ企業の派遣会社が，そのグループ企業内に派遣する割合は，8割以下になるようにしなければならない。

②　派遣元事業主は，事業年度終了後3ヵ月以内に，グループ企業派遣の派遣割合を厚生労働大臣に報告しなければならない。

3）　離職後1年以内の労働者の派遣の禁止（派遣35条の4，40条の6）

①　派遣元事業主は，派遣先を離職してから1年以内の者を，その派遣先に派遣労働者として派遣してはならない。

②　派遣先は，その派遣先を離れてから1年以内の者を，派遣労働者として受け入れてはならない。

(2)　派遣労働者の無期雇用化と待遇改善

1）　有期雇用派遣労働者等の無期転換の推進措置（派遣30条）　派遣元事業主は，雇用期間が通算1年以上の有期契約の派遣労働者等について，労働者の希望に応じ，無期雇用への転換推進措置を講ずるように努めなければならない。③

③　〔転換推進措置の対象者〕（派遣則25条）
　①　その派遣元事業主に雇用された期間が，通算1年以上の有期雇用派遣労働者
　②　その派遣元事業主に雇用された期間が，通算1年以上で，派遣労働者として期間を定めて雇用しようとする者

2）　均衡待遇の確保（派遣30条の2・40条3項，派遣先指針第2の9(1)）

①　派遣元事業主は，派遣労働者と同種の業務に従事する労働者との均衡を考慮した賃金決定，教育訓練，福利厚生の実施等に配慮しなければならない。

②　派遣先は，派遣元事業主が均衡待遇の確保のための措置が適切に講じられるよう，派遣元事業主の求めに応じて，必要な情報提供をする等の協力

をするように努めなければならない。

　3）　待遇に関する説明義務（派遣31条の2）

　派遣元事業主は，派遣労働者として雇用しようとする労働者に対し，その者を派遣労働者として雇用した場合の賃金の額の見込みその他の待遇に関する事項等を説明しなければならない。

　4）　マージン率等の情報提供（派遣23条5項）

　派遣元事業主は，事業所ごとのⓐ派遣労働者の数，ⓑ労働者派遣の役務の提供を受けた者（派遣先）の数，ⓒマージン率，ⓓ教育訓練に関する事項等について，情報を提供しなければならない。

　5）　派遣料金額の明示義務（派遣34条の2）

　派遣元事業主は，ⓐ派遣労働者を雇入れる時，ⓑ労働者派遣をしようとする時，ⓒ派遣料金額の変更時に，ⓓその労働者に派遣料金額を明示しなければならない。

　6）　無期雇用派遣労働者であるか否かの派遣先への通知義務（派遣35条）

　①　派遣元事業主は，労働者を派遣するときは，ⓐ派遣労働者の氏名・性別等，ⓑその派遣労働者が無期雇用か有期雇用か，ⓒ労働・社会保険の加入状況，ⓓその派遣労働者の就業条件について，派遣先に通知しなければならない。

　②　派遣先事業主は，①の通知をした後，その派遣労働者が無期雇用か有期雇用かに変更があったときは，遅滞なく，派遣先に通知しなければならない。

　7）　派遣契約の中途解除と派遣労働者の雇用の確保（派遣26条1項8号・29条の2）

　①　派遣契約において，派遣契約が解除された場合の派遣労働者の新たな就業機会の確保，休業手当等の支払いに要する費用の負担その他の派遣労働者の雇用の安定を図るために必要な措置に関する事項について定めなければ

第 3 章　労働・職場生活と法律の出会い　　139

ならない。

②　派遣先の都合により，派遣契約を解除する場合は，派遣先は，派遣労働者の新たな就業機会の確保，休業手当等の支払いに関する費用の負担その他派遣労働者の雇用の安定を図るために必要な措置を講じなければならない。

注 ——————————————

　1）　a・b・c・d・e―労働調査会出版局編著「契約法・派遣法・高年法の改正点と実務対応」42頁（平成25年　労働調査会）。

　2）　労働調査会出版局編著・前掲44頁。

Ⅳ　高年齢者雇用安定法の概要

1．高年齢者雇用安定法の改正の経緯

　わが国の少子高齢化が急速に進み，全就業者数は2020（平成32）年には，2009（平成21）年に比較して，約433万人減少することが見込まれている。とくに，団塊の世代の高齢化にともない，就労生活から引退する者が増えることが予想される。

　そのような状況のなかで，労働する意欲のある高年齢者を活用することで労働力を確保するべく，これまで，「高年齢者等の雇用の安定等に関する法律」（以下「高年法」という）の度々の改正により，法的な整備を重ねてきた。

　とくに，平成16年の法改正では，老齢厚生年金（定額部分）の支給開始年齢の引上げに合わせて，法定の定年年齢60歳を維持しつつ，段階的に65歳までの雇用確保に関する措置が事業主に義務づけられた。

　一方，平成25年度に男性について，年金（定額部分）の支給開始年齢の65歳までの引上げが完了すると，報酬比例部分についても，同年度から61歳に引きあげられることになっている。つまり平成37（2025）年度まで段階に引きあげられることとなる。

　そうだとすれば，現行の高年齢者雇用制度のもとでは，60歳定年以降，高年齢者が継続雇用を希望しても対象者の基準に該当しないことなどにより，

雇用が継続されず，無年金・無収入となる者が生じる可能性がある。

　そのために，年金の支給と雇用が，確実に接続し，希望する者全員が65歳まで働き続けることができるよう早急に方策を講じることが要請される。

　今度の高年法改正は，このような課題への対応として，「希望者全員」の65歳までの雇用を確保する措置のあり方などについて，現行法制を見直したもので，平成25年4月1日から施行されている。

2．改正のポイント

　高年法の改正のポイントは，ⓐ継続雇用制度の対象者を限定できる仕組みを廃止すること，ⓑ継続雇用制度の対象者を雇用する企業の範囲を拡大すること，ⓒ雇用確保措置義務の違反に対する公表規定を導入すること，ⓓ高年齢者雇用確保措置の実施・運用に関する指針の策定，などの点である。

第4章　婚姻・家族生活と法律の出会い

第1節　婚姻の法

I　婚姻の成立

1．総　説

(一)　婚姻の意義

　婚姻は，社会的・法律的に認められた制度であり，男女の性的結合であると同時に，それは終生共同生活を約束した関係である。そして，法律的には，婚姻は「両性の合意のみに基いて成立し」(憲24条)，かつ夫婦としての共同生活を営むことを目的とする一種の契約である。

　しかし，民法は婚姻の「届出」をしたものだけを法律上の夫婦として認めるという「届出婚主義」の立場を採用している。すなわち，婚姻は単なる「契約」という意味だけでなく，他方で「社会的制度」としての性質を有するということができる。

　したがって，婚姻は「それぞれの時代や社会が承認した性的結合形態」の一種であるから，婚姻に関する法律や制度が，その時代・地域における宗教的・道徳的規律および社会的・経済的な影響を受けてきたことは否定できない。

(二)　婚姻の現代的特徴

　現代の婚姻制度は，つぎのような特徴を有している。

(1)　一夫一婦制

「一夫一婦制」とは，一人の男と一人の女が結ばれる婚姻形式をいう。現

代多くの国家においては，法律上・道徳上の観点から，一夫一妻制を守るべき婚姻形態が定着している。①

① 　婚姻の歴史をたどれば，妻が一人で夫が複数の「一妻多夫制」とか，夫が一人で妻が複数の「一夫多妻制」などの多様な婚姻形態を多くの民族が経験してきたのは事実である。わが国においても，「一夫多妻制」が廃止されたのは明治に入ってからのことである。そこでは，男女の「婚姻の自由」はまったく認められず，もし戸主の同意を得ないで婚姻をした場合には離婚させられることもあった。

(2) 婚姻意思の自由

　婚姻の成立には，男女の自由な意思にもとづく合意が尊重されなければならない。しかるに，かつては家長や父母の婚姻に対する介入が強く働き，当事者の意思が無視された時代もあったが，現代の憲法のもとでは，何よりも男女の自由な意思が尊重され，婚姻の自由が大幅に拡大されることとなった。

(3) 夫婦平等の原則

　旧民法下の家父長的色彩の強い「家」制度のもとでは，妻は常に従属的地位にたたされてきたが，現行法では「夫婦平等の原則」を定めている（憲24条）。しかし，「夫婦の平等」は，法制度の整備によって達成されるものでなく，「法は，平等理念に基づく夫婦共同生活の実現を目ざす当事者に力を貸し」かつ「実現をさまたげる障害を排除することが」ねらいであるから，その実現はあくまでも当事者の努力によることが不可欠である。

2．婚姻の成立要件

（一） 序 説

　婚姻は，社会的制度として，法の保護を受けるものであるから，民法は，婚姻の成立要件として，ⓐ当事者に「婚姻の意思」（742条1号）と，ⓑ「婚姻の届出」（742条2号）が，必要であると定めている。

第4章　婚姻・家族生活と法律の出会い　　143

（二）　婚姻の意思があること

　婚姻には，「本人の意思」が最も重要なことである。したがって，民法は，当事者に「婚姻の意思」がないときには，その婚姻は無効になるとしている（742条1号）。

　ところで，「婚姻の意思」について，判例・学説はつぎのように解している。②

②　すなわち，通説・判例は，「当事者間に婚姻をする意思がないとき」の解釈について，「真に夫婦関係の設定を欲する効果意思がなかった場合には，婚姻はその効力を生じないものと解すべきである」として，「実質的意思説」の立場を採っている（最判昭44・10・31民集23巻10号1894頁）。したがって，この説では「虚偽の届出」「仮装の婚姻」は，婚姻の意思がない場合であり，無効になると解される。

（三）　婚姻の届出があること

　婚姻は，「戸籍法の定めるところにより届け出ることによって，その効力を生ずる」とする（民739条1項）。これは，「届出婚主義」を採用することを明示した規定である。婚姻は，手続的には，「届出の受理」と「戸籍簿への記載」によって成立することになる。

（1）　届出の方法

　婚姻の届出は，「当事者双方及び成年の証人二人以上が署名した書面で，又はこれらの者から口頭で，しなければならない」（民739条2項）。一般には，当事者が「婚姻届」に必要事項を記入して届け出ることになる。戸籍係は，届出（本人でなくてよいし，郵送でもよい）（戸47条）があると，婚姻の実質的要件に違反していないかを確認した後，受理する（民740条）。

（2）　届出の場所

　届出先は，当事者のいずれかの本籍地または所在地の市区町村の役場に届け出ることになっている（戸25条）。③

144

③　外国にいる日本人が婚姻をする場合は，本籍地のほかに，その国に駐在する日本の大使，公使または領事に届け出ることもできる（民741条）。また，日本にいる外国人が婚姻する場合，婚姻の成立要件は，それぞれの本国法によることになる。

3．婚姻の要件（婚姻障害）

（一）　婚姻が受理されない場合

　民法731条から737条までの規定に違反する婚姻は，受理されない（740条）。すなわち，ⓐ「婚姻適齢（民731条），ⓑ「重婚の禁止」（民732条），ⓒ「再婚禁止期間」（民733条），ⓓ「近親婚の禁止」（民734条〜736条），ⓔ「未成年者の婚姻」（民737条）など5つの事項がこれに該当し，「婚姻障害」と呼んでいる。以下くわしく見ることとする。

（二）　婚 姻 適 齢

　男は満18歳，女は満16歳に達していなければ婚姻することができない（民731条）。その趣旨は，肉体的，精神的，社会的および経済的に未成熟な者の婚姻を禁止することにより，早婚から生じる弊害を防止するためである。しかし，現代社会のように，女性の社会進出が盛んになりつつある時代においては，男女とも18歳とするほうが，「男女の平等」という観点から妥当であろう。

（三）　重 婚 の 禁 止

　配偶者のある者は，重ねて婚姻をすることができない（民732条）。したがって，配偶者のある者に，「事実上の配偶者」（愛人）がいる場合は，ここにいう「重婚」にはあたらない。この場合は，「重婚的内縁」と呼ぶ。実際に，重婚が問題になるのは，つぎのような事例である。④

④　たとえば，ⓐ既婚者が他の相手と二重に婚姻の届出をし，それを戸籍係が誤って受理した場合，あるいは，ⓑ失踪宣告を受けた者の配偶者が，再婚した後に相手が生きて帰ってきたため，その宣言が取り消された場合，さらに，ⓒ夫婦の一方が無断で離婚届を出して再婚し，その後，その離婚が無効または取り消された場合などが考えられる。

第4章　婚姻・家族生活と法律の出会い　145

（四）　再婚禁止期間

　民法は，前婚の解消または取消の日から6ヵ月を経過した後でなければ，再婚することができないとする（733条1項）。これは，父性推定の混乱をさけるためであるとされる。ただし，前婚によって懐胎した子を生んでしまえば，もちろん再婚できる（民733条2項）。もしも再婚禁止期間内に婚姻届が誤って受理されたときは，取消原因となる（民744条2項）。

　また，民法は，婚姻成立の日から200日後，または，婚姻の解消もしくは取消の日から300日以内に生まれた子は，婚姻中に懐胎したものと推定されるとする（772条）。しかし，法的に問題とする重複日は，「100日間」だけなので，「6ヵ月」も再婚を禁止する理由はない，という批判がある。⑤

⑤　民法733条の規定は，憲法14条（法の下の平等）および憲法24条（両性の平等）に違反すると訴えた事案に対して，判例は「合理的な根拠に基づいて各人の法的取扱いに区別を設けること」は，憲法14条1項に違反しないとした（最判平7・12・5判時1563号81頁）。この点については，「女子差別撤廃条約」に批准し，「男女平等社会」の実現を目指す国としては，女子差別の撤廃にもっと積極的に努力すべきであると考える。

（五）　近親婚の禁止

　民法は，優生学的および社会的・道徳的理由から，つぎの近親婚を禁止している。それは，親族間の秩序を維持するためであるといえる。

(1)　「直系血族間」の婚姻禁止

　「直系血族」の間では，婚姻することが禁止されている（民734条）。すなわち，親と子，祖父母と孫との婚姻は認められない。なお，養親子も「直系血族」にあたるが，この場合については，別に民法736条で定めている。

(2)　「三親等内の傍系血族間」の婚姻禁止

　「三親等内の傍系血族」の間でも，婚姻をすることは禁止される（民734条）。すなわち，兄と妹，叔父と姪，叔母と甥などは，婚姻することは認められな

い。⑥

⑥　最高裁は，遺族年金の支給をめぐる訴訟において，三親等の近親婚的な内縁の配偶
　　者（叔父と姪との内縁）に対する「遺族年金」の不支給処分を違法であるとして取消し
　　た（最判平 19・3・8 民集 61 巻 2 号 518 頁）。

　ただし，養子と養方の傍系血族との間では，婚姻は認められている（民 734
条 1 項ただし書）。たとえば，養子と養親の実子，あるいは，養子と養親のきょ
うだいは，自然的な血縁関係がないので禁止されない。なお，特別養子の場
合は，実方の父母およびその血縁との親族関係が終了した後でも，近親婚の
制限は残るとされる（民 734 条 2 項）。

(3)　「直系姻族間」の婚姻禁止

　「直系姻族間」では，婚姻することができない（民 735 条）。たとえば，夫と
妻の連れ子，妻と夫の連れ子は婚姻できない。また，夫と妻の母，妻と夫の
父とも婚姻できない。この場合，離婚や配偶者の死亡によって，姻族関係が
終了した後であっても，婚姻は認められない（民 735 条）。ただし，傍系姻族
間では，婚姻は禁止されない。たとえば，死亡した夫の兄弟との婚姻（順縁），
死亡した妻の姉妹との婚姻（逆縁）は禁止されない。

(4)　「養親子等の間」の婚姻禁止

　養親子等の間では，婚姻をすることができない（民 736 条）。たとえば，養
親と養子，養親と養子の配偶者，養子と養子の子などの婚姻は禁止されてい
る。これは，離縁によって親族関係が終了した後であっても婚姻は認められ
ない。

（六）「未成年者」の婚姻

　未成年の子が婚姻するには，父母の同意を得なければならない（民 737 条 1
項）。「同意する」とは，婚姻届出書に「同意書」を添付するか，または，届
出書にその旨を附記し，父母が署名・押印するだけでよい（戸籍 38 条）。

父母の一方が同意しないとき，他の一方の同意だけで足りる。すなわち，父母の一方が知れないとき，死亡したとき，またはその意思を表示することができないときも同様である。(民737条2項)。

成年被後見人が婚姻をするには，その後見人の同意を必要としない（同738条)。

4．婚姻の無効

(一) 序 説

婚姻届が受理されたことで，婚姻が成立したように見えても，実質上は婚姻の効力を認められない場合がある。これを「婚意の無効」という。婚姻無効の性質については，見解が分かれている。1つは，裁判（判決・審判）によって無効の宣言があるまで無効を主張できないとする考え方（これを「形成無効説」という）と，もう1つは，判決がなくても当然無効であるとする考え方（これを「当然無効説」という）があるが，判例・通説は当然無効説の立場を採っている。

(二) 婚姻が無効となる原因

(1) 「婚姻意思」がないとき

「人違いその他の事由によって当事者間に婚姻する意思がないとき」は，無効である（民742条1号)。たとえば，ⓐ仮装の婚姻，ⓑ一時的な心身喪失者の婚姻，ⓒ意思能力のない状態の成年被後見人の婚姻，ⓓ婚姻届が受理される前に，当事者が撤回または死亡した場合などは無効である。

(2) 「婚姻の届出」がないとき

婚姻は，届け出ることによって成立するから，もし届出しないときは，無効である（民742条2号)。ただし，その届出が成年の証人の署名を欠く場合や他人が代書した婚姻届は，受理された場合は有効となる（民742条ただし書)。

それでは，内縁の夫婦の一方が無断で婚姻届を出した場合は，どうなるか，相手方に婚姻届出の意思がない以上，無効と解すべきである。

148

（三）　無断で出された婚姻届と追認の効力

　婚姻が無効であるとなれば，夫婦としての法律関係は，初めから生じなかったことになる。したがって，その間に生まれた子は嫡出子とはならない。問題は，無効な婚姻の追認は有効となるかである。⑦

⑦　判例は，「事実上の夫婦の一方が他方の意思に基づかないで婚姻届を作成提出した場合においても，当時右両名に夫婦としての実質的生活関係が存在しており，後に右他方の配偶者が右届出の事実を知ってこれを追認したときは，右婚姻は追認によりその届出の当初に遡って有効となると解するのを相当とする」（最判昭47・7・25民集26巻6号1263頁）。

5．婚姻の取消し

（一）　序　　説

　婚姻は，民法744条ないし民法747条までの規定によらなければ，取り消すことができない（民743条）。

　すなわち，婚姻を取り消すことができるのは，ⓐ「不適法婚」の場合と，ⓑ「詐欺又は強迫による婚姻」の場合に限られる。

（二）　不適法婚の取消し

　民法は，不適法婚にあたる場合として，つぎの4つの事例をあげている。すなわち，ⓐ婚姻適齢違反の婚姻（731条），ⓑ重婚（732条），ⓒ再婚禁止期間違反の婚姻（733条），ⓓ近親婚（734条・735条・736条）などは，取消すことができる。

　なお，婚姻適齢に違反する婚姻は，「不適齢者が適齢に達したときは，その取消しを請求することができない」（民745条1項）。ただし，本人も適齢に達した後なお，3ヵ月間はその婚姻の取消しを請求することができる。適齢に達した後に追認をしたときは，この限りでない（同745条2項）。

　また，再婚禁止期間に違反した婚姻は，前婚の解消もしくは取消しの日から6ヵ月を経過し，または女性が再婚後に懐胎したときは取消しを請求でき

ない（同746条）。つまり生まれた子は，再婚した夫の子と推定されるからである。

さらに，「父母の同意がない」未成年者の婚姻は，届出書が受理されてしまうと取消せない。

なお，取消しを請求できるのは，当事者，その親族または検察官である。（同744条1項）。ただし，検察官は，当事者の一方が死亡した場合は，取消しを請求できない（同744条1項ただし書）。

（三）　詐欺・強迫による婚姻の取消

詐欺または強迫によって婚姻をした者は，その婚姻の取消しを家庭裁判所に請求することができる（民747条1項）。これを取消しできる者は，当事者だけである。ただし，当事者が詐欺を発見し，もしくは強迫を免れた後3ヵ月を経過し，または追認をしたときは，取消権は消滅する（同747条2項）。

（四）　婚姻取消の効果

(1)　不遡及

婚姻の取消しは，将来に向かってのみ効力を生ずる（民748条1項）。すなわち，婚姻の取消しは，取消しの審判または判決があったときから無効になる。したがって，取消しうる婚姻から生まれた子は，嫡出子となる。

(2)　善意の当事者

婚姻の時，その取消しの原因があることを知らなかった当事者が，婚姻によって財産を得たときは，現に利益を受けている限度において，その返還をしなければならない（民748条2項）。

(3)　悪意の当事者

婚姻の時，その取消しの原因があることを知っていた当事者は，婚姻によって得た利益の全部を返還しなければならない。この場合，相手が善意であったときは，これに対して損害を賠償する責任を負う（民748条3項）。

注 ───────────────
1） 久々湊晴夫＝落合福司＝甲斐義弘「やさしい家族法」28頁（平成15年 成文堂）。
2） 泉久雄＝阿部徹「民法講義ノート(7)親族・相続」14頁（昭和57年 有斐閣新書）。

Ⅱ　婚姻による身分的効果

1．夫婦の氏

　夫婦は，婚姻の際に定めるところにしたがい，夫または妻の氏を称する（民750条）。これを「夫婦同氏の原則」という。夫婦の同氏は，婚姻によって男女のどちらか一方が，それまでの「自分の氏」をやめることを法的に強制されるわけだから，その意味では平等ではない。そして，実際には，殆どの夫婦が，「夫の氏」を名乗っており，男女の不平等が生じている。[1]

[1]　このような実質的不平等をなくすために，「民法改正要綱」（平成8年）は，夫婦同氏を原則とするが，「夫婦別氏」（いわゆる「夫婦別姓」）を選択することもできる，とする制度を提示している。
　　　この問題については，「男女の平等」の観点から賛成する立場と，「家族の一体性」が失われるとして反対する立場とがある。「改正要綱」は，子の氏はすべて「同氏」とすると規定しているが，そうなると夫と子が同じ氏で，妻の氏だけが異なるという場合もおこり得る。

2．同居・協力・扶助の義務

(1)　夫婦の同居義務

　夫婦は互いに同居すべき義務を負う（民752条）。夫婦の同居は，家庭生活のための基礎的条件である。もっとも仕事の都合により，一時別居することになっても，配偶者の同意があれば，同居義務に違反したことにはならない。同居する場所については，夫婦の協議により決めるべきものと解される。
　もし夫婦の一方が，「正当な理由」なく同居義務を守らない場合には，他方は家庭裁判所において家事調停または家事審判の手続によって解決するこ

とになる（家事39条）。②

② 　判例は，同居を命じる審判を受けた夫が，非公開の法廷で義務を命じるのは，憲法
　 82条に違反するという事案で，「民法は同居の時期，場所，態様について一定の基準
　 を規定していないので……家庭裁判所が後見的立場から，合目的的の見地に立って，裁
　 量権を行使してその具体的内容を形成することが必要であり」，このような裁判は
　「本質的に非訟事件の裁判であって，公開の法廷における対審および判決によって
　 なすことを要しないものである」とした（最決昭40・6・30民集19巻4号1089頁）。

　しかし，家庭裁判所は，同居の審判をくだしても，それを強制することは
できない。また，悪意の遺棄の場合は，「婚姻を継続し難い重大な事由」にあ
たり，離婚請求の原因ともなる（民770条1項）。

　なお，相手の暴力や虐待から逃れるために同居を拒否している場合など，
同居を拒むことに「正当な理由」がある場合には，同居義務違反にならない。[1)]

(2)　夫婦の協力・扶助義務

　夫婦は互いに協力すべき義務を負う（民752条）。憲法も「夫婦が同等の権
利を有することを基本として，相互の協力により，維持されなければならな
い」（24条）として，その理念を定めている。

　また，夫婦は互いに扶助すべき義務を負う（民752条）。「扶助」とは，婚姻
生活の維持に必要な経済的給付をすることをいい，具体的には，婚姻費用分
担義務（民760条）である。ここでいう義務は，「生活保持義務」と呼ぶ。

3.　貞 操 義 務

　民法は，貞操義務について，特に規定を設けていない。これは「一夫一婦
制」を採用する以上当然の帰結である。とはいえ間接的根拠として，民法が
重婚を禁止していること（民732条，刑184条），不貞行為が離婚原因になるこ
と，などから見れば，夫婦は平等な貞操義務を負うと解せられる。③

③　判例は，夫が妻以外の女性と肉体関係をもった場合，妻が相手の女性に対し，法律上の妻としての権利を侵害されたことを理由に慰謝料を請求できるとする（最判昭54・3・30民集33巻2号303頁）。

　ところが，近時の判例は，夫が妻以外の女性と肉体関係をもった事案で，夫と妻との「婚姻関係がその当時既に破綻していたときは，特段の事情のない限り」，相手の女性は妻に対して，「不法行為責任を負わないものと解するのが相当である」として，妻からの慰謝料請求を棄却している（最判平8・3・26民集50巻4号993頁）。

4．未成年者は婚姻すると成年とみなされる

　未成年者が婚姻したときは，成年に達したものとみなされる（民753条）。つまり私法上の行為能力者として扱われることを意味する。民法は，婚姻生活の自立性を重んじる立場から，独立した行為能力をもつことが必要であり，かつ自ら子の親権者になれることとした。ただし，憲法改正投票の「投票人資格」は，平成26年改正後の「日本国憲法の改正手続に関する法律22条」により18歳に引き下げられた。

　未成年者が婚姻して，成年に達する前に婚姻が解消したとき，たとえば，離婚・配偶者の死亡などの場合には，成年擬制の効果が消滅しないと理解されている。

5．夫婦間の契約取消権

　夫婦間でした契約は，婚姻中，いつでも夫婦の一方からこれを取り消すことができる（民754条）。ただし，第三者の権利を侵すことはできない（同条ただし書）。つまり第三者の権利を害さない限り，履行後であっても，取り消すことができるのである。この制度は，夫婦間の紛争を訴訟という方法で解決するのを避けるためである（「法は家庭に入らず」という思想のなごりである）。④

④　しかし，判例は「婚姻が実質的に破綻している場合」には，契約は取消せないとしている（最判昭33・3・6民集12巻3号414頁）。また，ここにいう「婚姻中」とは，形式的にも，実質的にも婚姻が継続していることをいうとして，この規定の適用範囲を限

度としている（最判昭42・2・2民集21巻1号88頁）。学説は，本条の削除を説き，法制審議会もこの削除を提言している。

注 ────────────

1） 久々湊晴夫＝落合福司＝笠原克己「判例家族法」40頁（平成22年 成文堂）。

Ⅲ　婚姻による財産的効果

1. 夫 婦 財 産 制

（一） 意　　　義

「夫婦財産制」とは，婚姻中における夫婦間の財産関係を定めた制度をいう。夫婦は共同生活を営んでゆくうえで，財産が経済的基礎として重要であることは，いうまでもない。したがって，夫婦の財産関係を明らかにしておくことは，夫婦の個人的関係はもとより，社会的関係においても肝要なことである。

民法は，夫婦財産制について，「夫婦財産契約」（755条）と「法定財産制」（760条以下）の2つの制度を設けている。

（二） 夫婦財産契約

夫婦が婚姻前または婚姻後に取消しする財産をどのように帰属させるか，どのように管理するか，あるいは，婚姻を解消した際どのように分けるかは，重要な問題である。

(1) 婚姻届前に結ぶこと

夫婦財産契約は，婚姻届前に結ばなければならい（民755条）。

(2) 婚姻前に登記すること

夫婦財産契約は，婚姻届前に登記しなければ，夫婦の承継人および第三者に対抗することができない（民756条）。夫婦の「承継人」とは，夫または妻の相続人や包括遺贈を受けた者などの包括承継人をいい，「第三者」とは，特定遺贈を受けた者や債権者など夫婦の財産に関して利害関係のある者をいう。なお，この契約で定めた夫婦の財産関係は，婚姻の届後は原則として変

更することが**でき・な・い**（民758条1項）。そのために，管理上の問題が発生することがある。①

①　たとえば，夫婦の一方が他方の財産を管理する場合に，管理がずさんであったことによって，その財産を危うくしたときは，財産管理をまかせた者は，自ら管理することを家庭裁判所に請求し（民758条2項），かつ共有財産については，分割の請求を同時にすることができる（同条3項）。

2．法定財産制（夫婦別産制）

（一）序　　説

　民法755条の「夫婦が，婚姻の届出前に……別段の契約をしなかったときは，……次款に定めるところによる」という規定から見て，夫婦財産**契・約・が**原則であり，契約が**な・さ・れ・な・い・と・き・に**，**補・充・的・制・度・と・し・て**，法定財産制を採用している（民760条，762条）。

　夫婦財産契約は，110年を超える民法の歴史において，まったく利用されていないから，夫婦の財産関係は，結局法定財産制で処理されることになる。

（二）特　有　財　産

　民法は，「婚姻前から有する財産」および「婚姻中自己の名義で得た財産」を，その「特有財産」と定めている（762条1項）。たとえば，妻の持参金や不動産などは，妻の特有財産である。

（三）共　有　財　産

　民法は，「夫婦のいずれに属するか明らかでない財産は」その共有財産とする（762条2項）。たとえば，婚姻後に購入した家財道具，夫婦が協力して取得した不動産などは，夫婦の共有財産である。

3．婚姻費用の分担

（一）序　　説

　夫婦の共同生活には，いろいろな費用がかかる。民法は，婚姻費用につい

第4章　婚姻・家族生活と法律の出会い　155

て，「資産，収入その他一切の事情を考慮して，婚姻から生ずる費用を分担
する」として，「夫婦分担制」を定めている（760条）。「婚姻から生ずる費用」
とは，たとえば，衣食住の費用のほかに，出産費・養育費・教育費・医療
費・交際費・娯楽費など夫婦の共同生活の一切の費用をいう。

（二）　婚姻費用分担の決定

　夫婦が婚姻費用をどのように分担するかは，夫婦の協議にゆだねられてい
る。もし夫婦の協議が調わない場合には，家庭裁判所における家事調停また
は家事審判の手続において解決することになる（家事244条）。

　家庭裁判所は，夫婦の資産，収入や生活状況など，「一切の事情を考慮し
て」決定する。

（三）　有責の配偶者からの婚姻費用請求

　妻の不倫などで別居している場合，妻からの婚姻費用分担請求は認められ
るか，という事案について，判例は分かれている。否定的見解は，これは
「権利の濫用」にあたるとして請求は認められないとする（東京高決昭42・
9・8家月20巻4号16号）。これに対し，肯定的見解は，有責性の有無は，分
担額を決定する際に斟酌すれば足りるとして請求が認められるとする（東京
高決昭54・2・9判時926号66頁）。婚姻が続いている以上，婚姻費用の分担義
務はあると考えるのが妥当と解すべきであろう。

4．日常家事債務の連帯責任

（一）　意　　義

　民法は，「夫婦の一方が日常の家事に関して第三者と法律行為をしたときは，
他の一方は，これによって生じた債務について，連帯してその責任を負う」
（761条）。「ただし，第三者に対して責任を負わない旨を予告した場合は，こ
の限りでない（761条ただし書）。

（二）　日常家事の範囲

　連帯責任を負うのは，「日常家事」に関する債務に限られる。ここにいう

「日常の家事費用」とは，たとえば，食事・衣料・日用雑貨・家具調度品等の購入，医療・娯楽，子の養育，家屋の賃貸等に関するものは，これにあたる。しかし，夫がサラ金から借りたバクチ代（たとえば，パチンコ・競馬・競輪など）は，妻が返済する責任はない。

（三） 日常家事債務と離婚

たとえば，妻が家具調度品を購入し，まだその代金を全部支払わないうちに離婚した場合，夫はなお連帯責任を負うか。

夫婦は離婚によって，婚姻の効果は解消するが，「日常家事債務の連帯責任」は，第三者を保護することが目的だから，離婚後も夫は連帯して責任を負うことになる。

Ⅳ　婚約，内縁，同棲

1．婚　　約

（一） 序　　説

世間では婚姻成立までの第1段階として，恋愛あるいは見合いなどにより交際をはじめるわけだが，それはあくまでも事実上の行為であり，そこに法律が顔をだすことはない。したがって，その行為が法律関係として問題となるのは，男女の間に「婚約」が成立したときである。

一般に，「婚約」とは，男女が「将来夫婦になろう」という合意である。しかし，民法は婚約に関する規定を設けていない。それでは，婚約は何ら保護されないのかといえば，そうではない。法律上婚約に関する規定がなくても，婚約の成立・効果・解消等について，解釈上・判例上，法的な保護が与えられている。

（二） 婚約の成立

婚約は，将来夫婦になろうという男女の意思の合意によって成立する。したがって，結納の授受・指輪の交換・婚約の発表・仮祝言がなくても成立する。もっとも，婚約の成否が争われる場合は，それらの事実や品物が証拠と

第4章　婚姻・家族生活と法律の出会い　157

なることはある。婚姻障害がある場合はどうか。①

① 　婚姻適齢や再婚禁止期間などのいわゆる婚姻障害は，時間の経過により，その障害
　がなくなれば問題はない。また，長期間別居状態にある者が，離婚が成立したら結婚
　しようという約束は有効である。

（三）　婚約の効果

　婚約者は，たがいに婚姻が成立するように「努力する義務」を負う。いい
かえれば，婚約者は婚姻が成立するまで信義をもって，誠実に婚約関係を守
らなければならない。そして多くの場合は，順調に婚姻へとゴールインする
が，なかには婚約後に意思が変わり破綻への途をたどるケースもある。その
ような場合，すでに婚姻する意思を失っている者に婚姻を強制することはで
きない。

（四）　婚約の解消

　婚約は，当事者の合意によって，いつでも解消することができる。ただし，
「正当な理由」②なしに，一方的に婚約を破棄すれば，相手方は債務不履行
（民415条）または不法行為（民709条・710条）を理由に損害賠償を請求するこ
とができる。③

② 　婚約解消の「正当事由」として，学説上つぎのようなものが例示されている。すな
　わち，ⓐ相手方が遺伝性疾患や性病にかかっている場合，ⓑ生殖ないし性交が不能と
　なった場合，ⓒ精神病で回復不能となった場合，ⓓ行方不明となった場合などが，こ
　れにあたると解する。

③ 　判例は，男女が高等学校卒業後から，大学進学中において，将来夫婦になることを
　約束して肉体関係を結びながら，卒業後に男が婚姻するのを拒絶した事案で，このよ
　うな事実関係があれば，「たとえ当事者間において結納の取交し，仮祝言の挙行等の
　事実がなくても，上告人（Y男）は被上告人（X女）に対し，上告人の婚約不履行に
　よりこうむった精神上の苦痛による損害を賠償すべき義務がある」とした（最判昭38・
　12・20民集17巻12号1708頁）。

損害賠償の範囲は，@現実に発生した損害（結婚式場や新婚旅行のキャンセル費用など），⑥逸失した利益（結婚のために退職したとか，婚約したことによって失った利益），ⓒ慰謝料（婚約破棄による精神的損害）などである（東京地判平6・1・28判タ873号180頁）。

（五） 結納の法的性質

「結納」とは，婚約が成立したことを確認するために，当事者間で金品を授受することをいう。世間では婚約が成立すると，「結納を取交す」のが通例である。④

④　ところで，結納の法的性質については，学説上種々の考え方があるが，近時では，@婚姻の不成立を解除条件とする贈与であるとする見解（解除条件説），⑥婚姻の成立を目的とする贈与であるとする見解（目的贈与説），ⓒ当事者の授受は証約手付で，親族間の授受は解除条件付贈与であるとする見解（折衷説）などに分かれている。

判例は，結納を「婚約の成立を確証し，あわせて，婚姻が成立した場合に当事者ないし当事者両家間の情誼を厚くする目的で授受される一種の贈与である」とする（最判昭39・9・4民集18巻7号1394頁）。

結納は，一般に男性から女性に贈られるものであるが，婚姻が成立しなかった場合には，不当利得（民703条）として返還義務が生じることになる。ただし，結納を贈った側に「婚姻の解消・婚姻の不成立」等について，責任があるときは，結納の返還を請求できない（東京高判昭57・4・27判時1047号84頁）。

2. 内　　縁

（一） 序　　説

男女が婚姻意思をもって，共同生活をしていながら，婚姻の届出をしていない関係を，「内縁」あるいは「事実上の夫婦」と呼ぶ。このような関係の人たちは，「届出主義」を採る民法のもとでは，法律上の夫婦としては扱われない。たとえば，婚約した男女が挙式を待ちきれずに，同居生活を始めたり，あるいは，互いに相手のマンションを行き来し，男性が女性のマンションに寝泊まりしたりする関係があれば，継続的な同居がなくても，内縁の成立が

認められることがある。最近では，夫婦同氏や親族などの法律制度に拘束されたくないという理由から，婚姻届をださないカップルも現われている。

このような事実上の夫婦に対して，どの程度の法的な保護を与えるべきかは，民法施行以来，家族法の重要な課題であった。

（二） 内縁の法的性質

内縁を法的に保護する場合，その性質をどのようにとらえるかが問題である。

（1） 婚姻の予約

内縁関係について，かつて判例は「婚姻の予約」としてとらえ有効と認めてきた（大連判大 4・1・26 民録 21 輯 49 頁）。しかし，この理論は，内縁が不当に破棄された場合に，これに対する損害賠償義務を負うという点では救済に役立つが，他面，内縁の継続中に，内縁の妻を法律婚の妻と同じように保護することはできないという難点がある。

（2） 準婚理論

そこで，学説は内縁を「婚姻に準じた関係」（準婚）としてとらえ，内縁の当事者に婚姻の効果を認めるべきだという理論を展開した。判例もこの立場をとっている。[5]

[5]　すなわち，「内縁は，婚姻の届出を欠くがゆえに，法律上の婚姻ということはできないが，男女が相協力して夫婦としての生活を営む結合であるという点においては，婚姻関係と異なるものではなく，これを婚姻に準ずる関係というを妨げない」。そして「不当破棄者の責任を追及する法的根拠を不法行為に求めることも妨げないと導く前提理論によることも妨げない」とした（最判昭 33・4・11 民集 12 巻 5 号 789 頁）。

（三） 内縁の成立

内縁が成立するためには，ⓐ男女間に事実上の夫婦関係をする意思があること，ⓑ夫婦としての共同生活の実態があること，が必要である。

この内縁の意思について，近時の判例は，かなり広く解している。すなわち，「夫婦としての共同生活」が一定期間あれば，内縁の成立が認められる。また，「夫婦としての共同生活」がなくても，長期間，夫婦と同じような関係があれば，死亡退職金の受給権を認めた判例もある（大阪地判平3・8・29判時1415号118頁）。

（四） 内 縁 の 効 果

内縁は，事実上の夫婦であるから，婚姻と同一の効果は発生しない。しかし，つぎのような効果は婚姻に準じて発生する。すなわち，ⓐ同居・協力・扶助の義務（民752条），ⓑ婚姻費用の分担義務（民760条），ⓒ日常家事債務の連帯責任（民761条），ⓓ財産分与（民768条）等は，内縁にも類推適用される。⑥

⑥　判例にも，婚姻費用の分担を認めた例（最判昭33・4・11民集12巻5号789頁），日常家事債務の連帯責任を認めた例（東京地判昭46・5・31判時643号68頁）。財産分与の請求を認めた例（大阪高決平4・2・20判タ780号246頁）がある。

なお，内縁を準婚として認める考え方は，社会立法にも具体的な規定を設けるものが現われつつある。すなわち，社会法上の扶養手当・家族療養費・遺族補償・葬祭料・遺族年金などの受給資格が認められている（雇保10条の3，国公共済2条1項，健保3条7項1号，給与11条，労基則42条，船員則63条・66条，労災16条の2，厚生3条2項等）。

（五） 内 縁 の 解 消

内縁の解消には，ⓐ合意による解消，ⓑ一方的な解消，ⓒ死亡による解消などがある。

（1） 合意による解消

内縁は，当事者の合意によって自由に解消することができる。この場合，財産分与や慰謝料などは，離婚に準じて扱われることになる。なお，子ども

がいる場合は，婚姻と違い，もともと単独親権であるから，内縁の解消に際して親権者を決める必要はない。

(2) 一方的な解消

内縁は，婚姻と異なり一方的に解消できる。この場合は，法的な保護は受けることはできない。ただし，財産分与や慰謝料請求の問題は発生する。

(3) 死亡による解消

内縁は，当事者の一方の死亡によって解消される。この場合内縁の配偶者には相続権はない。また，特別縁故者（民958条の3）には，内縁の配偶者も含まれるが，これは相続人がない場合であり，内縁の配偶者に相続権を認めたものではない。なお，家屋の賃借権は，相続人がないときは，内縁の配偶者に承継される（借地借家36条）。

（六） 重婚的内縁の解消

婚姻関係を継続している夫婦の一方が，他方で同時に，内縁関係にある場合，これを「重婚的内縁」と呼ぶ。重婚的内縁は，一方で一夫一婦制の婚姻観と公序良俗の原則に反する側面と，他方で内縁関係の存在するという側面をどのように調整するかという問題が生じることとなる。

学説は，これを否定的に解する者もあるが，判例は「重婚的内縁」を解消するに際し，財産分与の請求を肯定する立場をとっている（東京高決昭54・4・24家月32巻2号81頁）。

3．同　　棲

男女が共同して生活している関係を「同棲」と呼ぶ。同棲は，当事者が意識的に婚姻届をしないのであるから，法による保護を放棄していると考えることもできる。

だからといって，弱者の救済（主として女性の保護）をしなくていいのかといえば，そうではない。すなわち，男女関係の不当な解消については，財産分与や慰謝料の問題が発生すると解すべきである。⑦

⑦　従来は，同棲の問題について，個人の自己決定を尊重するという立場から，当事者の自主的な協議による解決に委ねられてきたが，実際には，弱者が泣き寝入りするような解決結果が殆どであったといえる。

　しかし，現代の福祉社会における法のもとでは，婚姻と内縁だけを保護すれば足りるという観念は，終わったというべきであり，国家や社会が個人の幸福追求権を積極的に擁護する役目を果たすことが求められている。

第2節　離　婚　の　法

I　離婚の成立と種類

1．総　　　説

　すべての男女は，終生の幸福を願って婚姻するのであり，その婚姻関係は夫婦の一方が死亡するまで持続することが望ましいのは，いうまでもない。ところが，夫婦のなかには，肉体的，精神的および経済的事情により，共同生活上の困難を克服できず，途中で愛情を失い婚姻が破綻してしまうケースも少なくない。

　このような不幸な婚姻から夫婦を解放し，再婚の可能性を保障するために設けられたのが，「婚姻の解消」である。これは婚姻が成立する際に起こる婚姻の無効や婚姻の取消しと異なる。

2．離婚法の推移

（一）　離婚は有責主義から破綻主義へ

　近代における離婚法は，教会法の支配（たとえば無効婚・未完成婚・別居制度の措置など）からようやく解放されたとはいえ，なお，キリスト教の影響を強く受け続けてきたことは否定しえない。しかし，婚姻に対する管轄権が教会から国家の手に移ると，相手に一定の原因がある場合に限って離婚を認めるとする，いわゆる「有責主義」が採用されるようになった。①

①　そこでは，離婚原因として初めは，姦通のみを認める厳格なものから，次第に虐待・悪意の遺棄，侮辱など一定の有責行為があった場合には，裁判所が離婚を認めるという有責離婚が広がっていった。

　このような有責主義離婚が採用された理由の1つは，「離婚原因をつくった配偶者への制裁」という意味と，もう1つは，「被害を受けた配偶者の救済」という意味があったと考えられる。しかし，社会構造が複雑となり，夫婦関係の破綻が特定の原因で把握しきれないようになるにおよんで，有責主義の限界が見えてきた。

　そして，1960年代以降，欧米の多くの国では，婚姻の客観的な破綻（たとえば，精神病，行方不明，性交不能など）を認定することで離婚を認める，いわゆる「破綻主義」が採用されるようになった。その後の世界における離婚法は，「有責主義から破綻主義」（「離婚の自由の拡大」）へというのが潮流である。

（二）　明治民法の離婚制度

　明治民法の下では，わが国の慣習であった「協議離婚」（たとえば，家にふさわしくない嫁，夫の気に入らない妻を一方的に「追い出す離婚」など）を認めるとともに（旧民808条），さらに，相手に原因がある場合（たとえば，妻の姦通，生死不明など10の原因）に限り，訴によって離婚できるとする「有責主義」にもとづく「裁判離婚」を導入してきた（旧民813条）。しかし，これはあくまでも家父長的家族制度を基礎とした離婚原因に限られたものであり，いわば「絶対主義的有責離婚」を採用するものであったといえる。

3．協議離婚

（一）　協議離婚の意義

　民法は，「夫婦は，その協議で，離婚をすることができる」（763条）と定めている。すなわち，夫婦の間で離婚の協議が成立すれば，届出することにより，離婚が成立する。これは，世界で最も簡単な離婚方式である。②

② ところで，夫婦が法廷で口頭弁論を通して争うことは，両者の対立・憎しみが増幅するだけでなく，個人のプライバシーの保護に欠けることにもなりかねない。これに対して，協議離婚は，夫婦の「自由な意思」によって決定され，個人の「人格を尊重」するという点で，きわめて近代的な制度であるといえる。しかしその反面，離婚により社会的・経済的に弱い立場にたたされる女性や子どもの福祉などについて，国家がもっと責任を果たすべきであるという，指摘がある。

（二） 協議離婚の成立

協議離婚は，「離婚の意思」と「離婚の届出」によって成立する。すなわち，離婚に合意した夫婦は，役所（戸籍係）に「離婚届」を提出するのみで離婚が成立する。なお，離婚届の方式については，婚姻の届出に関する規定が準用される（民 764 条）。

（1） 離婚の意思

「離婚の意思」については，婚姻の意思の場合と同じように，ⓐ婚姻関係を解消させる意思が真に必要であるとする説（これを「実質的意思説」という）と，ⓑ離婚の届出をする意思で足りるとする説（これを「形式的意思説」という）とに分かれる。③

③ 判例は，離婚については，「形式的意思説」の立場をとっている。すなわち，生活保護の受給を継続するための方便として行われた離婚届についても，「法律上の婚姻関係を解消する意思の合致に基づいてされたものであ」れば，「本件離婚を無効とすることはできない」としている（最判昭 57・3・26 判時 1041 号 66 頁）。

（2） 離 婚 の 届 出

離婚の届出は，婚姻の届出と同じように，当事者双方および成年の証人 2 人以上から，口頭または署名した書面でしなければならない（民 764 条による 739 条の準用）。もし子がいる場合には，離婚届の際に父母のいずれか一方を親権者と定めなければならない（民 819 条 1 項）。

離婚の届出も，届出の方式にしたがわなければ受理されないが（民765条1項），万一誤って受理された場合は，有効となる（民765条2項）。

（三） 協議離婚の無効・取消し

(1) 協議離婚の無効

民法は，協議離婚の無効については，何ら定めていない。民法764条は，協議上の離婚に，婚姻の規定を準用するとしているが，でもそのなかには民法742条（婚姻の無効）は含まれていない。しかし，判例は，「婚姻の無効」と同様に扱うことと判示している（大判昭16・8・6民集20巻1042頁）。

したがって，たとえば，夫婦の一方が勝手に出した離婚届は無効であるが，もし相手方が無効であることを知りながら，それを「追認」（黙認）していた場合は，有効となると解される。④

④ たとえば，長年別居状態にあった夫が妻に無断で離婚届を出し，10年後，妻がその事実を知ったが，離婚慰謝料の調停に応じたという事案で，最高裁はこの離婚を有効としている（最判昭42・12・8家月20巻3号55頁）。

(2) 協議離婚の取消し

民法は，詐欺または強迫による協議離婚は，取り消すことができるとする（764条による747条の準用）。ただし，この取消権は，当事者が詐欺を発見し，もしくは強迫を免れた後3ヵ月を経過し，または追認をしたときは，消滅する。したがって，取消しがなければ，離婚は有効に確定する。

4．調停離婚

（一） 調停離婚の意義

配偶者の一方は離婚を望んでいるが，相手が離婚に同意しない場合，また，双方とも離婚することには同意しているが，財産分与や子の親権者などについて，合意に至らない場合には，家庭裁判所に「調停」（「夫婦関係（離婚）調

停)」の申し立てをしなければならない（家事257条1項）。これを「調停離婚」という。

（二） 離婚調停の成立と効力

離婚について，当事者間に合意が成立し，また，財産分与や慰謝料などについても合意し，さらに，子どもがいる場合には，その子の親権者および養育費などについて夫婦間に合意が成立すると，「調停調書」にその旨が記載される。その記載は確定判決と同一の効力を有することとなる（家事268条1項）。そして調停が成立すると，調停申立人は調停成立の日から10日以内に謄本を添付して，市区町村に届出なければならない（戸77条）。したがって，調停で合意した義務を履行しない場合は，強制執行をすることができる。

5．審判離婚

（一） 審判離婚の意義

調停手続において，夫婦間に離婚の合意が成立しない場合には，調停不成立となり，手続が終了するが（家事272条1項本文），家庭裁判所は，相当と認めるときは，家事調停委員の意見を聴き，当事者双方のために衡平に考慮し，一切の事情を見て，職権で，事件の解決のために必要な審判をすることができる（家事284条1項・2項）。これを調停に代わる審判といい，これによって成立する離婚のことを「審判離婚」という。

（二） 審判離婚の効力

「審判」が行われると，審判による離婚が成立することとなるが，当事者は審理の内容について，2週間以内に異議の申立てをすれば，その効力を失うこととなる（家事286条）。異議がないときは，審判は「確定判決と同一の効力を有する」ことになる（家事287条）。

6. 裁 判 離 婚

(一) 裁判離婚の意義

家庭裁判所の調停や審判で離婚が成立しなかった場合，当事者は地方裁判所に離婚の訴訟を提起することができる。これを「裁判離婚」という。民法770条1項は，「夫婦の一方は，次に掲げる場合に限り，離婚の訴えを提起することができる」と定めている。

1号　配偶者に不貞な行為があったとき。

2号　配偶者から悪意で遺棄されたとき。

3号　配偶者の生死が3年以上明らかでないとき。

4号　配偶者が強度の精神病にかかり，回復の見込みがないとき。

5号　その他婚姻を継続し難い重大な事由があるとき。

学説は，離婚原因は5号だけとしており，1号から4号までは5号の例示だと解されている。つまり，1号と2号は，配偶者に責任がある場合の例としてあげられ，3号と4号は，配偶者に責任がない場合の例としてあげられていると解している。

(二) 裁判離婚の原因

(1) 「不貞な行為」(1号)

配偶者に不貞な行為があったときは，離婚の訴えを起こすことができる。「不貞な行為」とは，一夫一婦制の「貞操義務」に違反する行為のことである。すなわち，夫婦の一方が配偶者以外の者と性行為をすることを意味する。⑤

---

⑤　「不貞行為」は，行為者の自由意思にもとづく行為であることを前提とするが，近時，判例はこの問題について否定的立場を採っている。すなわち，ある者と「共謀のうえ，自己の自由な意思にもとづいて，自ら婦女3名を強いて姦淫し，性関係を結んだ」行為は，不貞な行為であるとした（最判昭48・11・15民集27巻10号1323頁）。つまり「不貞行為」には相手の自由な意思によるものであるか否かを問わないし，また，それが一時的な関係であるか，同棲をともなうか，売春行為であるか問わないと解される。

(2) 「悪意の遺棄」(2号)

「悪意の遺棄」とは，夫婦の共同生活をしないこと，いいかえれば，同居を拒絶したり，扶養を拒否するような場合を意味すると解せられる。たとえば，夫婦の一方が勝手に家出するとか，相手にいやがらせをして，家に居られなくするなどの行為は，それにあたると解する。[6]

[6] 判例は，妻が自分の兄を夫の嫌がるのを無視して同居させたうえ，夫に内緒で多額の金銭を夫の財産から支出したり，その他婚姻の破綻に関して主な責任があるときは，夫が妻との同居を拒み，かつ扶助をしなくても悪意の遺棄にあたらないとした（最判昭39・9・17民集18巻7号1461頁）。

(3) 「3年以上の生死不明」(3号)

「生死不明」とは，配偶者が生きているか死亡しているか証明できないことをいう。たとえば，夫や妻が家出し，生死が分からないまま3年以上が過ぎたような場合である。[7]

[7] 「失踪宣告」（民30条）がなされれば，相手方は「死亡」したものとみなされるから，婚姻は解消するが，失踪宣告は「7年間」の生死不明の期間が必要となる。したがって，配偶者の生死が3年以上明らかでないときは，離婚の訴を起こすことができる（民770条1項3号）。

(4) 「回復の見込みのない強度の精神病」(4号) [8]

[8] 最高裁は，「単に，夫婦の一方が不治の精神病にかかった一事をもって直ちに離婚の請求を理由あり」と解すべきでなく，「諸般の事情を考慮し，病者の今後の療養，生活等についてできるかぎりの具体的方途を講じ，ある程度において，前途に，その方途の見込みのついた上でなければ，ただちに婚姻関係を廃絶することは不相当」であるとして，離婚の請求を棄却している（最判昭33・7・25民集12巻12号1823頁）。

その後，判例は「自己の資力で可能な範囲の支払をなす意思のあることを表明して」いるという理由で，精神病離婚を認めた例もある（最判昭45・11・24民集24巻12号1943頁）。

第4章　婚姻・家族生活と法律の出会い　169

(5)　「婚姻を継続し難い重大な事由」(5号)

　民法770条1項5号は，「その他婚姻を継続し難い重大な事由があるとき」にも離婚の訴えを起こすことができるとしている。このうち，同条1項の1号から4号までが，「具体的離婚原因」と呼ばれるのに対して，5号は「抽象的離婚原因」と呼ばれている。しかも「婚姻を継続し難い重大な事由」の判断は，裁判官の裁量に委ねられる。5号を理由として離婚を認めた事例は，多数にのぼるが，ここではその主なものをあげることとする。⑨

⑨　① アルコール中毒・酒乱（長野地諏訪支部判昭27・8・20下民集3巻8号1158頁）。
　　② 告訴・告発（最判昭27・6・27民集6巻6号606頁）。
　　③ 家庭の放置（最判昭32・4・11民集11巻4号629頁）。
　　④ 暴行・虐待（最判昭33・2・25家月10巻2号39頁）。
　　⑤ 離婚届の偽造・提出（大阪地判昭33・7・10下民集9巻7号1261頁）。
　　⑥ 性行為不能（最判昭37・2・6民集16巻2号206頁）。
　　⑦ 性病の感染（福岡地判昭37・3・28下民集13巻3号577頁）。
　　⑧ 重大な侮辱（東京地判昭38・5・27判時349号54頁）。
　　⑨ 浪費・虚栄（東京地判昭39・10・7判時402号59頁）。
　　⑩ 犯罪行為（新潟地判昭42・8・30判時519号84頁）。
　　⑪ 親族との不和（盛岡地遠野支判昭52・1・26家月29巻7号67頁）。
　　⑫ 老人性痴呆症（認知症）（長野地判平2・9・17判時1366号111頁）。
　　⑬ 過度の宗教活動（大阪高判平2・12・14判時1384号55頁）。

(三)　有責配偶者からの離婚請求

　婚姻破綻の原因をつくったのは，自分でありながら，その者から離婚請求をすることが認められるかということが問題となる。

　学説は，婚姻が破綻するにいたった責任を重く見て，有責配偶者からの離婚請求は認められないとする，いわゆる「消極的破綻主義」の立場と，破綻してしまった婚姻を法律によって回復することは不可能であり，したがって，有責配偶者の離婚請求であっても，認められるとする，いわゆる「積極的破

綻主義」の立場が対立してきた。

　判例は，昭和27年以来，「有責配偶者」からの離婚請求は認められないとする判決を重ね，判例法理を確立してきた。⑩

⑩　最高裁は，愛人が子を懐胎した後，夫が家を出て愛人と同居しながら離婚の訴を起こした事案で，「もしかかる請求が是認されるならば，妻は全く俗にいう踏んだり蹴ったりである。法はかくの如き不徳義，勝手気ままを許すものではない」として，夫の離婚請求を棄却した（最判昭27・2・19民集6巻2号110頁，同旨，最判昭29・11・5民集8巻11号2023頁，最判昭29・12・14民集8巻12号2143頁）。

　しかし，その後，最高裁は，有責配偶者からの離婚請求を緩和する方向へと判断が移っていくのである。⑪

⑪　すなわち，ⓐ「夫婦の一方にもいくらかの落度はあったが，相手方により多くの落度があった場合には，前者の後者に対する……離婚請求を認容しても違法とはいえない」とした（最判昭30・11・24民集9巻12号1837頁）。
　ⓑさらに，「夫が妻との婚姻関係が完全に破綻した後に生じたものであるときは」夫からの離婚請求が認められるとした（最判昭46・5・21民集25巻3号408頁）。

　かくして，昭和62（1987）年，最高裁は，民法770条が「破綻主義」の立場を採っていることを認め，有責配偶者からの離婚請求が認められないのは，「信義則」に反するからであり，したがって，「信義則」に反しなければ，離婚請求は認められるとして，従来の見解を変更した（最大判昭62・9・2民集41巻6号1423頁）。すなわち，このケースの条件として，最高裁は，ⓐ長期間の別居，ⓑ未成熟の子がいない，ⓒ相手方が極めて苛酷な状態におかれている，など3つをあげている。

　この判決がでてから，問題の中心は「別居期間」へと移っていくこととなった。⑫

第4章　婚姻・家族生活と法律の出会い　　171

⑫　①　30年の別居で離婚を認める（最判昭62・11・24判時1256号28頁）。

②　22年の別居で離婚を認める（最判昭63・2・12判時1268号33頁）。

③　16年の別居で離婚を認める（最判昭63・4・7判時1293号94頁）。

④　10年の別居で離婚を認める（最判昭63・12・8家月41巻3号145頁）。

⑤　8年の別居で離婚を認める（最判平2・11・8判時1370号55頁）。

　このように，今日ではおよそ「10年の別居期間」があれば，離婚が認められるようになったといえる。

Ⅱ　離婚の効果，その1　財産分与の問題

1．総　　説

　離婚にともなう法的効果として，ⓐ「一般的効果」，ⓑ「財産分与」，ⓒ「財算分与の算定」およびⓓ「財産分与請求権」などに関する問題が発生する。以下具体的に見ることとする。

2．離婚の一般的効果

（一）　婚姻関係の終了

　離婚によって，婚姻関係は終了する。すなわち，夫婦の義務である「同居協力扶助義務」や「貞操義務」などは消滅する。その結果，それぞれ自由に「再婚」することができる。ただし，女性には6ヵ月の「再婚禁止期間」がある（民733条）。

（二）　姻族関係の終了

　離婚により，姻族関係も終了する（民728条1項）。すなわち，夫と妻の親族，妻と夫との親族との間の法的な身分関係は終了する。したがって，親族間の扶養義務などは消滅する。

　なお，一方の「死亡」により婚姻が解消する場合には，生存配偶者が姻族関係を終了する旨の意思表示が必要である（民728条2項）。また，離婚した

妻が前夫の父と結婚できないなど,「婚姻障害」は残る (民 735 条)。

(三) 離婚と氏

(1) 復 氏

婚姻によって,氏を改めた夫または妻は,離婚により婚姻前の氏に復する (民 767 条 1 項)。「夫婦同氏」の原則を採用するもとでは,殆どの女性が夫の氏に改めているから,女性は離婚によって,元の氏に戻ることとなる。

(2) 婚氏の続称

婚姻前の氏に復した夫または妻は,離婚の日から 3 ヵ月以内に戸籍法 (戸 77 条の 2) の定める手続によって,離婚の際に称していた氏を称することができる (民 767 条 2 項)。

3. 財 産 分 与

(一) 財産分与制度

離婚した者は,相手方に対して財産の分与を請求することができる (民 768 条 1 項)。財産分与の内容や方法は,当事者の協議によって決められるが,協議が調わないときは,家庭裁判所に調停や審判を申し立てることができる。ただし,離婚のときから 2 年を経過したときは請求できない (民 768 条 2 項)。家庭裁判所は,当事者双方が「協力によって得た財産の額その他一切の事情を考慮して」,財産分与の額や方法を決める (民 768 条 3 項)。

(二) 財産分与の内容

財産分与には,ⓐ夫婦財産関係の清算,ⓑ離婚後の扶養,ⓒ離婚慰謝料の 3 つが含まれるとするのが,学説・判例の立場である。

① 「夫婦財産関係の清算」とは,夫婦が婚姻中に協力して得た,土地,住宅,マンションなどの不動産,あるいは,預貯金,自動車,家具などの動産,さらに,別居中の費用などが,離婚に際して対象となる。

② 「離婚後の扶養」とは,離婚後に生活が困難になる相手に対して,自立していくために財産を給付することである。

第 4 章　婚姻・家族生活と法律の出会い　173

③　「離婚慰謝料」とは，離婚に対する慰謝料である。たとえば，不貞・暴行・虐待・悪意の遺棄など，離婚原因をつくった者が支払う慰謝料のことである（多数説の立場）。

4．財産分与の算定

（一）　清　算　の　対　象

　これには，婚姻後に夫婦が協力して得た財産（これを「共有財産」という）が対象となる。

（二）　清　算　の　基　準

　財産分与にあたっては，「一切の事情を考慮」して定めることとなる。

（三）　妻の家事労働

　妻が専業主婦である場合，その「寄与度」が考慮されるが，家事や育児などを具体的に計算することは困難である。下級審のなかには，同居期間が長い場合は，「2分の1」とする考え方も強くなっている（広島高決昭55・7・7家月 34 巻 5 号 41 頁）。

（四）　過去の婚姻費用

　別居後に離婚する場合，別居期間中に生活費（婚姻費用）が支払われていなかったときは，その分の財産分与に含めて請求することができる（最判昭53・11・14 民集 32 巻 8 号 1529 頁）。

5．財産分与請求権

（一）　財産分与請求権の発生

　財産分与請求権の発生について，判例は抽象的な請求権は離婚によって発生するが，具体的な請求権は協議・調停・審判によって形成されるとしている（最判昭 55・7・11 民集 34 巻 4 号 628 頁）。

（二）　財産分与請求権の相続

　財産分与請求権は，相続の対象となる。たとえば，離婚した妻が財産分与

を請求せずに死亡したときは，妻の相続人が代わって財産分与を請求することができる。

((三) 財産分与請求権の消滅)

財産分与請求権は，離婚が成立してから2年以内に行使しないと時効で消滅する。

Ⅲ　離婚の効果，その2　子の監護の問題

1．親権者・監護者の決定

((一) 親権者の決定)

未成年の子がある場合，婚姻中は父母が共同して子の親権を行うが（民818条3項），離婚する際には，どちらか一方の単独親権になる（民819条1項）。

協議離婚の場合，親権者は父母の協議で決定することになる。もし協議が調わないときは，家庭裁判所の調停・審判で決定する（民819条5項）。

裁判離婚の場合は，裁判所が定める（民819条2項）。なお，親権者は後に変更することができる（民819条6項）。

((二) 監護者の決定)

親権者は，子を監護・教育し，財産を管理する（民820条）。つまり親権者が決まれば，離婚後の「監護」については何ら問題はないはずである。ところが，養育に慣れない父や，監護に適さない母が，親権者になることは，子にとって大変不幸な出来事である。そこで，民法は親権者と別に「監護者」についても規定を設けている（民766条）。

2．面接交渉

離婚後，親権者または監護者とならなかった者が，子と面会・交流することを「面接交渉」という。たとえば，母親が親権者の場合，父親が年に何回か子に面会する機会を約束するような場合である。

ところで，親権者が子との面会を拒絶した場合，親権者とならなかった親

第4章　婚姻・家族生活と法律の出会い　　175

は，訴えによって，面接交渉を請求できるか。①

① 　この問題については，昭和40年前後頃から「面接交渉」を認める審判も多いが，これを認めない判例もある（最判昭59・7・6家月37巻5号35頁）。なお，最高裁は，「婚姻関係が破綻して父母が別居」している場合にも，「家庭裁判所は，民法766条を類推適用し，家事審判法9条1項乙類4号により」，親と子の「面接交渉について相当な処分を命ずることができる」としている（最決平12・5・1民集54巻5号1607頁）。

第3節　親 子 の 法

Ⅰ　親子法の推移

1．親子・親子関係

（一）親　　　子

　親子は，婚姻とともに血縁関係を基礎として，親が子を監護・教育する社会的制度である。いいかえれば，それが社会的制度として存在するがゆえに，親子関係を規律する「親子法」も社会や時代の変化に対応しながら変遷してきた。すなわち，親子制度は，一般に「家のための親子法」から，「親のための親子法」を経て，「子のための親子法」へと推移してきたと説明される。

　親および社会は，子を養育し，人格を備えた社会的人間に育成する責任を負う。児童福祉法2条は，「国及び地方公共団体は，児童の保護者とともに，児童を心身ともに健やかに育成する責任を負う」と規定する。

（二）親 子 関 係

　親子関係は人間関係の一種である。それは一方では「個人の尊厳と自己決定権が尊重される私的領域に属する」[1)a]とともに，他方で「親子関係は次世代の社会構成員を育成する」[1)b]存在であるから，その領域としては，「私的自治が制限される公的秩序の領域に含まれる」[1)c]と解される。

　ところで，現代社会においては，家族関係の解体がしだいに進んでゆくな

かで，親子の絆が弱っていることを背景にして，親子関係の「自律性や多様性が」容認される反面，「児童虐待や家庭内暴力などを契機にして，親子関係への公的介入が」強く求められている。[1)d]

2．「子の保護・福祉のため」の親子法

(一) 親権は「子の保護・福祉のため」にある

資本主義経済の発展は，必然的に農村の労働力を都市へ大量に移動する社会的・経済的な構造を有している。そして，このような人口移動の現象は，これまでの封建的な「家族制度」を根底から崩壊させる要因となった。

かくして，子は父権的支配から名実ともに解放され，やがて夫婦と未成熟の子を中心とする「婚姻家族」が誕生することとなった。そして，そこでの親子関係は，子は「監護・教育する」ことが主な目的であり，かつ親権のあるべき姿は，「子の保護・福祉のため」にあるとの観点に立つことが要請される。

(二) 家族は「個人の尊厳」と「両性の本質的平等」が基本である

憲法は，家族法秩序の基本理念として，「個人の尊厳」「と「両性の本質的平等」を採用した。そして，家族法における親子関係を「対等な人格者の関係」として位置づけ，かつそれを子本位の親子関係の観点から法的に構成されることをその目的とする。

すなわち，この法的関係は，「子の権利を保障」するとともに，「子の自律を支援する」ことで，「子のための親子法」の実現をめざすものである。

注 ─────────────

1） a・b・c・d─久々湊晴夫・落合福司・甲斐義弘「やさしい家族法」93頁（平成15年　成文堂）

II　実　子　関　係

1．子　の　種　別

　子の種別は，親子間に血縁があるか否かによって大別され，それは②血縁
に基礎を置く「実子」と，⑤法的な合意を基礎とする「養子」とに分かれる。
つぎに，実子は父母が婚姻しているか否かによって，「嫡出子」と「婚外子」
（これは「非嫡出子」・「嫡出でない子」などとも呼ぶ）に分かれる。

　「嫡出子」には，出生と同時に嫡出の地位を取得する「生来嫡出子」と親の
婚姻などの要件が満たされた時に嫡出子となる「準正嫡出子」とがある。

　①　「生来嫡出子」には，②「推定される嫡出子」，⑤「推定されない嫡出
子」，ⓒ「推定の及ばない子」の三者があり，また，「準正嫡出子」には，②'
「婚姻準正子」，⑤'「認知準正子」がいる。

　②　「非嫡出子」には，父の認知により，親子関係が成立しているか否かで，
「認知された非嫡出子」と「認知されない非嫡出子」に区分される。

2．嫡　出　子

（一）　嫡出推定制度

　「嫡出子」とは，婚姻から生まれた子をいう。嫡出子となる要件に関する
立法主義には，「懐胎主義」と「出生主義」がある。

　懐胎主義は，父母の婚姻中に懐胎したことを要件とする考え方であり，出
生主義は，父母の婚姻中に出産したことを要件とする考え方である。民法は，
懐胎主義を採用する（772条1項）。しかし，解釈論では，学説・判例ともに嫡
出子の概念を拡大する傾向にあり，出生主義へ接近しつつあるといえる。

（二）　「推定される嫡出子」（嫡出推定を受ける嫡出子）

　妻が「婚姻中に懐胎した子」は，夫の子と推定し（民772条1項），また，婚
姻成立の日から200日後，または婚姻の解消もしくは取消の日から300日以
内に生まれた子は，「婚姻中に懐胎したもの」と推定する（民772条2項）。

〔図表 4-3-Ⅱ-1〕　実子の分類

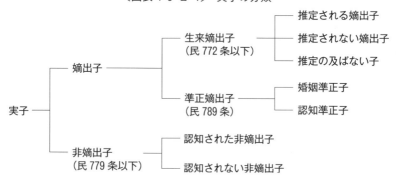

ここに「婚姻成立の日」とは，婚姻届出の日をいう（最判昭 41・2・15 民集 20 巻 2 号 202 頁）。この規定の趣旨は，ⓐ父性推定，ⓑ嫡出推定を判断するためである。

(三)　「推定されない嫡出子」（嫡出推定を受けない嫡出子）

妻が婚姻前に懐胎し，婚姻成立後 200 日以内に出生した子は，嫡出推定を受けない。しかし，婚姻前に内縁関係が先行している場合，婚姻後に生まれた子を嫡出子ではないとするのは，社会通念に反するといえよう。

大審院は，内縁関係が先行している場合には，婚姻の成立後 200 日以内に生まれた子も，当然「父母ノ嫡出子」であると判示した（大連判昭 15・1・23 民集 19 巻 54 頁）。

(四)　「推定の及ばない子」（嫡出推定の及ばない子）

「推定の及ばない子」とは，民法 772 条（嫡出性の推定）の形式的要件を満たすが，実質的に嫡出推定の事実が存在しないとき，たとえば，妻が生んだ子の懐胎期に，夫婦間の性交渉が不可能な事実（夫の失踪・在監中・入院・行方不明・海外滞在・事実上の離婚など）のある場合，嫡出推定が働かない子となる（外観説）。[1]

第 4 章　婚姻・家族生活と法律の出会い　　179

① 　判例は，事実上の離婚状態中に懐胎した子を「嫡出推定の及ばない子」とした（最判昭44・5・29民集23巻6号1064頁）。しかしその後，夫婦関係が終了し，家庭が崩壊しているとの事情が存在するという一事だけでは，子の嫡出推定は排除されず，親子関係不存在確認の訴えを提起することは許されないとする判決が現われている（最判平12・3・14家月52巻9号85頁）。

　（五）　嫡出否認の訴

（1）　嫡出否認の訴の意義

　民法772条の嫡出推定を受ける子の地位を覆して父子関係を否定するには訴によらなければならない（民775条）。これを「嫡出否認の訴」という。否認の訴を提訴できる者は，夫のみである。（民774条）。

（2）　嫡出否認の訴の手続 ②

② 　わが国は，調停前置主義を採用するため，まず夫は家庭裁判所に，「嫡出否認の調停」を申し立てなければならない（家事257条）。そして，調停において当事者間に合意が成立したときは，合意に相当する審判により，「嫡出否認の審判」を行う（家事284条）。

　この審判に対しては，2週間以内に異議の申立てがなければ審判が確定し，「確定判決と同一の効力」を有することになる（家事287条）。もし合意が得られず，または，異議の申立てによって審判が効力を失った場合には，夫は地方裁判所へ「嫡出否認の訴」を起こすこととなる（人訴2条）。否認の訴えの相手方は，「子」または親権を行う「母」であり，親権を行う母がいないときには，家庭裁判所が選んだ「特別代理人」である（人訴12条）。

　嫡出否認の訴は，夫が「子の出生を知った時」から1年以内に提起しなければならず（民777条），もしこの期間を過ぎると否認権は消滅する。ここにいう「子の出生を知った時」とは，「夫において妻が子を分娩したことを知った時」とするのが，通説・判例（大判昭17・9・10法学12巻333頁）の立場である。

(六) 親子関係不存在確認の訴

(1) 親子関係不存在確認の訴の意義

「推定されない嫡出子」および「推定の及ばない子」の地位は，否認の訴のような厳格な方法による必要はなく，「親子関係不存在確認の訴」によって，父子関係を否定できると解されている。

この訴は，準人事訴訟事件として取り扱うことが，通説・判例で認められている（大判昭9・1・23民集13巻47頁，最判昭25・12・28民集4巻13号701頁）。

(2) 親子関係不存在確認の訴の手続 ③

③　この訴についても，調停前置主義が採られている。
　　1）戸籍上の父母および子が生きている場合　　父と子または母と子が，それぞれ，訴訟当事者となる（最判昭56・6・16民集35巻4号791頁）。しかし，利害関係のある第三者が，この訴を起こす場合には，父母双方および子を相手方としなければならない。
　　2）戸籍上の父母の一方が死亡している場合　　生きている親と子が，訴訟当事者になればそれで足りるとする（最判昭25・12・28民集4巻13号701頁）。
　　3）戸籍上の父母または子の一方が死亡している場合　　生きている一方が，検察官を相手に，この訴えを起こすことができる（最大判昭45・7・15民集24巻7号861頁）。

(七) 父を定める訴

(1) 父を定める訴の意義

再婚禁止期間（民733条1項）に違反した婚姻届が，誤って受理されると，前婚解消の日から300日以内に，後婚成立から200日後の期間が重なった間に生まれた子は，嫡出推定を重複して受けることとなる。

この場合の解釈方法として，民法は「父を定める訴」を設けている（773条，人訴2条）。

(2) 「父を定める訴」の手続④

④ ① 出訴権者は，子，母，母の配偶者，母の前配偶者である（人訴12条1項）。
　② 子または母が訴を起こす場合には，先夫と後夫の双方が被告となり，一方が死亡した後は，他の一方だけが被告となる（人訴12条2項）。
　③ 被告となるべき者が，すべて死亡してしまったときは，検察官を被告人とする（人訴12条3項）。

3．非嫡出子

（一）非嫡出子の意義

　「非嫡出子」とは，婚姻関係にない男女間に生まれた子をいう。非嫡出子の親子関係に関する立法主義には，「血縁主義」（事実主義）と「認知主義」（意思主義）の2つの立場がある。

　「血縁主義」とは，生物学的血縁にもとづき，法的親子関係が発生するという考え方であり，これに対して，「認知主義」とは，親であることの承認の意思表示によって，初めて親子関係が発生するという考え方である。民法は，「認知主義を原則」とする。

（二）認知制度

(1) 序

　非嫡出子と父との間の法律上の親子関係は，「認知」によって発生する。したがって，認知がなければ，父子の間に自然の血縁関係があったとしても，「法律上の父子関係」は生じないことになる。

　認知には，ⓐ「任意認知」とⓑ「強制認知」の2つの制度がある。

(2) 任意認知

　1）任意認知の意義・方式　「任意認知」とは，父が嫡出でない子を自由意思によって，自分の子であると認める法律行為である。任意認知の方式には，「認知届」と「遺言」がある（民781条）。

　① 「認知届」は，戸籍法の定める「認知届書」を作成し（戸60条・61条），

戸籍事務管掌者に届け出ることにより，認知の効力を生ずる（「創設的届出」）。
これによって，法律上の「父子関係」が発生する。⑤

⑤　認知届は，父の意思にもとづく法律行為であるから，他人が勝手に認知届を出した
　場合には，認知の効力は発生しない（最判昭52・2・14家月29巻9号78頁）。これとは逆
　に，父が認知届を作成し，他人に届出を委託した後に意識を失ってしまった場合，受
　理の前に，「翻意したなど特段の事情のない限り，右届出の受理により認知は有効に
　成立すると解されている（最判昭54・3・30家月31巻7号54頁）。

　②　「遺言」により認知を行う場合，遺言の効力は遺言者の死亡時に発生
する訳だから（民985条），認知もその時に効力を発生する。
　2）　任意認知の要件　　(ア)　認知能力　　認知は，一種の身分行為で
あるから，「意思能力」があれば，未成年者または成年被後見人であっても，
法定代理人の同意なしに単独ですることができる（民780条）。
　　(イ)　認知に承諾が必要な場合　　任意認知は，父の自由意思によるの
が原則であるが，つぎの3つの場合には，相手方の「承諾」を必要とする。⑥

⑥　①　成年の子を認知するには，その子の承諾を得なければならない（民782条）。
　　②　胎児を認知するには，母の承諾を得なければならない（民783条1項）。
　　③　父は死亡している子を認知することができるが，この認知はその子に直系卑属
　　　がある場合に限って許される（民783条2項前段）。ただし，直系卑属が成年者であ
　　　るときは，その者の承諾を得なければならない（民783条2項後段）。

　　3）　任意認知の無効　　子その他の利害関係人は，認知が血縁上の事
実に反するときは，その無効を主張できる（民786条）。⑦

⑦　判例は，認知者と子との間に，ⓐ血縁関係がない場合，ⓑ認知能力を欠く場合，ⓒ
　真実の親子関係がある場合でも，認知の意思にもとづかないときは，その認知は無効
　であるとする（最判昭52・2・14家月29巻9号78頁）。

第4章　婚姻・家族生活と法律の出会い　183

「利害関係人」とは，子の母・直系卑属・実父・認知者の妻・三親等内の血族など，認知によって相続権を害される者などをいう。

　　4）　任意認知の取消しの禁止　　認知は，一度行うとこれを取り消すことができない（民785条）。

(3)　強制認知

　　1）　強制認知の意義　　「強制認知」とは，父が任意認知をしないとき，子，その直系卑属またはこれらの者の法定代理人が，認知の訴を起こすことをいう（民787条本文）。これは「裁判認知」とも呼ぶ。ただし，父の死亡後3年を過ぎると認知の訴を起こすことができなくなる（民787条ただし書）。

　　2）　強制認知の性質 ⑧

⑧　認知の訴えの性質をめぐって，これを確認の訴と解する考え方と，形成の訴と解する考え方とが対立している。判例・通説は，認知判決によって，はじめて親子関係が形成されると解する立場を採っている（最判昭29・4・30民集8巻4号861頁）。

　　3）　強制認知の訴の当事者　　①出訴権者（原告）は，子，その直系卑属またはこれらの者の法定代理人である。しかし，子は意思能力があれば，単独で訴えを起こすことができる（人訴2条2号）。

　　②　子の直系卑属は，子がすでに死亡している場合にのみ，訴えを起こせると解するのが通説の立場である。

　　③　子や直系卑属の法定代理人は，その代理人として，子の名で訴えを起こせると解する法定代理説が，通説・判例の立場である（最判昭43・8・27民集22巻8号1733頁）。この場合，相手方（被告）は，父であり（人訴42条），父死亡後は検察官である（人訴42条）。

　　④　出訴期間の起算点は，「父の死亡の日から」であるが，やむを得ない事情がある場合には，「父の死亡が客観的に明らかになった時から」起算するとして，ゆるやかに解されている（最判昭57・3・19民集36巻3号432頁）。

184

 4） 強制認知の父子関係の証明 ⑨

⑨ 　民法は，父子関係の存在の立証について，何ら定めていないが，最高裁は，つぎの
　ように判示している。
　　すなわち，ⓐ母（原告）が，懐胎期間中に被告と性交渉をもったこと，ⓑこの期間
　中に母が，他の男性と性的交渉をもったと認められないこと，ⓒ血液型の背馳がない
　こと，ⓓ被告が父であることを認める行動をとっていたこと，などの間接事実を総合
　して，父子関係を認定する判断を示した（最判昭31・9・13民集10巻9号1135頁，最判昭
　32・6・21民集11巻6号1125頁，最判昭32・12・3民集11巻13号2009頁，最判昭36・9・26家
　月14巻1号99頁）。

(4)　認知の効果

　 1） 父子関係の発生　　認知されると，法的な父子関係が発生する。
すなわち，父子関係に認められるすべての権利義務（たとえば，親権，扶養，
相続，氏と戸籍など）が，発生する（これを「全効果一挙発生主義」という）。
　 2） 効果発生時　　認知効果の発生は，出生の時にさかのぼって生ず
る（民784条本文）。ただし，第三者がすでに取得した権利を害することはで
きない（民784条ただし書）。

[（三）　準　　　正]

(1)　準正の意義

「準正」とは，非嫡出子が生まれた後に，父母が婚姻することによって，嫡
出子としての地位が認められる制度である。準正には，認知された子の父母
が婚姻する「婚姻準正」（民789条1項）と，婚姻後に認知された「認知準正」
（民789条2項）の2つの種別がある。

(2)　準正の効果

　婚姻準正は，婚姻届が受理された時から，嫡出子の身分を取得する（民789
条1項）と解するのが通説である。また，認知準正については，明文で「認知
の時」から，嫡出子の身分を取得するとなっている（民789条2項）。

第4章　婚姻・家族生活と法律の出会い　185

Ⅲ　養 子 関 係

1. 養子制度の推移

(一)　序　　説

　実親子は，自然的血縁に基礎を置く関係であるが，養親子は人為的に創設された法律上の親子関係として認められた社会的制度である。養子制度は，古くから多くの社会で行われてきた制度であり，その目的や性格は，時代に応じて変化してきた。わが国でもこの制度を大宝律令において，すでに規制をしていた。[1]

[1]　明治憲法下における養子制度は，「家」制度を基礎とした家父長的支配権のもとで，家産や祖先祭祀の承継者を得るための手段として利用されてきた。これは，まさしく「家のための養子」制度であったといえる。

　　　ところが，「家」制度が弱体化し，生活の中心が「夫婦・親子」へ移っていくことにより，子のない夫婦は子を養うため，あるいは，家族内の労働力を得るために，さらには，自分達の老後の扶養のためなど，多様な目的に「養子制度」は利用されてきた。このように，ここでは「親のための養子」制度として機能してきた，ということができる。

　現代社会は，子どもの人権尊重を中核にすえ，親のない子・家庭的に恵まれない子に対して，温かい家庭を準備し，その子が健全に育ってゆくための制度づくりが要請されている。そこでは，「子の利益・子の福祉」のための「養子制度」が社会的目的として位置づけられることとなる。これこそが，「子のための養子法」としての意義を有するものである。

(二)　民法上の養子制度

　民法は，養子制度として，「普通養子」と「特別養子」の２種を設けている。

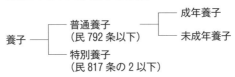
〔図表4-3-Ⅲ-1〕養子の分類

2．普通養子

(一) 序　説

　養親子関係を結ぶことを「縁組」と呼ぶ。普通養子縁組は，養子をする者（養親）と養子になる者（養子）の間で結ばれる契約である。縁組の目的は，法的親子関係を設定することであるが，それは，いろいろな目的を実現するための手段として用いられている。

(二) 縁組成立の実質的要件

(1) 縁組意思の合致

　縁組をするには，親子関係をつくる意思が合致しなければならない（民802条1号）。ここにいう「縁組意思」とは，社会的観念上，真に親子関係をつくる意思をいう。したがって，たとえば，仮装縁組は無効と解するのが，通説・判例の立場である（実質的意思説＝最判昭23・12・23民集2巻14号493頁）。

(2) 未成年養親の禁止

　養親となる者は，成年に達していなければならない（民792条）。なお，婚姻で成年者となった者は（民753条），養親となることができる（通説）。

(3) 尊属養子・年長養子の禁止

　自分の尊属または年長者を養子とすることはできない（民793条）。たとえば，叔父・叔母などの尊属は，たとえ年少者であっても養子とすることはできない。

(4) 後見人と被後見人の間の縁組

　後見人が被後見人を養子とするには，家庭裁判所の許可を得なければならない（民794条前段）。

第4章　婚姻・家族生活と法律の出会い　187

(5)　配偶者のある者との縁組

配偶者のある者が縁組をするには，その配偶者の同意を得なければならない（民796条）。また，配偶者のある者が，未成年者を養子にするときは，配偶者とともにしなければならない（民795条本文）。

(6)　代諾縁組

15歳未満の未成年者を養子とする場合には，その法定代理人が代わって承諾しなければならない（民797条）。代諾権者は，法定代理人である親権者・後見人である。

(7)　家庭裁判所の許可

未成年者を養子とするには，家庭裁判所の許可を得なければならない（民798条）。ただし，自己または配偶者の直系卑属を養子とする場合には，許可を必要としない（民798条ただし書）。

（三）　縁組成立の形式的要件

縁組は，戸籍法の定めるところにしたがい，「届出」ることによって成立する（民799条・739条1項）。縁組の方式および手続などは，すべて婚姻の届出に関する規定が準用される（民799条・739条2項）。

（四）　普通養子の効果

(1)　養親との関係

養子は，縁組の日から，養親の嫡出子の身分を取得する（民809条）。たとえば，養親との関係では，第1順位の血族相続人となる（民887条1項）。また，養子となった者は，養親の親権に服するとともに（民818条2項），養親の氏を称する。

(2)　養親の血族との関係

養子と養親およびその血族との間においては，養子縁組の日から，血族間におけると同一の親族関係を生ずる（民727条）。

(3)　実親等との関係

普通養子縁組は，実親との親子関係もそのまま残存するため，扶養や相続

などについて，二重の関係が存在することとなる。

(4) 転 縁 組

すでに養子となっている者が，さらに別の者の養子となることも可能である（これを「転縁組」という）。

〔五 普通養子の解消〕

(1) 縁組の無効と取消し

① 縁組が無効となるのは，ⓐ人違いその他の事由により，「当事者間に縁組をする意思がないとき」（民802条1号）およびⓑ「当事者が縁組の届出をしないとき」（民802条2号）などである。

② 縁組の取消しは，縁組の実質的要件に違反した場合である。すなわち，ⓐ養親が未成年者である場合（民804条），ⓑ養子が尊属または年長者である場合（民805条），ⓒ後見人と被後見人との間の無許可の場合（民806条），ⓓ配偶者の同意のない場合（民806条の2），ⓔ子の監護すべき者の同意のない場合（民806条の3），ⓕ養子が未成年者でしかも無許可である場合（民807条）等が，それぞれの要件を欠くときは，その縁組の取消しを裁判所へ請求することができる。

③ 縁組が詐欺・強迫による場合には，その取消しを家庭裁判所へ請求することができる（民808条1項）。ただし，詐欺を発見し，もしくは強迫を免れた後6ヵ月を経過し，または，追認したときは，取り消すことができない（民806条の2第2項）。

(2) 離 縁

1） 協議離縁　縁組当事者は，協議によって離縁することができる（民811条1項・812条による739条の準用）。

民法上は，協議離縁，裁判離縁という2つの制度が用意されているが，裁判離縁にいたる前の段階として準備されている「調停」や「審判」による解決があることも，離婚と同様である（これを「調停前置主義」という）。

2） 裁判離縁　裁判により離縁を求めるには，離縁原因として民法は，

第4章　婚姻・家族生活と法律の出会い　189

つぎの理由を定めている。すなわち，ⓐ悪意で遺棄されたとき，ⓑ生死が3年以上明らかでないとき，ⓒその他縁組を継続し難い重大な事由があるときなどのうち，1つ以上あてはまることが必要である（民814条1項）。

　　3）死後離縁　　縁組の当事者の一方が死亡した後に，生存当事者が離縁しようとするときは，家庭裁判所の許可を得て，することができる（民811条6項）。

　　4）離縁の効果　　離縁の効果として，親権は養親の親権が完全に消滅する場合には，実父母の親権が回復する。また，氏は離縁によって縁組前の氏に復する。ただし，共同縁組した養親夫婦の一方とのみ離縁したときは，復氏しない（民816条1項）。

3．特別養子

（一）特別養子の意義

　特別養子縁組は，実方の血族との親族関係を消滅させて，養親との間に可能な限り，実際の親子関係を発生させる縁組制度である。この制度の趣旨は，「子の利益・子の福祉を図る」ためのものである。

（二）特別養子縁組の成立要件

　特別養子縁組は，家庭裁判所の「審判」によってのみ成立する（民817条の2）。そして，この場合民法は，6つの成立要件が必要であるとする（民817条の3〜8）。

　(1)　養親の夫婦共同縁組

　養親となる者は，配偶者のある者でなければならない（民817条の3第1項）。したがって，夫婦共同縁組でないときは，養親となることができない（民817条の3第2項）が，夫婦の一方が，他方の嫡出子の養親となることはできる（民817条の3第2項ただし書）。これは，「夫婦共同縁組の原則」の例外である。

　(2)　養親となる者の年齢

　養親になる者は，25歳に達していることが必要である（民817条の4本文）。

ただし，夫婦の一方が25歳に達しているときは，他方が20歳に達していればよいとされる（民817条の4ただし書）。養親の最低年齢制限の例外である。

(3) 養子となる者の年齢

養子となる者の年齢は，6歳未満に限られる（民817条の5本文）。ただし，たとえば，里子のように，6歳に達する前から養親となる者に継続して監護されている場合は，8歳未満までの例外を認めている（民817条の5ただし書）。

(4) 父母の同意

養子になる者は，父母の同意がなければならない（民817条の6本文）。「父母」とは，実父母のほか，養父母も含まれ，また，父母が親権者や監護者であるか否かは問わない。

ただし，父母がその意思を表示することができない場合，または，父母による虐待，悪意の遺棄その他養子となる者の利益を著しく害する事由がある場合には，父母の同意はいらない（民817条の6ただし書）。

(5) 子の利益のための特別の必要性

父母による子の監護が著しく困難または不適当であること，その他特別の事情がある場合において，子の利益のため特別養子縁組が特に必要があると認められることを要する（民817条の7）。

(6) 監護の状況（試験養育）

① 養親となる者が，養子となる者を，6ヵ月以上の期間にわたって，監護した状況を考慮しなければならない（民817条の8第1項）。そして，この期間が無事終わると，通常は，養親となる者と父母または児童相談所との間で，子の「監護委託契約」が結ばれる。

② この期間は，審判の申立ての時から起算し，かつ申立て前の監護状況が明らかであるときは，監護開始時から起算する（民817条の8第2項）。

〔三〕 特別養子縁組の効果

(1) 実方との親族関係の終了

縁組の成立によって，「養子と実方の父母その血族」との親族関係が終了

する（民817条の9本文）。すなわち，氏，戸籍，親権，扶養，相続などの関係が終了する。ただし，夫婦の一方の嫡出子と縁組する場合（「連れ子養子」）は，親族関係は存続する（民817条の9ただし書）。

(2) 嫡出子の身分の取得

養子は縁組成立の日から，養親の嫡出子の身分を取得し（民809条），養親の氏を称し（民810条），養親が親権者になる（民818条2項）。

〔四〕 特別養子縁組の離縁

特別養子縁組においては，離縁は認められない。また，協議離縁や裁判離縁についても離縁の適用はない。

ただし，養親による虐待，悪意の遺棄その他養子の利益を著しく害する事由があり，かつ実父母が相当の監護をすることができる場合，養子の利益のため特に必要があると認めるときは，家庭裁判所は，養子，実父母または検察官の請求により，特別養子縁組の当事者を離縁させることができる（民817条の10第1項）。

特別離縁の効果は，離縁の日から，養子と実父母およびその血族との間において，縁組によって終了した親族関係と同一の事項が生ずる（民817条の11）。

4．里　　　子

〔一〕 里　親　制　度

「里親」とは，保護者のない児童または保護者に監護させることが不適当であると認められる児童を養育することを希望する者で，都道府県知事が適当と認める者をいうと定義される（児福6条の4）。ここに「里子」とは，一般に里親に委託された要保護児童をいう。

里親には，いろいろな種別がある。すなわち，ⓐ児童を養育する「養育里親」，ⓑ両親の死亡等により3親等内の親族がなる「親族里親」，ⓒ1年以内の期間を定めて養育する「短期里親」，ⓓ虐待児童を受け入れる「専門里親」

などの制度である。

（二） 里親委託の形態

里親委託の形態には，「私的里子」と「公的里子」の２つがある。

①　「私的里子」とは，親権者や後見人などで，現に子を監護している保護者（児福６条）が，契約によって，第三者に子の監護を委託するものである。民法では，これを「準委任契約」としている（643条）。

②　「公的里子」とは，児童福祉法上の里子である。これは，要保護児童を対象として，知事の里親委託措置によって行われる（児福27条１項３号）。公的措置による里親委託である。

里親制度についての明文規定は，児童福祉法27条１項３号のみである。

注 ——————————————
1）　中川善之助他編「新版注釈民法（24）」91頁（有斐閣　平成６年）。
2）　婚姻を日常用語では，「縁組」ということもあるが，法律用語では，縁組は「養子縁組」のみを意味する。

IV　親権・後見・保佐・補助

1. 親　　権

（一） 親 権 の 意 義

「親権」とは，一般に，未成年の子を監護・教育するために，父母に対して認められる権利義務の総称である。親権者と子との関係は，支配（主体）と対象（客体）といった関係でなく，「子の利益のために，監護・教育をしなければならない」という視点から出発することが必要である。

民法が「親権を行う者は，子の利益のために子の監護及び教育をする権利を有し，義務を負う」（820条）と明記しているのは，親権の基本的性格を示すものである。すなわち，親権は子の監護教育権と親の監護教育義務を中心にして，「子と親の権利義務の関係」を組みたてられるべきである。

第4章　婚姻・家族生活と法律の出会い　193

（二）　親権者の決定

　未成年の子は，親権に服する（民818条1項）が，実子および養子の区分によって親権者の決め方が異なる。

（1）実　　子①

①　1）婚内子　　①　婚内子は，父母の共同親権に服する（民818条3項）。
　　②　父母の一方が，親権を行使できないとき（たとえば，父母の一方が死亡したり，成年後見開始や親権喪失などの障害，あるいは，行方不明や長期不在などの障害）は，どちらかの単独親権になる（民818条3項ただし書）。
　　③　父母が離婚した場合も，どちらかの単独親権になる（民819条1項・2項）。子の出生前に父母が離婚した場合には，母が親権者になり，出生後は父母の協議によって父を親権者に定めることもできる（民819条3項）。
　　2）婚外子　　婚外子は，母が親権者である。父が認知した後で，父母の協議または審判によって，父を親権者に定めることができる（民819条4項）。いずれの場合も，母または父の単独親権となる。

（2）養　　子②

②　未成年養子，特別養子いずれも養親の親権に服する（民818条2項）。養親が夫婦である場合には，上記の①②③と同じ扱いとなる。
　　④　養父母が死亡した場合には，実親の親権が回復しないで，「後見が開始」するというのが，通説および実務の解釈である（昭23・11・12・民甲3585民事局長回答）。
　　⑤　養父母双方と離縁すれば，実父母の親権が回復する（民811条2項・3項・5項）。
　　⑥　夫婦の一方が相手方の子を養子とした場合（民795条ただし書）には，民法818条3項にもとづき，養親と実親が共同親権者となる。

（三）　親権者の変更

　たとえば，父母の離婚や非嫡出子などで，一方が親権者になった場合に，「子の利益のために必要があると認められた場合」には，家庭裁判所は，「子の親族の請求」によって，親権者を「他の一方に変更」することができる

（民819条6項）。

（四） 親権の内容

(1) 子の身上に関する権利・義務

1） 監護教育権　親権者は，子の監護および教育の権利を有し，義務を負う（民820条）。「監護教育」とは，子を身体的・精神的に健全な社会人として育成することをいう。したがって，親権者は恣意的に子の監護教育をしてはならない。

すなわち，子の健全な育成は公益的側面を有するから，公的規制が加えられる（教基4条，学教22条・29条，児福30条3項，生活保護30条，児福23条～28条）。

2） 居所指定権　親権者は，監護教育に必要な範囲内で子の居所を指定することができる（民821条）。

3） 懲戒権　親権者は，監護および教育に必要な範囲内でその子を懲戒することができる（民822条1項）。

4） 職業許可権　子は，親権者の許可を得なければ，職業を営むことができない（民823条1項）。したがって，未成年者がアルバイトをする場合は，親権者の許可が必要である。

親権者は，いったん許可を与えても，子がその職業に耐えられないときは，許可を取り消したり，制限したりすることができる（民823条2項，労基58条2項参照）。

5） 身分行為の代理権　親権者は，一定の身分行為について，子を代理することが認められている（民775条・787条・791条3項・797条1項・804条・811条2項・815条・833条・917条）。

(2) 子の財産に関する権利・義務

1） 財産管理権　親権者は，子の財産を管理する（民824条本文）。親権者が財産管理権を行使する際には，「自己のためにするのと同一の注意義務」を負うこととなる（民827条）。

第4章　婚姻・家族生活と法律の出会い　195

　2）　財産行為の代理権　　親権者は，子の財産に関する法律行為について子を代表する（民824条）。③

③　ただし，たとえば，子の労働契約のように，子の行為を目的とする債務を生じる場合には，子の本人の同意を得なければならない（民824条ただし書）。親権者が，この代理権を濫用した場合には，その行為の相手方が濫用の事実を知り，または知ることを得べかりしときは，93条ただし書を類推適用して，その行為の効果は子におよばないとされる（最判平4・12・10民集46巻9号2727頁）。

　3）　利益相反行為　　子の利益を保護するため，親権者の代理権および同意権が制限される場合がある。すなわち，親権者は，「その子との利益が相反する行為」（たとえば，子の財産を親権者に譲渡する行為），または，子が数人いる場合において，「子の一人と他の子との利益が相反する行為」について，その子のために「特別代理人」を選任し，この者に代理させることとした（民826条）。

（五）　親権の喪失

(1)　家庭裁判所による親権喪失宣言

　親権者が親権を濫用し，または，著しく不行跡があるときは，家庭裁判所は，「子，その親族，未成年後見人，未成年後見監督人又は検察官の請求により，その父又は母について」，親権の喪失を宣言することができる（民834条）。宣言の原因がやんだときは，失権の宣告を取り消し得る（民836条）。

(2)　親権・管理権の辞任と回復

　親権者は，やむを得ない事由があるときは，家庭裁判所の許可を得て，親権または管理権を辞任することができる（民837条1項）。辞任の事由がやんだときは，父または母は，家庭裁判所の許可を得て，親権または管理権を回復することができる（民837条2項）。

2. 後　　見

(一) 後見制度の推移

　後見は,「家」制度下において, 家の存続と家産維持のためから, 後見人の利益をはかる支配的保護を経て, 被後見人の保護を目的とする制度へと推移してきた。そして, 後見制度は, 今日, 未成年者と判断能力の不十分な成年者を保護するためのものとなった。

(二) 後見の種別

　後見制度には,「未成年後見」と「成年後見」がある。

　①　未成年後見は, 親権者がいないとき, または, 親権者が財産管理権を有しない場合に, 後見人が被後見人である子の身上監護, 財産管理を行う制度である。

　②　成年後見は, 判断能力の不十分な成年者に対して, 療養看護や財産管理を行う制度である。

(三) 未成年後見

(1) 未成年後見人の選任

　未成年後見の選任方法には2種ある。1つは, 最後に親権を行う者は, 遺言によって, 後見人を指定することができる場合である (民839条)。未成年者の指定後見人である。

　もう1つは, 指定後見人がいないとき, 家庭裁判所は, 未成年被後見人またはその親族, その他利害関係人の請求によって, 未成年後見人を選任する場合である (民840条)。未成年後見人の選定である。

(2) 未成年後見人の辞退・解任

　①　後見人は,「正当な事由」があるときは, 家庭裁判所の許可を得て, 任務を「辞任」することができる (民844条)。しかし, 後見人が辞任し, 新たに後見人を選任する必要が生じたときは, その後見人は, 遅滞なく新たな後見人の選任を家庭裁判所に請求しなければならない (民845条)。

　②　後見人に不正な行為, 著しい不行跡, その他後見の任務に適しない事

第4章　婚姻・家族生活と法律の出会い　197

由があるときは，家庭裁判所は，一定の者の請求により，または職権で「解任」することができる（民846条）。

(3)　未成年後見人の事務

未成年後見人の権利義務は，親権者と同一である（民857条本文）。すなわち，監護教育権（民820条），居所指定権（民821条），懲戒権（民822条），職業許可権（民823条）などである。

（四）　成　年　後　見

(1)　成年後見制度の種別

成年後見制度は，「法定後見」と「任意後見」に分かれる。法定後見人には，後見・保佐・補助がある。

(2)　成年後見人の選任

家庭裁判所は，後見開始の審判をするときは，職権で，成年後見人を選任する（民843条1項）。成年後見人が欠けたとき，家庭裁判所は，成年被後見人もしくはその親族その他利害関係人の請求によって，または職権で，成年後見人を選任する（民843条2項・3項）。

(3)　成年後見人の辞任・解任

①　後見人は，「正当な事由」（たとえば，老齢・疾病など）があるときは，家庭裁判所の許可を得て，その任務を「辞任」することができる（民844条）。辞任により新たに後見人を選任する必要が生じたときは，その後見人は，遅滞なく新たな後見人の選任を家庭裁判所に請求しなければならない（民845条）。

②　後見人に不正な行為，著しい不行跡その他後見の任務に適しない事由があるときは，家庭裁判所は一定の者の請求により，または，職権で「解任」することができる（民846条）。

(4)　成年後見人の事務

成年後見人は，成年被後見人の「生活，療養看護及び財産の管理」に関する事務を行うにあたっては，「成年被後見人の意思を尊重し，かつ，その心

身の状態及び生活の状況」に配慮する義務がある（民858条）。

事務処理には，「善良な管理者の注意」が求められ（民869条），かつ，「営業の代理や民法13条1項各号の行為」をするには，後見監督人の同意を必要とする（民864条）。

3. 保　　佐

（一）保佐の開始

家庭裁判所は，「精神上の障害により事理を弁職する能力が著しく不十分である者」について，本人，配偶者，四親等内の親族，後見人，後見監督人，補助人，補助監督人または検察官の請求により，保佐開始の審判をすることができ（民11条），この審判によって，保佐が開始する（民876条）。

（二）保佐人の選任

家庭裁判所は，保佐開始の審判をするときは，職権で，保佐人を選任する（民876条の2）。保佐人が欠けたとき，または，保佐人が必要なとき，家庭裁判所は，被保佐人もしくはその親族その他の利害関係人の請求により，または，職権で保佐人を選任する（民876条の2第2項・843条準用）。

（三）保佐人の辞任・解任

保佐人は，「正当な事由」があるときは，その任務を辞任することができる（民876条の2第2項・844条）。保佐人に，不正な行為や著しい不行跡その他保佐の任務に適しない事由があるときは，家庭裁判所は，一定の者の請求により，または，職権で解任することができる（民876条の2第2項・846条）。

（四）保佐人の事務

保佐人は，民法13条に列挙する「財産上の行為」について，同意権・取消権を有する。

すなわち，ⓐ元本を領収・利用すること，ⓑ借財・保証をすること，ⓒ不動産その他重要な財産に関する権利の得喪を目的とする行為，ⓓ訴訟行為，ⓔ贈与，和解，仲裁契約，ⓕ相続の承認・放棄，遺産の分割，ⓖ贈与・遺贈

を拒絶し，負担付贈与もしくは遺贈の受諾，ⓗ新築・改築・大修理，ⓘ土地は5年，建物は3年（民602条）を超える賃貸借をすること，などが，それである。

4.補　　助

㈠　補助の開始

　家庭裁判所は，「精神上の障害により事理を弁識する能力が不十分である者」について，本人，配偶者，四親等内の親族，後見人，後見監督人，保佐人，保佐監督人または検察官の請求により，補助開始の審判をすることができ（民15条1項)，この審判によって，補助が開始する（民876条の6)。

㈡　補助の選任

　家庭裁判所は，「補助開始の審判」をするときは，職権で，補助人を「選任」する（民876条の7)。補助人が欠けたとき，または，補助人が必要なとき，家庭裁判所は，被補助人もしくはその親族その他の利害関係人の請求により，または職権で補助監督人を選任することができる（民876条の8)。

㈢　補助人の辞任・解任

　補助人は，「正当な事由」があれば，「辞任」することができる（民876条の7第2項・844条)。辞任により新たに補助人を選任する必要が生じたときは，遅滞なく補助人の選任を家庭裁判所に請求しなければならない（民876条の7第2項・845条)。

　補助人に不正な行為や著しい不行跡その他補助の任務に適しない事由があるときは，一定の者の請求または職権で「解任」することができる（民876条の7第2項・846条)。

㈣　補助人の事務

　補助人の事務は，民法876条の10に規定する特定の法律行為である。

200

第5章　市民生活と法律の出会い

I　民法の基礎知識

1．権利と私権の分類

（一）　私法上の権利と義務の意味

　「私法」とは，私人間の法律関係を規律する法をいい，民法，商法，会社法などが，それに属する。この私法によって認められた権利を私権といい，これに対応するものが私法上の義務である。①

①　たとえば，売買契約が成立すると，買主は目的物の引渡しを請求することができ，売主は代金を請求できる。その反面，買主は代金支払義務を負い，売主は目的物の引渡義務を負うこととなる。もし売主が目的物を引渡さない場合には，買主は裁判所へ訴え，国家の強制力（強制執行）によって，権利を実現することになる。

（二）　私　権　の　分　類

(1)　権利の目的によって分類する場合

　これは，権利がどのような利益を対象とするかによる区別である。②

②　1）財産権　　「財産権」とは，財産的利益を内容とする権利をいう。たとえば，ⓐ物を直接に支配し一定の利益を受けることを内容とする「物権」，ⓑ債権者が債務者に対して一定の行為（給付＝金銭の支払，労務の提供など）を要求し，間接的に財産的価値を支配することを内容とする「債権」，ⓒ著作・発明・考案など，知的創作物の独占的・排他的な支配を内容とする「知的財産権」等々が，これに属する。

　　2）人格権　　「人格権」とは，個人の人格的利益を守ることを内容とする権利をいう。人格権は，生命・身体・名誉・貞操・肖像などのように，人格と分離すること

のできない生活的利益を内容とする権利である。

　　3）身分権　　「身分権」とは，身分的地位にともなう生活上の利益を内容とする権利をいう。親権は，これに属する。

　　4）社員権　　「社員権」とは，社員が社団法人に対して有する地位をいう。たとえば，株式会社の株主個人の利益を請求する利益配当請求権は，これにあたる。

(2)　権利の作用によって分類する場合

これは，権利の働き具合による区別である。③

③　　1）支配権　　「支配権」とは，権利者が権利の目的物を直接に支配することを内容とする権利をいう。「物権」は，その典型的なものである。

　　たとえば，所有権をはじめ用益物権（地上権・永小作権・地役権）なども，他人の土地に対する所有権を制限して，その使用価値による利益を直接享受する権利であり，支配権に属する。

　　2）請求権　　「請求権」とは，債権者が債務者に対して，一定の行為を請求する権利をいう。債権はその典型的なものである。債権はすべて請求権であるが，請求権イコール債権ではない。

　　3）形成権　　「形成権」とは，権利者の一方的意思表示によって，法律関係の発生・変更・消滅を生ぜしめる権利をいう。たとえば，遺留分減殺請求権は，形成権と理解されている。

　　4）抗弁権　　「抗弁権」とは，他人の請求権の行使を，一定の事由にもとづいて阻止することのできる権利をいう。抗弁権には，相手方の請求を一時的に阻止するにとどまる同時履行の抗弁権（民533条），また，催告・検索の抗弁権（民452条・453条）などと，相手方の請求権を永久的に停止させる時効の抗弁権のごときものとがある。

2．民法の基本原理

(一)　序　　説

　資本制社会は，私的所有を基礎とする商品交換（契約）社会である。そして，商品交換社会は，私有財産制が国家によって保障されなければ，強者が弱者の財産を侵奪するという現象が露呈し，そこでは商品交換を円滑に営むことはできない。「私有財産制」とは，財産および財産権が原則として，個人

の自由な支配と利用にゆだねられ，それが社会的に保障される制度をいう。

　資本主義社会においては，法律上，私的所有は「所有権絶対の原則」という文言で，また，商品交換は「契約自由の原則」という文言で表現され，しかもこの２つは，資本主義的法秩序を維持する柱として位置づけられている。④

④　近代私法の基本原則は，一般的に，ⓐ権利能力平等の原則，ⓑ私的自治の原則，ⓒ所有権絶対の原則の３つに分類されるが，これは分類の仕方にすぎない。したがって，ここでは，民法の基本原則として，一般に説かれる例示にしたがい，ⓐ権利能力平等の原則，ⓑ契約自由の原則，ⓒ過失責任の原則，ⓓ所有権絶対の原則の４つについて略説する。

（二）　権利能力平等の原則

　民法は，「私権の享有は，出生に始まる」（３条１項）と規定し，権利能力平等の原則を明示している。いいかえれば，すべての人は等しく権利義務の主体となる資格をいう。

（三）　所有権絶対の原則⑤

⑤　(1)　所有権の絶対性

　　近代国家においては，所有権の絶対の保障が，重要な柱の一つであった。すなわち，フランス人権宣言（1789年）が，「財産権を神聖不可侵」なるものと宣言した後，18・19世紀に生まれた自由主義を基調とする諸憲法は，財産権を天賦・固有の権利として保障した。

　　日本国憲法も「財産権は，これを侵してはならない」（29条１項）と規定している。民法もこの規定を受けて，「所有者は……自由にその所有物の使用，収益及び処分をする権利を有する」（206条）と定め，「所有権絶対の原則」を表示している。

　(2)　所有権絶対に対する制限

　　20世紀に入り，資本主義の高度化がすすむと，所有権絶対は，社会的・経済的な面において，多くの弊害を露呈することとなった。とくに，資本が独占段階に入ると貧富の格差が著しくなり，多くの経済的・社会的弱者を生みだすとともに，他方で，大気汚染・水質汚濁・土壌汚染などの公害が出現するにいたった。

第5章　市民生活と法律の出会い　203

　ここにいたって，所有権の社会的制約を認めざるを得なくなった。そこで，ドイツのワイマール憲法が「所有権は義務をともなう」(152条3項)，また，「その行使は公共の福祉のために行使されなければならない」(155条1項・3項) としたのは，この趣旨を示したものである。

　日本国憲法も「財産権の内容は，公共の福祉に適合するやうに，法律でこれを定める」(29条2項) とし，また，民法に「私権は，公共の福祉に適合しなければならない」(1条1項) と規定しているのは，私権の社会性・公共性を宣言したものである。

（四）　契約自由の原則

(1)　契約の自由

「契約は自由意思の所産である」といわれるように，社会生活において，契約の締結は当事者の自由にまかせ，国家はそれを尊重し干渉すべきでないとする。これを「契約自由の原則」という（または「私的自治の原則」とも呼ばれる）。

(2)　契約自由の制限

　契約自由の原則は，資本主義の発展に多大な貢献をしてきた。しかし，その反面，大企業が独占的地位を占めるにおよんで，その経済的優位性を「契約締結の場」にもちこんできたことによって，劣位にたつ消費者大衆は，その力に圧迫され契約の自由とは名ばかりで，実質的には意味のない原則へと転化した。

　そこで，国家は消費者大衆を保護するために，契約の内容に干渉し，契約の自由を制限する政策をとることとなる。⑥

---

⑥　①　その1は，契約内容の決定に介入して制限する方法である。すなわち，契約は，法律で規定した内容でなければ締結することができないとする場合で，もしこれに違反したときは，その約款の効力は認められないとする。これは社会政策的立場から制限するものであり，その法律としては，たとえば，借地借家法，農地法，労働基準法など多くのものがつくられている。

② その2は，独占的企業の約款に介入して制限する方法である。すなわち，取引の大量化にともない経済的優位にたつ大企業は，一方的に契約条項を作成して提示するのみで，消費者大衆としては契約内容および相手方を選択する余地はまったくない。

そこで，国家は事前に約款の妥当性について，指導し承認をするのである。これに属する事業としては，たとえば，電気，ガス，運送，保険などがそれである。

③ その3は，国家が独占禁止法等の法律を制定し，取引を制限する方法である。すなわち，独占禁止法は，資本集中化を防止するとともに，不公正取引の規制を目的としたものであり，その役割は極めて大きい。

（五） 過失責任の原則

(1) 「過失なければ責任なし」

民法は，「過失なければ責任なし」の原則に立って，人に自己の故意または過失によって，他人に損害を加えた場合にのみ損害賠償責任を負うとした（709条）。これは「不法行為法」における大原則であるが，債務不履行（民415条）にもとづく損害賠償責任についても適用される。[7]

[7] 資本制社会は，自由競争を原理とする社会である。この自由競争を保障するために，「故意過失によって，他人に損害を加えた場合にのみ不法行為者として責任を負う」ことにした。すなわち，過失責任主義と契約自由の原則とは，表裏の関係にあるといえる。

(2) 無過失責任主義

近代的な大企業（たとえば，鉱業・化学工業・原子力など）や高速化・大規模化した交通機関（たとえば，鉄道・自動車・船舶・航空機など）の発達は，不可避的に事故・災害・環境破壊などの発生をともなうものであり，しかもその規模は，かつて経験したことのない深刻な被害を引き起こすものである。

しかもこのような事態の責任に対して，従来の「過失責任の理論」でもって是正・救済することはもはや不可能であることが，だれの目にも明らかとなった。そこで，過失責任主義に代って登場してきたのが，「無過失責任主

義」の理論である。⑧

⑧　これには，今日まで複数の理論が主張されているが，ここでは代表的な2つの見解を紹介するにとどめる。

　　第1は，「自ら危険物をつくり，これを管理する企業は，その物から生ずる損害は，過失の有無に関係なく，つねに賠償責任を負うべきである」とする「危険責任論」である。第2は，「利益の帰するところ損害もまた帰すべきである」とする，「報償責任論」である。今日では，これらの理論を複合的な根拠として，企業に対し「無過失責任」を負わせる流れが広がっている。

3．信義誠実の原則と権利濫用禁止の法理

（一）　信義誠実の原則

　民法は「権利の行使及び義務の履行は，信義に従い誠実に行わなければならない」（1条2項）として，「信義誠実の原則」を明示している。この原則は，はじめ契約の履行の面において用いられてきたが，その後は契約の解除や契約自体の解釈の局面でも用いられる等その機能は拡大しているといえる。

（二）　権利濫用禁止の法理

　民法は，「権利の濫用は，これを許さない」（1条3項）として，「権利濫用禁止の法理」を採用している。権利者が，その権利を行使するのは，原則として自由であるが，それによって他人の権利や利益を著しく害する場合には，権利の濫用として禁止されるとする法理である。⑨

⑨　判例で，権利濫用禁止の法理を初めて採り入れたのは，「宇奈月温泉事件」（大判昭10・10・5民集14巻1965頁）においてである。この判例で注目されるのは，権利者が権利行使によって得る利益と，それによって相手方ないし社会に与える不利益とを比較衡量し，いずれが重いかによって，正当な権利行使か権利濫用かを判断している点である。

4．行為能力と制限行為能力者制度

(一) 意思能力と行為能力

「意思能力」とは，自分の行為の結果を判断できる精神状態を有することをいう。したがって，意思能力のない者の行った法律行為は，無効として効力が否定される。たとえば，認知症（痴ほう症）や知的障害者，精神障害者などが，先物取引の金融商品を購入したような場合に，意思能力を欠くときには，その契約は無効であり，契約が成立していないと主張することが可能である。その理由は，もしこの取引行為に法律効果を認めるならば，自由競争の不当な犠牲者となってしまうからである。

つぎに，「行為能力」とは，法律行為を一人で有効に行うことができる能力をいう。先にのべたとおり，有効な取引をするには，意思能力が前提となるが，加えて行為能力が必要であると解されている。

(二) 制限行為能力者

そこで，民法は「行為能力」を有する者だけが，一人で契約を結ぶことができるとする。他方この能力が不十分な者を「制限行為能力者」として，その程度により，「後見人」，「保佐人」，「補助人」などをつけて保護することにしている。

民法は，行為能力が制限されている者は，ⓐ未成年者，ⓑ成年被後見人，ⓒ被保佐人，ⓓ被補助人の4者であると規定している。そして，この制限行為能力者の行った法律行為は，取り消すことができるとする（民5条2項，9条，13条4項，17条4項）。

5．不動産と動産

(一) 序　　説

権利の客体は，権利の種類によって多種多様である。したがって，この問題に関して全体の通則を定めることは，極めて困難である。そこで，民法はその一部である「物」についてだけ規定を設けた。

第5章 市民生活と法律の出会い　207

　民法は,「物」とは,有体物をいうと規定する (85条)。そして,「物」は民法上,不動産と動産に区別される。このほか,物は種々の観点から分類が可能であるが,ここでは,「主物と従物」,「元物と果実」の2つについて説明する。

（二）　主物と従物

(1)　主物と従物の意味

　主物と従物について,民法は「その物の常用に供するため,……附属させた物を」(87条1項) という文言で表現し,前段のその物が「主物」であり,附属させた物が「従物」である。従物は主物に対してある程度の独立性が必要である。たとえば,刀とその鞘,鞄とその鍵,家屋とそれに附属した畳・ふすま・障子など数限りなく例をあげることができる。

(2)　主物と従物の関係

　主物と従物の関係については,「従物は,主物の処分に従う」(民87条2項) という点である。いいかえれば,従物は主物と法律的運命をともにするということである。たとえば,主物の売買契約が成立したときは,特別の意思表示がなければ,従物も主物とともにその対象となり,所有権が買主に移ることとなる。判例も,借地上の建物について抵当権が設定されると,その抵当権の効力は借地権におよぶとする (最判昭40・5・4民集19巻4号811頁)。

（三）　元物と果実

　「元物」とは,収益を生ずる元になる物をいい,「果実」とは,元物から生ずる収益をいう。果実には,「天然果実」と「法定果実」とがある。

(1)　天然果実

　「天然果実」とは,物の用法にしたがって自然に収取される産出物をいう (民88条1項)。たとえば,乳牛と牛乳,田畑と米・野菜などは,元物と天然果実の関係にある。天然果実は,それが元物から分離するときに,これを収取する権利のある者に帰属する (民89条1項)。

(2) 法定果実

「法定果実」とは，元物を使用させた対価として受けるべき金銭その他の物をいう（民88条2項）。たとえば，家賃は建物の，地代は土地の法定果実である。法定果実は，収取し得る権利の存続期間に応じて「日割計算」により取得する（民89条2項）。

6．取得時効と消滅時効

（一） 時効制度の意義

時効は，ある事実状態が永続した場合に，それが真実の権利関係と一致するか否かにかかわらず，そのまま権利として認めようとする制度である。時効には，「取得時効」と「消滅時効」がある。

(1) 取得時効

「取得時効」とは，ある事実状態が一定期間継続することによって，権利を取得する場合をいう。

　　1）　所有権の取得時効　　民法は，所有権の取得時効について，「所有の意思」をもって，「平穏・公然」に「他人の物」を「占有」した者は，その占有開始時に「善意・無過失」の場合は10年，「悪意または過失」のある場合は20年の期間の経過によって，時効が完成するものとしている（162条）。⑩

---

⑩　たとえば，買主（A）は売主（B）より，土地売買契約で有効に買ったと思って，ずっとその土地を利用してきたが，10年過ぎた後に，当時の土地の売買契約が無効であることがわかった。

　このような場合，買主（A）から売主（B）へ土地を返還させることは，その間に，土地のうえに抵当権や地上権が設定されていたりなど権利の変更があると，思いがけない損害を与え，かつ社会秩序をも混乱させることとなる。

　そこで，Aが土地を「一定期間占有してきた事実状態」を尊重し，「法的保護を与える」ことが必要であると判断し，Aに土地所有権を取得させることを認めるものであり，これを「取得時効」という。

2) 所有権以外の財産権の取得時効　　所有権以外の財産権にも取得時効が適用される。その時効期間は，所有権の場合と同じように，占有者の善意，悪意などに応じて，10年，20年の取得期間が定められている（民163条）。

また，地上権，永小作権，地役権等の用益物権および質権等についても，占有を条件とする権利であるから，取得時効の対象となる。なお，不動産賃借権も，判例は取得時効の適用があるとする（最判昭62・6・5判時1260号7頁）。

(2) 消滅時効

「消滅時効」とは，権利者が一定期間にわたって，その権利を行使できる状態にあるのに，これを行使しないため，権利を失う場合をいう（民166条以下）。

民法は「債権」は10年，「債権又は所有権以外の財産権」は20年の時効によって消滅すると定めている（167条）。なお，地上権・永小作権および地役権も時効によって消滅する。

民法は，消滅時効の期間について，権利の種類ごとに規定している。つぎにそれらの年限について説明する。

① 普通の債権は，10年である（民167条1項）。

② 商事債権は，5年である（商522条）。

③ 年金，恩給，定期の扶助料などの定期金債権には，2つの時効期間がある。1つは，第1回の弁済から20年（民168条1項前段），もう1つは，最後の弁済の時より10年である（同項後段）。

④ 利息，賃借料，給料などのように，1年以内の期間で定期に支払われる定期給付債権の支分権は，5年である（民169条）。

また，民法はつぎの債権については，とくに短期消滅時効の期間を定めている。[11]

⑪　1）3年の消滅時効にかかる債権（民170条・171条）　たとえば，医師，助産師または薬剤師の診療，助産または調剤に関する債権（民170条1号），工事の設計・施工等に関する債権（民170条2号）。その他，弁護士，公証人のその職務に関して受け取った書類についての免責（民171条）。

　　2）2年の消滅時効にかかる債権（民172条・173条）　たとえば，弁護士・公証人の費用（民172条），生産者・卸売商人の売却代金，学校の授業料（民173条）。

　　3）1年の消滅時効にかかる債権（民174条）　たとえば，運送費，旅館・料理屋の宿泊・飲食代金・動産の損料，月以下の期間による使用人の給料など。なお，給料，労賃が労働基準法の適用を受ける場合には2年である（労基115条）。

（二）　時効の援用・中断・停止

(1)　時効の援用の意味

　時効の効果が完全に発生するためには，利益を受ける者が，時効の成立を主張することが必要である。これを「時効の援用」という。民法では，時効はその利益を受ける当事者が援用しないと，裁判所は時効によって裁判してはならないと定めている（145条）。

(2)　時効の中断の意味

　時効は，一定の事実状態の継続による効果であるから，たとえば，債務者が借金の一部を返済したり，時効進行中に債権者が債務者を相手に訴を起こしたりする場合のように，この事実状態を覆すような事実が発生するときは，時効の効力を認める理由がなくなる。これを「時効の中断」という。

(3)　時効の停止の意味

　たとえば，時効完成の間ぎわに，大地震，大津波などが発生して，交通・通信などがとだえ，権利者が時効の中断をすることが困難な事情が発生した場合，時効の完成を一定期間猶予することがある。これを「時効の停止」という。

Ⅱ 契約の法理

1. 契約法の基本原則とその修正

近代社会においては，個人の意思が尊重され，当事者の自由な意思にもとづいて，財産上の権利義務関係の創設が認められている。これが「私的自治の原則」と呼ばれ，民法の基本原則となっている。そこでは，契約関係は経済取引の秩序に反しない限り，当事者の自由意思にゆだねられ，どのような内容の契約をどういう形式で締結しようと原則として自由である。そして，この「契約自由の原則」が，近代資本主義経済をささえる根本理念となっている。

しかし，今日の複雑かつ高度な取引社会においては，このような契約の自由が無制限に認められることは不合理な事態をまねくこととなる。そこで，国家は経済的弱者を保護し，個人の実質的平等を実現すために，契約自由を制限する政策をとらざるをえなくなる。たとえば，借地借家法，農地法，労働基準法，消費者保護法，特定商取引に関する特別法などが，それである。

2. 契約の分類

(一) 双務契約と片務契約

これは，契約の効果に着目した区別である。「双務契約」とは，当事者双方が対価的意味を有する債務を負う契約をいう。売買や賃貸借が，これに属する。他方，「片務契約」とは，当事者の一方がそのような債務を負わない契約をいう。贈与や使用貸借が，これに属する。なお，「同時履行の抗弁権」や「危険負担」の規定は，双務契約にのみ適用される。

(二) 有償契約と無償契約

これは，契約により負担する本体的債務が相互に対価的に有償であるか否かによる区別である。「有償契約」とは，当事者双方が対価としての出捐（金銭や物の給付）を負担する契約をいう。売買，賃貸借，雇用，請負などは，こ

れに属する。他方,「無償契約」とは,一方の当事者のみが出捐し,他方の当事者は対価としての意義を有しない契約をいう。贈与や使用貸借は,これに属する。

（三）　諾成契約と要物契約

これは,契約の成立要件に着目した区別である。「諾成契約」とは,当事者の意思表示の合致のみで成立する契約をいう。民法が,諾成契約をもって原則としているのは,私的自治ないし契約自由の原則のあらわれである。売買,贈与,賃貸借など大多数の契約は,諾成契約である。

他方,「要物契約」とは,当事者の意思表示のほかに,物の引渡しその他の給付をして初めて成立する契約をいう。消費貸借,使用貸借,寄託,代物弁済などが,これに属する。

（四）　典型契約と非典型契約

民法は,「典型契約」として,つぎの13種の契約について規定している。

すなわち,①贈与（549条）,②売買（555条）,③交換（586条）,④消費貸借（587条）,⑤使用貸借（593条）,⑥賃貸借（601条）,⑦雇用（623条）,⑧請負（632条）,⑨委任（643条）,⑩寄託（657条）,⑪組合（667条）,⑫終身定期金（689条）,⑬和解（695条）などである。

これ以外の契約が認められないわけでなく,契約自由の原則により,公序良俗（民90条）や強行規定に違反しない限り,自由に契約を結ぶことができる。こうした契約は,「非典型契約」と呼ばれる。

たとえば,旅行契約,宿泊契約,リース契約,クレジットカード契約,ライセンス契約,スポーツ選手の専属契約などが,「非典型契約」（「無名契約」とも呼ぶ）に属する。さらに,たとえば,注文におうじて建物や家具,スポーツ用具等を製作・販売する契約は,請負と売買の要素を併せたものであり,このような契約を「混合契約」と呼んでいる。

3．契約の成立

（一）契約の成立

契約は，「申込み」の意思表示と「承諾」の意思表示の合致により成立する。たとえば，売買契約の場合，「売ろう」という申込みと，「買おう」という承諾の意思表示の合致により，契約が成立することとなる。

（二）「申込み」とは

「申込み」は，相手方と特定の内容の契約を結ぼうとする一方当事者の意思表示である。

(1)「申込みの誘引」

申込みと似ているが，これと異なるものに，「申込みの誘引」がある。たとえば，アルバイト募集・空室の広告，電車・バスの時刻表，ショーウインドウの商品などは，申込みの誘引，すなわち，相手方に申込みをさせようとする意思の通知である。

(2) 申込みの効力

申込みの効力は，申込みが相手方に到達したときに生じる（民97条1項）。これを「到達主義」の原則という。したがって，申込みをしても，相手方に到達する前であれば，撤回することができる。

なお，申込みの発信後，到達する前に申込み者が「死亡」したような場合，その申込到達時の効力には影響しないのが，意思表示の場合の原則である。しかし，契約では相手方が到達前に「死亡の事実を知ったとき」には，申込みの効力は生じない。

（三）「承諾」とは

「承諾」は，契約を成立させることを目的として，特定の申込みに対して，なされる意思表示である。

(1) 承諾期間のある申込み

承諾期間を定めてした契約の申込みは，撤回することができない（民521条1項）。しかし，その承諾期間内に承諾が到達しないときは，その申込みは

効力を失う（民521条2項）。

(2) 承諾期間の定めのない申込み

承諾期間を定めないで契約の申込みをしたときは，承諾の通知を受けるのに相当な期間を経過するまでは，撤回することができない（民524条）。

4．契約の効力

（一）序　説

契約が成立すると，その効果として当事者間に合意された内容におうじた権利義務関係が発生する。民法は，契約の効力について，ⓐ「同時履行の抗弁権」，ⓑ「危険負担」，ⓒ「第三者のためにする契約」等を定めるにすぎないが，具体的にはいろいろな効力がある。

ここでは，双務契約を例にとって，見ることとする。

（二）同時履行の抗弁権

双務契約の当事者の一方は，相手方がその債務の履行を提供するまでは，自己の債務の履行を拒むことができる（民533条）。これを「同時履行の抗弁権」という。

たとえば，A所有の建物を2000万円でBに売却した場合，売主Aは建物を引渡す義務を負い，これに対して，買主Bは代金支払義務を負うこととなる。ところが，売主Aが買主Bに対して，建物引渡しをしないで，売買代金の支払いを求めてきた場合，Bは建物引渡しを受けるまでは，代金支払いを拒むことができる。

一方が，同時履行の抗弁権を有する場合，その履行の拒絶は違法とはならず，相手方は，自己の債務を提供するまでは，債務不履行による解除や損害賠償請求はできない。

（三）危険負担

たとえば，A所有の建物をBに売却した場合，契約成立後，その履行期が到来する前に，建物が火災や地震等で消滅して，契約の履行ができなくなる

第5章　市民生活と法律の出会い　215

ことがある。この場合，契約成立後の債務消滅リスクを売主，買主のどちらが負うのかが「危険負担」の問題である。くわしくは後にのべる（p.218〜）。

　民法は，双務契約においては，一方の債務が消滅した場合には，他方の債務も消滅すると考えるのが公平であり，「債務者主義」を原則としている（536条1項）。しかし，例外的に特定物に関する物権の設定または移転を双務契約の目的とした場合には，「債権者主義」の立場をとっている（民534条1項）。前例の場合，特約のない限り，買主は代金支払義務を免れないこととなる。

（四）　第三者のためにする契約

　「第三者のためにする契約」とは，契約内容に第三者に利益を与える特約が含まれている場合である。たとえば，前例でいえば，Bが代金を第三者のCに支払うという特約があるような場合である。

5．契約の解除

（一）　契約解除の意義・要件

　「契約の解除」とは，契約成立後に，当事者の一方が一方的な意思表示により，契約の効力を当初に遡って消滅させる（遡及的な効力）制度をいう。このような意思表示を行う権利を解除権という。

　解除権には，当事者が解除できる旨の合意によって生じる場合の「約定解除」と「債務不履行」など法律の規定によって生じる場合の「法定解除」がある。

（二）　債務不履行による解除の要件

　法定解除が生じる場合について，各種契約に共通の解除原因として，「債務不履行による解除」がある。

　債務不履行には，「履行遅滞」，「履行不能」，「不完全履行」の3種類があり，民法はこれらについて，解除権発生の要件を規定している。

(1) 履行遅滞，不完全履行による債務不履行解除の場合

これは，ⓐ相当の期間を定めて催告し，ⓑその期間内に履行がなければ，解除することができる場合である（民541条）。

(2) 履行不能による債務不履行解除の場合

これは，履行することが不可能であるため，履行不能と同時に解除権が発生するが，（民543条本文），債務者の責めに帰することができない事由による場合は，解除権は発生しないこととなる（民543条ただし書）。

（三） 解除の効果

解除の効果は，契約が遡ってなかった状態に戻ることを意味する。これを契約の遡及的無効（「直接効果説」）と呼び，判例はこの立場を採用している。

解除により，契約が遡及的に消滅してしまうので，解除前に債務の全部または一部の履行があった場合には，元と同じ状態に戻す必要がでてくる。これを「原状回復義務」という。

Ⅲ　不動産の所有と利用

1．「所有権」とは

（一） 所有権の意味

所有権は，所有物を自由に「使用，収益，処分」することのできる権利である（民206条）。物の使用価値および交換価値のすべてにおよぶ権利である点から，これを「全面的支配権」と呼ぶ。

しかし，かつて絶対的権利とされていた所有権も「社会全体の利益と調和する限度で行使されるべきである」との思想の出現により，現代では法令による制限が予定された権利として位置づけられている。

民法は，自ら「権利濫用の禁止」（1条3項）および「公共の福祉」（1条1項）の観念による制限を予定しているほか，今日では，土地収用法，借地借家法，建築基準法等多数の法令により，所有権の内容や行使について制約が加えられている。

第5章　市民生活と法律の出会い　　217

（二）　土地所有権の範囲

土地所有権は，法令の制限内において，「土地の上下におよぶ」とされている（民207条）。①

① たとえば，採掘権が国家に留保されている鉱物資源については，土地所有権の効力は除かれる（鉱業2条・3条）。地下水は，あくまでも利用権であって，私的所有権の対象とはならない。

また，温泉の専用権は湯口権として慣習法上の物権とされている。さらに，一般的には，地下鉄の敷設されている深さ，高架橋の設置される高さあたりまでは，およぶと解される。

（三）　所有権の取得

所有権の取得原因には，「原始取得」と「承継取得」がある。②

② 1）原始取得　　これには，ⓐ無主物先占（民239条1項），ⓑ遺失物拾得・埋蔵物発見（民240条・241条），ⓒ付合（民242条本文），ⓓ即時取得（民192条），ⓔ時効取得（民162条）などがある。

2）承継取得　　これには，ⓐ特定承継（売買，贈与，代物弁済）と，ⓑ包括承継（相続）とがある。

（四）　物権的請求権

物権は，物に対し直接的・排他的な支配を内容とする権利であるから，その状態が侵害されたときは，その排除を求める権利が認められる。これを「物権的請求権」という。

物権的請求権は，所有権に対する妨害のありさまいかんで，ⓐ「返還請求権」，ⓑ「妨害排除請求権」，ⓒ「妨害予防請求権」に分類される。「返還請求権」は，所有者以外の者が目的物を占有している場合，その物の返還を請求する所有者の権利である。

（五） 所有権の限界

所有権の限界として，つぎの3つがあげられる。

(1) 「権利濫用の法理」や「信義則」による限界（民1条2項・3項）。

これは，所有権も社会性や公共性に反して行使してはならないということである。

(2) 法令の規定による限界

これは，民法206条の「法令の制限内」という文言からも所有権が制約されることが明らかである。③

③　たとえば，土地については，国土利用計画法・都市計画法・土地区画整理法・都市再開発法などによって制限される。また，建物については，建築基準法・消防法などによって，所有権が制限されている。

(3) 他人の権利による限界

これは，ある人の所有権は，他の人の所有権によっておのずと限界づけられるということである。たとえば，日照権，居住権，環境権などの権利と，不動産所有権の行使はおのずと限界づけられるという意味である。

2. 危険負担

（一） 序 説

不動産の売買契約において，契約の成立後，その履行がなされる前に，目的建物が地震で全壊したり，火災で焼けたりした場合に，売主Aと買主Bの法律関係はどうなるのか。その目的建物の滅失・損傷という危険は，どちらの者が負担するのか，これが「危険負担」の問題である。

第5章　市民生活と法律の出会い　219

(二)　売主の「帰責事由によらない」場合 ④

④　たとえば，建物が大地震，落雷により全壊・全焼したような場合，つまり売主(A)の「責めに帰するものでない事由」により，滅失・損傷したケースである。特約がない場合にはどうなるか。この点について，民法は「特定物に関する物権の……移転を双務契約の目的とした場合において，その物が債務者の責めに帰することができない事由によって滅失し，又は損傷したときは，その滅失又は損傷は，債権者の負担に帰する」(534条1項) としている。すなわち，債権者＝買主(B)が危険を負担し，したがって，自らの代金債務を免れず，建物を取得できないのに，代金を支払わなければならないこととなる。

前述したように，民法534条1項は，「危険負担における債権者主義」を明記したものである。

(三)　売主の「帰責事由による」場合 ⑤

⑤　たとえば，建物の滅失・損傷が，売主Aの帰責事由（たとえば，Aの保管義務違反や過失）によるものである場合には，Aの債務不履行を理由として (民415条)，買主BはAに対して損害賠償の請求をなし得る。

また，Bは売買契約を解除し，それによってこうむった損害賠償を請求することができる (民543条・545条3項)。

3．売主の担保責任

(一)　序　　　説

売買の目的物に，契約締結のときすでに瑕疵があった場合には，売主の故意・過失の有無にかかわらず，売主は当然に責任を負わなければならない。これを「売主の担保責任」と呼ぶ。

(二)　売主の担保責任の種別

売主の担保責任には，大別すれば2つの場合がある。1つは，「権利に瑕疵」がある場合，もう1つは，「物に瑕疵」がある場合である。後者については，とくに「瑕疵担保責任」と呼んでいる。

220

（三） 権利に瑕疵がある場合

(1) 権利の全部が他人に属する場合 ⑥

⑥　たとえば，他人の所有物（建物）を売買の目的としたような場合，売主Aが他人C
から建物所有権を取得し，そのうえでこれを買主Bに移転することができれば問題は
ない（民560条参照）。しかし，それができなかったときには，売主Aは担保責任を負う
こととなり，買主Bがその際善意であれば，契約解除権と損害賠償請求権を取得し，
逆に悪意であれば，契約解除権だけが認められる（民561条）。

(2) 権利の一部が他人に属する場合 ⑦

⑦　たとえば，300m^{2}の土地の売買で，そのうちの30m^{2}が他人の所有地であった場合
が，これにあたる。この場合，売主Aが他人Cから30m^{2}の土地所有権を取得し，こ
れを買主Bに移転できれば，問題はない。しかし，それができなかったときには，売
主Aは担保責任を負い，買主Bには善意であれば，代金減額請求権・契約解除権・損
害賠償請求権が，悪意であるときには代金減額請求権だけが認められる（民563条）。
　　なお，これらの権利は1年以内に行使しないと消滅する（民564条）。

(3) 他人の「用益権」があるため利用が制限されている場合 ⑧

⑧　たとえば，土地売買で，その目的土地の上に，地上権や賃借権などの他人の用益権
が設定されており，買主としては自己利用が制限されているような場合である。この
場合，買主には善意であるときに限り，契約解除権・損害賠償請求権が認められる。
これらの権利も1年の除斥期間に服することになる（民566条1項・3項）。

（四） 物に隠れた瑕疵がある場合 ⑨

⑨　たとえば，宅地を購入した際，地盤がやわらかいため陥没が起こったとか，あるい
は，家屋の土地や柱に手抜き工事が見つかったとか，いずれにしても通常取引社会で
求められている水準にない場合が，これにあたる。ここに「瑕疵」とは，欠陥のこと

であり，「隠れた」とは，通常の注意では発見しえない状態を意味する。

　物質的瑕疵（土台が崩れているとか）ばかりでなく，法律的瑕疵（都市計画事業で「道路予定地」になっているとか）も含まれる。この場合，買主が善意で・無過失であるときに限り，契約解除権・損害賠償請求権が認められる。これも１年の除斥期間に服する（民570条）。

Ⅳ　不動産の共有と区分所有

1.「共有」とは

（一）　序　　　説

　近代法においては，所有権は「単独所有権」であることを原則とする。ところが，現代のように，社会・経済が複雑になり，生活も他の人達と共同ですることが求められる時代には，財産権も常に「共同で所有・使用」することが要請される。

　共同所有には，大きく分けて３つの形がある。

　　1）　共有の意味　　「共有」とは，きわめて個人的所有の色彩の強い共同所有である。民法249条以下の規定は，この共有に関するものである。

　　2）　合有の意味　　「合有」とは，個人的色彩の薄い共同所有である。すなわち，各共有は持分はあるが，その処分や分割する請求権は制限をうけている。民法では，組合（667条以下）財産は，この合有の場合と解されている。

　　3）　総有の意味　　「総有」とは，個人所有がもっとも薄い共同所有の形であって，各共同所有者が集団をつくり，したがって，各人の持分はなく，その処分も分割請求ももたない。

　一定の山林原野を村人が共同で使用するいわゆる「入会権」は，総有に属するものといわれている。また，「権利能力なき社団」の財産もその構成員の総有である，と解するのが判例の立場である（最判昭32・11・14民集11巻12号1943頁，最判昭39・10・15民集18巻8号1671頁）。

（二） 持分・持分権

「共有」とは，2人以上の者がひとつの物を共同で所有することをいう。たとえば，ABCの3人が，2000万円のヨットを購入したような場合は，一般的には共有となる。①

① 　各共有者が，共有物に対して有する所有の割合を「持分」といい，その持分にもとづく共有物に対する権利を「持分権」という。

　この持分は，ABC間に特約がなければ，それぞれ3分の1ずつの持分を有するものと推定される（民250条）。そして，各共有者は，共有物の全部について，その持分に応じた使用をすることができる（民249条）。

　「持分に応じた使用」とは，ABC3人の各人の使用頻度を持分に応じて決めるということである。なお，共有物の1人がその持分を放棄し，または相続人なくして死亡したときは，その持分権は他の共有者のものとなる（民255条）。

（三） 共有物の変更・管理・保存

　1） 変更　　各共有者は，他の共有者の同意がなければ，その変更を加えることはできない（民251条）。したがって，ⓐ共有物の譲渡，ⓑ共有不動産の抵当権設定，ⓒ山林の伐採，ⓓ建物の増改築など，いずれも全員の同意が必要である。

　2） 管理　　共有物の管理行為は，各共有者の持分の価格に従い過半数の同意によって決める（民252条本文）。「持分の価格に従」とは，ABC3人が均等な持分であるときは，ABCのうち2人の同意があれば管理行為をすることができる。

　3） 保存　　共有物の保存行為は，共有者の1人1人が単独で行うことができる（民252条ただし書）。

（四） 共有物の分割

　持分権の実質は所有権であるから，各共有者はいつでも共有物の分割を請求することができる（民256条1項本文）。ただし，各共有者間で分割をしない

第5章　市民生活と法律の出会い　223

という契約をすることは可能である。②

② 　共有物でも特殊なものは，この分割請求権は認められない。たとえば，相隣関係法
　のなかの，境界線上の設置物である境界標，囲障，障壁，溝および堀（民229条）の分
　割請求は認められない（民257条）。また，組合財産については，分割請求は制限をう
　ける（民676条）。

２．建物の区分所有

（一）　序　　　説

　従来の観念では，一棟の建物には一個の所有権しか成立しないのが原則で
あった。しかし，産業構造の高度化は，ⓐ地価の高騰化現象，ⓑ都市への人
口集中化，ⓒ建築様式の多様化などにより，建物に関しても特殊な所有の形
態が必要となってきた。

　このような状況に対処するために，昭和37年に「建物の区分所有等に関
する法律」（建物区分所有法と呼ぶ）が成立し，その後も改正が重ねられ，区
分所有を規律する特別法として，今日にいたっている。

　そして，近年いわゆるマンション等に代表される「区分所有建物」の著し
い増加は，さまざまな新しい法律問題を引き起こしている。

（二）　専有部分と共用部分

　区分所有権の対象は，「一棟の建物に構造上区分された数個の部分で独立
して住居，店舗，事務所又は倉庫その他建物としての用途に供することがで
きるもの」である（建物区分所有法1条）。

　そして，この部分を「専有部分」（区分所有者の単独所有）といい，それ以
外の部分を「共用部分」という（同2条4項）。したがって，「共用部分」とは，
ⓐ専有部分以外の建物の部分，たとえば，玄関ホール，階段室，屋上，エレ
ベータ室など，ⓑ建物の附属物，たとえば，給排水施設，受配電設備，その
他，ⓒ規約によって共用部分とされた部分（同4条2項）。たとえば，別棟の
倉庫，共同の宿泊室などからなる。

共用部分は，区分所有者全員の共有であり（同11条），各共有者の持分は，その有する専有部分の床面積の割合による（同14条・12条）。

（三）　区分所有者の権利・義務

区分所有者の権利は，その建物の構造上ある程度制限をうける。すなわち，区分所有者は，建物の保存に有害な行為その他の建物の管理または使用に関し区分所有者の共同の利益に反する行為をしてはならない（同6条1項）。

また，区分所有者は，専有部分または共用部分を保存し，また，改良するために必要な範囲で他の区分所有者の専有部分または自己の所有に属しない共用部分の使用を請求できる（同6条2項）。

（四）　敷地との関係

区分所有建物の場合は，建物所有者が複数であるから，敷地との関係が複雑となる。そこで，建物区分所有法では，原則として専有部分とその専有部分にかかる敷地利用権とを分離して処分することはできない旨の規定を設けた（同22条1項）。ここにいう「処分」とは，譲渡，抵当権・質権の設定などである。

（五）　共用部分の管理

共用部分は，原則として全員の共有であるから（同11条・12条），共同で管理することとなる。

Ⅴ　不動産の利用と借地借家法

1.「借地権・借家権」とは

他人の所有する不動産を利用する場合には，自己が所有する不動産の利用の場合と異なり，「借地権」や「借家権」などの法律問題が生じてくる。

2.　借地の法律関係

他人の土地を利用する形態としては，ⓐ賃貸借契約にもとづく「賃借権」，ⓑ地上権設定契約による「地上権」，ⓒ使用貸借契約にもとづく「使用借権」

の３つの場合がある。

（一）借 地 権

「借地権」とは，建物の所有を目的とする「地上権」または「賃借権」をいい，これにもとづいて土地を利用することができる（借地借家２条）。借地借家法では，普通借地権のほかに，「自己借地権」（借地借家15条），「定期借地権」（借地借家22条）などの特別の借地権について規定を置いている。単に借地権というときは，「普通借地権」を意味する。

借地権の成立には，２つの形がある。１つは，契約にもとづいて成立する場合で，当事者間の借地契約により借地権が成立する。もう１つは，法律の明文規定により一定の場合に，法律上当然に借地権が成立する。たとえば，「法定地上権」（民388条）や「法定借地権」（仮登記担保契約に関する法律10条）が，これにあたる。

また，罹災都市借地借家臨時処理法でも，一定の要件のもとで，滅失建物の借主が，土地賃借権を取得しうるとしており（２条・９条・25条の２），これも借地権であり，したがって，借地借家法が適用される。

（二）両当事者の権利義務関係

借地契約の両当事者，すなわち借地権設定者（貸主）と借地権者（借主）との権利・義務関係について，借地権者を中心に見ることとする。①

① 借地権者の権利としては，その土地の使用収益権を有する。すなわち，ⓐ地上権については民法265条，ⓑ賃借権については民法616条・594条１項・601条などが適用される。

具体的には，賃貸人は目的土地を賃借人に引き渡さなければならないのであり，もし不履行の場合は，賃借人は履行請求や損害賠償請求をなしうる。また，目的土地が第三者によって不法占拠された場合には，賃貸人は使用収益をなさしめる義務を負うから，妨害排除の努力をなすべき義務をも負うこととなる。

(三) 借地権の対抗力

借地権について，所有権その他の物権を取得した者に対して，借地人はどのような対抗力を有するか。「対抗力」とは，当事者間で成立した法律関係や権利関係を，第三者に対して主張できる法的効力をいう。②

② ① 借地権が地上権であるときには，物権であるから，登記をすれば，第三者に対しても借地人は地上権を主張することができる。

② 借地権が賃借権であるときは，債権であるけれども，登記をすれば，借地人は借地権を主張しうる（民605条）。

(四) 借地上に登記された建物が存在する場合

借地借家法は，借地人保護のために，借地権（地上権・土地賃借権）の登記がなくても，借地上に借地人所有の登記ある建物があるときには，第三者に対抗できると定めている（10条1項）。

(五) 借地権の存続期間

借地権の存続期間について，民法は借地権が「地上権」であるか，それとも「賃借権」であるかによって，その対応が異なる。

(1) 地上権の存続期間

地上権の存続期間について，民法は限定した定めをしていない。したがって，当事者間の合意により，どのような存続期間をも決めることができる。他方，当事者が存続期間を決めなかった場合，民法は「別段の慣習がないときは，地上権者は，いつでもその権利を放棄することができる」とする（民268条1項）。もしこの放棄がない場合は，当事者の請求により裁判所が「20年以上，50年以下の範囲内」でその存続期間を定める（民268条2項）。

(2) 賃借権の存続期間

賃借権の存続期間について，民法は20年を超えることができないとする。もし契約でこれより長い期間を定めたときは，その期間は20年となる（民

604条1項)。他方，存続期間を定めなかったときは，「各当事者は，いつでも解約の申入れをすることができ」，しかも所定期間が過ぎることにより，賃貸借契約は終了することとなる（民617条1項）。

　　1）　普通借地権　　民法の特別法として制定された「借地借家法」は，借地権者保護のために，大幅な修正を定めている。③

③　（ア）　期間の定めのない借地権　　期間の定めのない借地権は，その存続期間が一律に30年とされる（借地借家3条本文）。ただし，契約でこれより長い期間を定めたときは，その期間となる（同条ただし書）。

　　（イ）　借地契約が更新されたとき　　ⓐ借地契約を更新する場合，更新後の期間は，最初の更新では20年，その後は10年となる（借地借家4条）。ⓑ借地権の存続期間が満了する場合に，借地権設定者が遅滞なく異議を述べないときは，従前の契約と同一条件で契約を更新したものとなる（借地借家5条1項）。

　　（ウ）　建物の再築による借地権の期間の延長　　借地権の存続期間が満了する前に建物が滅失（借主が取壊した場合も含む）し，その後，借地権者が残り期間を超えて存続する建物を築造し，その築造につき借地権設定者の承諾がある場合に限り，借地権は承諾日または築造日のいずれか早い日から20年間存続する（借地借家7条1項）。

　　（エ）　借地契約の更新後の建物の滅失による解約　　契約の更新後に建物が滅失した場合，借地権者は地上権を放棄または土地の賃貸借の解約の申入れをすることができる（借地借家8条1項）。

　　（オ）　以上と異なる特約で，借地権者に不利なものであるときは，無効となる（同9条）。

　　2）　定期借地権　　定期借地権は，平成19年の借地借家法の改正によって認められたものである。④

④　（ア）「定期借地権」の意味　　これは，存続期間50年以上のものであり，その代り「契約更新」も「建物築造による存続期間延長」もなく，しかも借地権者の「建物買取請求権」も認められず，公正証書の書面により設定されるものである（借地借家22条）。

（イ）「建物譲渡特約付借地権」の意味　　これは，「契約更新」や「建物築造による存続期間延長」もないが，設定後30年以上経過した段階で建物を借地権設定者Aに譲渡する旨の特約がつけられたものである（借地借家24条1項）。

　　建物所有者は，借地権の消滅にともない，借地権設定者Aに移転するが，引き続き建物使用を継続する借地権者Bは，請求によりAとの間でその建物につき期間の定めのない賃貸借を成立させることができる（借地借家24条2項）。

（ウ）「事業用借地権」の意味　　これは，もっぱら事業用に供する建物の所有を目的とし，10年以上，30年以下の存続期間として，公正証書などの書面により設定されたものである（借地借家23条）。

（六）　借地契約の終了

　借地契約は，主として次のような事由により終了する。

①　1つは，当事者による合意解除である。すなわち，貸主と借地人とが借地契約を合意により解除する場合である。

②　2つには，債務不履行による解除である。すなわち，当事者の一方に債務不履行が生じれば，他方はこれを理由として借地契約を解除するという場合である。

③　3つには，借地権の消滅時効である。すなわち，借地権の消滅時効は，それが地上権であるときには20年（民167条2項）で，賃借権であるときには10年（民167条1項）である。

（七）　借地権者の建物買取請求権

　借地権の存続期間の満了にともない，借地権者には「建物買取請求権」が生ずる。すなわち，普通借地権にあっては，借地権の存続期間が満了し，かつその更新もされなかったときは，借地権者Bは，借地権設定者Aに対して，建物等を「時価で買取」ることを請求できる（借地借家13条1項）。ただし，借地権者Bに不利な特約は，無効となる（借地借家16条）。

第5章　市民生活と法律の出会い　229

3．借家の法律関係

（一）　他人の所有する建物の利用権

　他人が所有する建物についての利用権としては，ⓐ賃貸借契約（民601条以下）による場合と，ⓑ使用貸借契約（民593条以下）による場合の2つがある。民法は，いずれも貸主と借主の合意による場合としているが，実際には，借主の側に不利な内容の契約が押しつけられることが多い。⑤

⑤　そこで，そのようなことを防ぐために，民法の規定の修正が，特別法によってなされたのである。すなわち，賃貸借については，1921年の旧借家法および1991年の「借地借家法」がそれである。つまり借地借家法が，建物の賃貸借について適用されることとなった。

（二）　借　家　期　間

(1)　借家期間の設定

　借家の期間は，賃貸借契約で当事者の合意によって自由に定めることができる。

(2)　民法の規定にもとづく場合

　民法上では，ⓐ期間を定めた場合には，期間満了により借地関係は消滅する。また，ⓑ契約更新の合意がなされれば更新される。さらに，ⓒ期間を定めなかったときは，いつでも解約の申込みができる。ⓓもし解約申込みがなされなかったとき，3ヵ月後に賃借権は消滅する（民617条）。⑥

⑥　これに対して，借地借家法は，借家人の地位を保護するため，さまざまな修正を加えている。

　　①　期間を1年未満と定めても，それは期間の定めのない賃貸借とみなされ（借地借家29条），いつでも解約の申入れが可能となるが，その申入れは6ヵ月経過しないと効力を生じないとされている（同27条）。

　　②　重要なのは，期間の更新についての修正である。すなわち，期間更新には「合意更新」と「法定更新」との2つがある。前者については，とくに明文の定めはない

が，期間満了にともない当事者の合意により更新されることとなる。また，「法定更新」とは，一定の要件のもとで，法律上当然に更新されるものであり，これには次の3つの場合がある。

ⓐ1つは，当事者が期間の満了前6ヵ月ないし1年以内に相手方に対して，更新拒絶等の通知をしない場合（同26条1項），ⓑ2つには，上記の更新拒絶等の通知がなされた場合であっても，期間満了後賃借人が，建物の使用や収益を継続し，これに対して賃貸人も遅滞なく異議を述べなかったとき（同26条2項），ⓒ3つには，上記の更新拒絶等の通知を賃貸人がなした場合であっても，その通知は「正当の事由」でなければ効力を生じない（同28条）。

（三） 借家関係の終了

借家関係が終了するには，大きく分けて，ⓐ更新拒絶や期間満了による場合，ⓑ解約申入れによる場合，ⓒ合意解除や法定解除などといったその他の終了原因による場合，の3つである。

ⓑの「解約申入れ」とは，期間の定めのない借家関係を終了させる旨の意思表示をいう。

ⓐ賃貸人からの申入れの場合には6ヵ月（借地借家27条1項），ⓑ賃借人からの申入れの場合には3ヵ月（民617条1項2号）が，「告知期間」であり，この期間が経過することにより借家関係は終了することとなる。

また，賃貸人からの解約申入れには，「正当事由」がなければならず，もし正当事由がないときには，効力を生じない（同28条）。

（四） 借家関係の変更

借家権の譲渡・転貸については，借地権における場合と殆んど同じである。ただ，借家権の転貸は，賃貸借の期間満了または解約申入れによって終了すべき転貸借がある場合には，賃貸人は転借人に対して通知しなければ，その終了をもって転借人に対抗できない（借地借家34条1項）。この通知があって6ヵ月経過してはじめて転貸借は終了することとなる（同条2項）。

第5章　市民生活と法律の出会い　　231

（五）　借家権の対抗力

　借地借家法は，賃借人を保護する立場から，賃借人への建物の引渡しをもって，借家権に対抗できるとしている（31条）。すなわち，建物の引渡しがあれば，借家人は新地主を含む第三者に対して，借家権を対抗できることになる。

（六）　借家関係の終了にともなう権利義務

　借家関係が終了した場合には，当事者間に次のような権利義務関係が生ずる。

　①　1つは，借家の明渡しないし返還である。すなわち，借家人は同時に目的家屋を原状に復して返還する義務を負う（民616条・598条）。

　②　2つには，有益費の償還である。すなわち，借家人は有益費償還請求権を有することになり，貸家人はその償還義務が生ずる（同608条2項）。

　③　3つには，借家人の造作買取請求権である。すなわち，貸家人の同意のもとで建物に付加した造作（たとえば，畳，建具，水道・電気配線・ガス配管等の設備など）について，借家人は借家関係が終了したとき，貸家人に対して，時価での買取りを請求できる。貸家人より買受けた造作についても，同じである（借地借家33条）。

Ⅵ　不動産の取引と登記

1．物権変動と公示の必要性

（一）　登記制度

　物権は，排他性を有する権利であるから，1つの物にその人の所有権が成立すると，同時に他の人の所有権は成立しない。たとえば，A所有の土地をBに譲渡し，所有権がBに移転した場合，第三者CがAからその土地を買い受けても，実際はその土地はBの所有となっており，Cは所有権を取得できないことになる。

　こうした不合理をさけるため，物権変動の事実を第三者に何らかの形で公

示することが必要となってくる。そこで民法は，公示方法として，不動産の物権変動の場合は「登記」制度を採用した。

（二） 物権変動と公示方法

物権の発生，変更，消滅のことを「物権変動」といい，民法はこの物権変動について，「当事者の意思表示のみによってその効力を生ずる」と定めている（176条）。これを「意思主義」という。①

① 問題は，この物権の移転を「第三者に対して主張することができるか」である。民法は，「不動産に関する物権の得喪及び変更は，不動産登記法……の定めるところに従いその登記をしなければ，第三者に対抗することができない」（177条）と定めて，「登記」等の公示方法を対抗要件とする，いわゆる「対抗要件主義」を採っている。前述の例では，買主Bは登記をしていないと買主Cに対して，その所有権を主張することができない。

2．登記と登記簿の編成主義

登記は，登記官が登記簿に登記事項を記録することによって行う（不動産登記11条）。わが国は，登記簿の編成主義について，権利の客体である不動産（土地・建物）を基準とする「物的編成主義」を採用している。

現行法では，登記簿がコンピュータ化されたことにともない，旧法との相違が見られる。すなわち，ⓐ区分建物についても，一不動産一登記主義が徹底されたこと，ⓑ土地登記簿と建物登記簿の区別が廃止されたことなどである。

3．登記記録の様式

登記記録の様式は，「表題部」と「権利部」に区分されている（不動産登記12条）。

(1) 表 題 部

「表題部」とは，表示に関する登記を記録する部分をいう（不動産登記2条7

号）。「表示に関する登記」とは，不動産の表示に関する登記をいう（同2条3号）。すなわち，土地については，所在地・地番・地目等の事項，建物については，所在地・家屋番号・種類等の事項が記録される（同27条・34条・44条）。

(2) 権 利 部

「権利部」とは，権利に関する登記を記録する部分をいう（不動産登記2条8号）。「権利に関する登記」とは，不動産についての以下のような権利に関する登記をいう（同2条4号）。すなわち，所有権，用益権（地上権，永小作権，地役権，賃借権，採石権），抵当権（先取特権，質権，抵当権）についての保存，設定，移転，変更，処分の制限または消滅に関する事項が記録される（同3条・74条以下・78条以下・83条以下）。

4．各 種 の 登 記

登記は，さまざまな視点から識別することによって，つぎのように区分できる。

(1) 本登記と予備登記の区別

本登記と予備登記は，その登記の効力いかんという点からの区別である。本登記は，その本来の効力として完全な対抗力を生ずるものである。これに対し，予備登記は，将来行われる本登記の準備のためのものである。

(2) 本 登 記

これは，その記録内容上，さらに4つに分けられる。

1）記入登記 「記入登記」とは，新たに一定の事項を記録する登記である。これは普通に行われるものである。

2）変更登記 「変更登記」とは，登記事項を変更する登記をいう。これには，ⓐ権利の変更登記と，ⓑ登記事項の錯誤・遺漏の更正登記との2つがある。

3）回復登記 「回復登記」とは，抹消した登記を回復する登記をいう。

４）　抹消登記　　「抹消登記」とは，登記記録を抹消する登記をいう。

(3)　予備登記

これは，その内容・効力上，さらに２つに分けられる。

１）　予告登記　　「予告登記」とは，登記原因の無効・取消しを理由に，登記の抹消または回復の訴えが提供された場合に行われるものである。第三者保護のために警告する登記である。

２）　仮登記　　「仮登記」とは，手続的要件や実体的要件を欠くために終局登記ができない場合になされるものである。仮登記権利者保護のために，その順位を確保するものである。

５．登 記 手 続

登記は，当事者の申請（または官公署の嘱託）により行われるのが原則である（不動産登記16条）。

(1)　「共同申請主義」の原則

権利に関する登記の申請については，原則として「登記権利者と登記義務者」との共同申請により，行わなけばならない（同60条）。

ここに「登記権利者」とは，登記をすることにより，その登記簿上の権利につき権利取得などの利益を受ける者である。また，「登記義務者」とは，その権利喪失などの不利益を受ける者である。

(2)　「共同申請主義」の例外

登記権利者が，登記の申請を単独で行うことのできる場合が認められている。たとえば，判決による登記（同63条1項），相続による登記（同63条2項），未登記不動産の保存登記（同74条）などが，それに属する。

６．登 記 の 効 力

登記の効力には，「公示力」（対抗力）と「推定力」の２つがある。

⑴ 公示力（対抗力）

不動産物権や不動産賃借権などの変動があった場合には，登記をしなければ，第三者に対して対抗することができない（民177条・605条など）。これを「登記の公示力」と呼ぶ。

⑵ 推 定 力

不動産の権利変更について登記がなされると，一応有効に成立しているものと推定される。これを「登記の推定力」と呼ぶ。

第6章 選挙・政治生活と法律の出会い

I 君主主権から国民主権へ

1. 主権と国民の意味

(一) 主権概念の歴史的展開

　主権という概念は，歴史的には，専制君主が外に対して，教会・皇帝から独立することを意図する，いわば「国王権力の独立性」を認めさせるために，また，内に対しては，封建領主の勢力に対し優越する，いわば「国王の最高性」を主張するために説かれた原理である。

　このようにして生まれた主権概念は，近代国家をつくるうえで大きな役割をはたしたが，その後は合理的思想の普及と市民階級の自由に対する要求が強くなるにともない，しだいに後退を余儀なくされることとなった。そして，これに代わって新たに台頭してきたのが，「国民主権・人民主権」である。すなわち，政治を行うのは人民であり，政治の目的は人民の自由と幸福の増進にあるとする政治原理で，この概念の基調をなすのは，個人が価値の源であるとする，いわゆる「個人主義世界観」である。①

①　このような歴史の潮流は，イギリスの名誉革命をはじめとして，アメリカ諸州の権利宣言やフランスの近代革命によって推進されるところとなり，かくして「絶対国家から自由国家」への移行は，「近代史の必然的な趨勢」であったということができる。

　　この人民主権の思想は，その後ロック（John Locke, 1632〜1704）によって進展され，ルソー（Jean Jacques Rousseau, 1712〜1778）によってさらに徹底した理論として高められた。

第6章 選挙・政治生活と法律の出会い　237

憲法前文が，国政は「国民の厳粛な信託によるものであって，その権威は国民に由来」すると明示しているのは，近代自然法思想にもとづく「国民主権」の原理を採用していることを宣言したものである。

（二）　国 民 の 意 味

国民は，憲法上，ⓐ国家の構成員としての国民，ⓑ主権の保持者としての国民，ⓒ憲法上の機関としての国民の3つの意味を有すると解される。②

② 　(1)　「国家の構成員としての国民」（統治の客体）

　これは，国家構成員の人的基礎をなすものであり，住んでいるところにかかわらず，その国家の統治権に服することを意味する。これを「属人主義の原則」という。これ以外の者は，すべて「外国人」ということになる。国民には，その国家に属するという資格，すなわち「国籍」が与えられる。

　(2)　「主権の保持者としての国民」（統治の主体）

　これは，国家の政治を最終的に決めることを意味する。たとえば，憲法1条の「主権の存する日本国民」という場合の国民が，これにあたる。

　(3)　「憲法上の機関としての国民」

　これは，憲法の定めにより，国家機関として行動することを意味する。これに属する場合として，ⓐ公務員を選定・罷免する場合（憲15条1項），ⓑ国会議員を選挙する場合（憲43条・44条・47条），ⓒ最高裁裁判官の国民審査をする場合（憲79条2項），ⓓ憲法改正の国民投票を行う場合（憲96条1項），ⓔ地方公共団体のみに適用される特別法の住民投票を行う場合（憲95条）などがある。

2．日本国民たる要件

（一）　国 籍 と は

その国家の構成員としての国民の資格を「国籍」と呼ぶ。したがって，「日本の国籍」を有する者が，「日本国民」ということになる。憲法は，「日本国民たる要件は，法律でこれを定める」（10条）として，具体的には国籍法でもって，日本国籍の得喪について規定する。これを「国籍法律主義」という。

（二） 国 籍 の 取 得

　国籍を取得する方法として，国籍法は「出生」（2条），「準正」（3条），「帰化」（4条）および「再取得」（17条）を定めている。

(1)　先天的国籍取得

　出生にもとづき国籍を取得する方法としては，大別して，親の血統にしたがって，親と同じ国籍を子が取得する「血統主義」と出生に際してその出生地国の国籍を子が取得する「出生地主義」とがある。③

③　日本の国籍法は，昭和59（1984）年の改正で，「出生」による国籍取得は，「父母両系主義」に変更された。すなわち，ⓐ「出生の時に父又は母が日本国民であるとき」，ⓑ「出生前に死亡した父が死亡の時に日本国民であったとき」，ⓒ「日本で生まれた場合において，父母がともに知れないとき，又は国籍を有しないとき」，子は日本国籍を取得する（国籍2条）。
　　さらに，「準正」による国籍取得は，「父又は母が認知した子で20歳未満のものは，認知をした父又は母が子の出生の時に日本国民であった場合において，その父又は母が現に日本国民であるとき，又はその死亡の時に日本国民であったときは，法務大臣に届け出ることによって，日本の国籍を取得することができる」（国籍3条1項）とした。

(2)　後天的国籍取得

　国籍法上，後天的取得には，「認知による取得」と「帰化による取得」とがある。「帰化」とは，外国人（無国籍者を含む）が自己の志望により国籍を取得する場合をいう（これを「狭義の帰化」という）。④

④　「認知」による取得には，法務大臣への届出を要するが，帰化には法務大臣の許可を要求される（国籍4条）。「帰化」には法定された条件を充たす者について，法務大臣が許可するもの（同5条～8条）と，「日本に特別の功労のある外国人」について，法務大臣が国会の承認を得て許可するもの（同9条）とがある。

（三） 国籍の喪失

憲法は，無条件的に「国籍を離脱する自由」(22条2項) を保障しているが，無国籍になる自由までも保障したものでないと解されている[3]。国籍法もこの規定の考え方にたつものである[4]。

国籍法は，国籍を喪失する場合として，つぎの3つを設けている。その1は，「日本国民は，自己の志望によつて外国の国籍を取得したとき」(11条1項)，その2は，「外国の国籍を有する日本国民は，法務大臣に届け出ることによつて，日本の国籍を離脱することができる」場合 (13条1項)，その3は，「出生により外国の国籍を取得した日本国民で国外で生まれたものは，戸籍法の定めるところにより日本の国籍を留保する意思を表示しなければ，その出生の時にさかのぼつて日本の国籍を失う」場合 (12条) などが，これにあたる。

注 ————————————

1）　a・b—小林直樹「憲法講義（上）〔新版〕」43頁（昭和55年　東京大学出版会）。
2）　清宮四郎「憲法Ⅰ」〔第3版〕121頁・131頁・132頁（昭和58年　有斐閣）。
3）　法学協会編「註解日本国憲法（上）」447頁（昭和28年　有斐閣），宮沢俊義「憲法Ⅱ〔新版〕」395頁（昭和46年　有斐閣）。
4）　佐藤幸治「日本国憲法論」110頁（平成23年　成文堂）。

Ⅱ　権 力 分 立 制

1．総　　　説

近代立憲主義憲法は，「人権宣言」と「統治機構」の2つの領域からなるが，統治機構の基本原理は，「国民主権」と「権力分立」である。そして，権力分立は，国家の作用を立法・行政・司法の3つに分け，それらをそれぞれ独立した機関に担当させ，相互に抑制と均衡の関係をつくることで，権力の集中と濫用を排除しようとする制度である。これは，「三権分立」制とも呼ぶ。

2. 日本国憲法における権力分立

日本国憲法は，国民主権主義のもとに，権力作用を「立法・行政・司法」の三権に分かち，これをそれぞれ独立した国会（41条），内閣（65条），裁判所（76条）に担当させ，相互に抑制と均衡を保たせる「権力分立制」を採用している。

(1) 国会と内閣の関係

憲法は，「議院内閣制」を採用することによって，国会と内閣の強い共働・依存の関係をつくりだし，権力分立制もかなり大きく変容している。すなわち，ⓐ国会は，内閣総理大臣の指名権（憲67条1項），ⓑ衆議院は，内閣不信任決議権（憲69条）を有する。これに対して，ⓐ内閣は，衆議院の解散権（憲69条・7条3号），ⓑ国会召集の決定権（憲7条2号・53条・54条），ⓒ一定範囲の委任立法権（憲73条6号）を有する。

(2) 国会と裁判所の関係

国会におけるⓐ各議院は，国政調査権（憲62条），ⓑ国会は，弾劾裁判所設置権（憲64条）を有する。これに対して，憲法は，ⓐ裁判所に規則制定権（憲77条），ⓑ法令審査権（憲81条）を与えたことにより，司法権がいちじるしく強大になった。

(3) 内閣と裁判所の関係

内閣は，ⓐ裁判官の任命権（最高裁長官についての「指名権」）（憲79条・80条・6条2項），ⓑ恩赦決定権（憲73条7号）を有する。これに対して，裁判所は内閣その他の行政官庁の命令・規則・処分の違憲性を審査できる（憲81条・76条）権限を有することから，行政作用に対する司法権も強化されることとなった。

第6章 選挙・政治生活と法律の出会い 241

Ⅲ 代表民主制

1. 国民主権と代表民主制

(一) 代表民主制の原理

　民主主義は，統治機構に関する主要な原理で，「国民の合意」にもとづく政治方式だといわれる。ここでは，国民の自由に表明された「意思」が，選挙というチャンネルを通して「代表機関たる議会」へ反映され，立法その他の重要施策が決定されることとなる。

　つまり合議体としての「議会」が，主権者である国民に代わって国政を担当し，その「代表機関」の行為が，国民の意思としてみなされるというのが，「代表民主制」の建前である。

　日本国憲法も前文で「権力は国民の代表者がこれを行使し」といい，また，「日本国民は，正当に選挙された国会における代表者を通じて行動し」と述べているのは，「代表民主制」の原理を端的に表明したものにほかならない。

(二) 代表民主制が有効に役割をはたすための条件

　代表民主制が有効に役割をはたすためには，その前提として，つぎの3点を満たすことが必要である。①

---

① 　(1) 「自由かつ公正」な選挙の実施
　　　合議体としての議会が，民主的な議会として成りたつためには，「自由かつ公正」な選挙が行われることが必要である。それの実現のためには，ⓐ選挙が権力から不当な干渉を受けないこと，ⓑ選挙が金の力で汚染されないこと，ⓒ選挙区制やその定数が，公正・平等であること，などが保障されることが重要である。
　　(2) 「話し合いと説得」による政治の実現
　　　議会政治の本質が，「話し合いと説得」による政治にあることは，いうまでもない。もとより，議会の最終的な意思決定は，多数決によるのがルールであるが，そこにいたる過程には，議員相互の話し合いによる合意形成に努めることが予定されている。
　　(3) 議会内で「政権交替」できる政治の実現
　　　議会政治が硬直化しないために，議会内の勢力（政権）がときどき交替することが

望ましい。

2. 直接民主制

（一）　序　　説

　現代国家の憲法においては，代表民主制が期待された内容の機能を必ずしも発揮しているわけでなく，逆に制度の種々の欠陥や病弊が露呈されることとなった。そこで，主権者である国民は，自ら政治へ参加する，いわゆる「直接民主制」の方式をとりいれる必要があると考えるようになった。ただし，この方式を代表民主制のなかに併用するのは，あくまでも補完的役割を期待するものであることに注意すべきである。

（二）　直接民主制の諸方式

　直接民主制の政治手法には，つぎの3つの方式がある。

(1)　国民投票

　これは，憲法の改正，法律の制定・改廃その他の重要事項を決定する場合などに，国民（または住民）の直接投票で行う制度である。

(2)　国民発案

　これは，国または地域住民が，法定数の有権者の連署により，立法その他の発案をする場合に用いられる制度である。

(3)　国民解職

　これは，有権者の法定数の連署により，公務員を任期満了前に直接罷免する制度で，別名「国民罷免」とも呼ぶ。

（三）　日本国憲法における直接民主制

(1)　最高裁判所裁判官の「国民審査」

　憲法は，最高裁判所の裁判官は，「その任命後初めて行はれる衆議院議員総選挙の際国民の審査に付し，その後10年を経過した後初めて行はれる衆議院議員総選挙の際更に審査し，その後も同様とする」（憲79条2項）と定め，いわゆる「国民審査の制度」を設けている。くわしくは，「最高裁判所裁判官

国民審査法」で定めている。

(2) 地方自治特別法の「住民投票」

憲法は,「一の地方公共団体のみに適用される特別法は,法律の定めるところにより,その地方公共団体の住民の投票においてその過半数の同意を得なければ,……制定することができない」と規定する(憲95条・地自261条・262条)。

(3) 憲法改正の「国民投票」

憲法改正は,国会が発議し(憲96条1項前段),国民に提案して,その承認(憲96条1項後段)を経なければならない。

Ⅳ 民主政治における選挙制度

1. 総　　説

国民主権における代表の意味が,「合意にもとづく政治」を実現するための「国民意思の表現機関をつくる」[1)a]点にあるとすれば,「選挙はそのための不可欠な方法である」[1)b]。

近代国家は,国民の意思を国政へ反映させる方法として,「選挙」を採用するところから,「民主政治は,選挙の政治」であるともいわれる。「選挙」とは,一般に「多数人による公務員の指名(選挙)」または「合議体による公務員の指名」[2)a]であるとか,あるいは,「有権者団という合成の機関が公務員(代表)を選出する行為」[2)b]であると説明される。

そして,選挙に参加する国家機関としての国民は,「選挙人団」(または「有権者団」)といい,その一員を「選挙人」(または「有権者」)という[3)a]。また,選挙人の1人1人が選挙のときに示す意思表示を「投票」と呼ぶ[3)b]。

2．選挙権と被選挙権

（一） 選 挙 権

(1) 選挙権の意味と法的性格

「選挙権」とは，選挙人として公務員を選任することのできる資格または地位を意味する。選挙権の法的性格については，学説が分かれている。通説は選挙権は権利であると同時に公務であると解している（「二元説」という）。

(2) 選挙権の要件

選挙権および被選挙権をだれにどのような条件で認めるかは，議会運営上きわめて重要なことである。公選法は，選挙権の要件について，国籍，年齢，住所に一定の条件をそなえることを求めている（9条）。①

① 1）国籍，年齢 日本国民で年齢満18年以上の者は，衆議院議員および参議院議員の選挙権が認められる（公選9条1項）。外国人について，通説・判例は，国会議員の選挙は，国民主権の原理と密接な関係があるから，外国人には認められないとする（最判平5・2・26判時1452号37頁）。

2）住所 住所は，国会議員の選挙権については，「選挙人名簿登録」の要件にすぎないが，地方公共団体の議会の議員および長の選挙権については，「引き続き3箇月以上市長村の区域内に住所を有する」ことが絶対的要件とされている（公選9条2項・3項）。

3）一定の欠格事由 一定の欠格事由にあてはまる者は，選挙権が認められない（公選11条1項）。また，選挙に関する犯罪者には，選挙権が一定期間停止される（公選11条2項）。

（二） 被 選 挙 権

(1) 被選挙権の法的性格

被選挙権の法的性格についても見解が分かれている。すなわち，従来の支配的見解は，「選挙人団によって選定されたとき，これを承諾し，公務員となりうる資格[4]」と説明されてきた（これを「権利能力説」という）。しかし，最近では，「被選挙権も広義の参政権の一つであり，権利性がないわけではな

第6章　選挙・政治生活と法律の出会い　245

⁵⁾
い」と説かれる。

　判例は，「憲法15条1項には，被選挙権者，特にその立候補の自由について，直接には規定していないが，これもまた，同条同項の保障する重要な基本的人権の一つと解すべきである」としている（三井美唄炭鉱事件＝最大判昭43・12・4刑集22巻13号1425頁）。

(2)　被選挙権の要件

　被選挙権の要件については，住所の制限は取り除かれているが，そのほかは選挙権より厳格になっている。②

② 　1）年齢　被選挙権には，まず年齢制限がある。すなわち，ⓐ衆議院議員・地方公共団体の議会の議員・市町村長の年齢は満25年以上，ⓑ参議院議員・都道府県知事は，満30年以上の者となっている（公選10条）。
　　2）立候補　選挙事務関係者や多くの公務員（公選88条・89条，国公102条2項）は，立候補が制限されている。また，重複立候補の禁止（公選87条）や兼職の禁止（憲48条）なども制限事項となっている。
　　3）一定の欠格事項　欠格事項，停止については，選挙権と同じである（公選11条・252条）。

3．選挙区と代表の方法

〔一〕　選　挙　区

　「選挙区」とは，選挙人団を分ける地域をいう。選挙区の線引と議員定数の決め方は，議会の勢力分野に直接の影響があるため，政党，候補者および支援者にとって重大な関心事である。わが国の選挙区は，伝統的に行政区画を単位とする地域を基礎とする「選挙区制」を採用している（公選別表）。

〔二〕　選挙区の種別

　選挙区は大きく分けると，「小選挙区制」と「大選挙区制」に区分される。前者は，選挙区から1人の議員を選ぶ制度であり，後者は，選挙区から2人以上の議員を選ぶ制度である。

従来の衆議院議員選挙は，1つの選挙区から3人〜5人の議員を選ぶ制度がとられており，一般に「中選挙区制」と呼ばれているが，「大選挙区制」の一種である。その後，平成6（1994）年に現行の「小選挙区比例代表並立制」に改正された。

（三） 衆議院議員の定数 ③

③　衆議院議員の定数は，475人で，そのうち295人を「小選挙区選出議員」，180人を「比例代表選出議員」とする（公選4条1項）。
　　① 「小選挙区選挙」とは，候補者の個人名を自署し，最多票を得た者が当選人となる制度である。
　　② 「比例代表選挙」では，全国を11ブロックに分けて，政党名を自署し，政党の得票率に応じて議席が配分され，各政党の名簿順位により，当選人となる制度である（これを「拘束名簿式」という）。ただし，小選挙区選挙と重複して立候補することができるので，これによって当選した者は名簿から除かれる。

（四） 参議院議員の定数 ④

④　参議院議員の定数は，242人で，そのうち96人を「比例代表選出議員」，146人を「選挙区選出議員」とする（公選4条2項）。参議院は，3年ごとに「半数改選制」が採用されており，1回の選挙でその半数が選ばれる。

（五） 代 表 の 方 法

代表の方法は，ⓐ多数代表制，ⓑ少数代表制，ⓒ比例代表制，ⓓ職能代表制など4つに大別される。

(1) **多数代表制**

これは，選挙区の有権者の多数の支持を得た議員に議席を独占させる代表を選ぶ方法である。その典型は，「小選挙区（単記投票）の選挙制」および「大選挙区連記投票制」である。

(2) 少数代表制

これは，少数の支持を得た議員にも議席を与える代表選出の方法である。少数代表制としては，「単記投票制」，あるいは「制限連記投票制」がある。

(3) 比例代表制

これは，選挙人の意思がなるべく正確に政党の実勢力として現われることを保障しようとする代表選出の方法である。

4．近代選挙法の原則

（一）序　　　説

近代国家は，民主主義の原則である「法の下の平等」にもとづき，選挙法に関する原則およびルールを経験的に確立してきた。日本国憲法も「法の下の平等」を基調として，ⓐ普通選挙（15条3項），ⓑ平等選挙，ⓒ秘密選挙（15条4項前段）の原則をうたい，その他は選挙法において，ⓓ直接選挙，ⓔ任意投票制といった原則を採用している。

（二）普 通 選 挙

「普通選挙」とは，成年者たる国民は，何ら差別されることなく，選挙権を有することをいう。近代国家は，どこでも初期には，信仰・教育・財産などを選挙の要件とする「制限選挙」をとっていたが，国民の政治的意識が高まるにつれ，しだいにこれらの要件が除かれ，「普通選挙の原則」が各国において確立され，実施されることとなった。

日本国憲法も「公務員の選挙については，成年者による普通選挙を保障する」（15条3項）といい，とくに国会議員の選挙については，「人種，信条，性別，社会的身分，門地，教育，財産又は収入によって差別してはならない」（44条但書）として，普通選挙の原則を明定している。

（三）平 等 選 挙

「平等選挙」とは，選挙権の価値を平等に扱うことをいう。これには，一人一票を内容とする「数的平等」と，一人ひとりの票の重さの平等を意味する

「数的価値の平等」とに分かれる。かつては，複数選挙や等級選挙が行われたが，これらは平等原則に反することから廃止された。

憲法には，「平等選挙」の原則の明文の規定はないが，14条1項，15条1項・3項，44条但書等で保障されていると解されている。

ところで，平等選挙の原則について問題となるのが，「議員定数不均衡問題」である。すなわち，選挙区制（または議員定数の配分）が，選挙区の人口数と比例していないため，選挙区と投票価値（一票の価値）に格差が生じるという問題がある。⑤

⑤　議員定数不均衡訴訟（最高裁判所の動向）

学説は，最大格差が1対2以上開いている場合は，実質的に複数選挙制を採用したと同じことになるため，1人1票の原則は本質的には崩れたことになるので，違憲と解する見解が多数説である。

そこで，最高裁の「衆議院議員選挙」の場合と，「参議院議員選挙」の場合のそれぞれについて，見ることとする。

図表6-Ⅳ-1　衆議院議員定数不均衡訴訟の最高裁判断

	判　決	結　論	最大格差	選挙の効力
①	最大判昭51・4・14民集30-3-223	違　憲	1対4.99	有効（事情判決）
②	最大判昭60・7・17民集39-5-1100	違　憲	1対4.40	有効（事情判決）
③	最大判平5・1・20民集47-1-67	違憲状態	1対3.18	——————
④	最判平7・6・8民集49-6-1443	合　憲	1対2.82	——————
⑤	最大判平11・11・10民集53-8-1441	合　憲	1対2.31	——————

ⓐ昭和51年判決では，そのような不均衡は，「一般的に合理性を有」しないとして，違憲判断を下した。ただし，選挙の効力については，「事情判決の法理」を類推して有効とした。ⓑ昭和60年判決は，合理的期間内に是正措置がとられなかったとして，違憲判決を下したが，選挙は有効とした。ⓒ平成5年判決は，格差が違憲状態にあることは認めたものの合理的期間を過ぎ

ていないとして合憲判決を下した。その後，小選挙区比例代表並立制が導入されてはじめての総選挙（平成8年）では，小選挙区選挙での2.31倍の格差が問題となったが，平成11年の最高裁判断は合憲とした。

図表 6-IV-2　参議院議員定数不均衡訴訟の最高裁判断

	判　決	結　論	最大格差
⑥	最大判昭 58・4・27 民集 37-3-345	合　憲	1 対 5.26
⑦	最判昭 63・10・21 判時 1321 号 123 頁	合　憲	1 対 5.85
⑧	最大判平 8・9・11 民集 50-8-2283	違憲状態	1 対 6.59
⑨	最大判平 18・10・4 民集 60-8-2696	合　憲	1 対 5.13

（四） 直 接 選 挙

「直接選挙」とは，選挙人が直接自ら代表者を選ぶことをいう。これに対して，選挙人がまず中間選挙人（選挙委員）を選び，この者が代表者を選ぶ場合を「間接選挙」という。たとえば，アイルランド，インド，オーストラリア，フランス，オランダおよびベルギーなどの上院議員は，間接選挙を採用しており，アメリカ大統領選挙もこれによっている[6]。

日本国憲法は，地方公共団体の長，議会の議員等については，「直接選挙」を保障している（93条2項）が，国会議員の選挙については明文の規定がない。

そこで，国会議員の選挙について，間接選挙を考える余地があるのかが問題となる。通説は，直接選挙の方が間接選挙よりも，国民主権の原理によく適合するとの観点から，明文の規定がない以上，憲法は国会議員の選挙について直接選挙を求めていると解している[7]。

（五） 秘 密 選 挙

「秘密選挙」とは，選挙人がだれに投票したかを第三者に公開しないことをいう。これに対して，これらの点が公開される選挙が，「公開選挙」である。秘密選挙の趣旨は，社会的・経済的に弱い立場にある者が，干渉・買収など

をされることなく，自分の自由な意思により投票できるよう保障するためである。

憲法15条4項前段は，この原則を保障しており，これを受けて公選法は，ⓐ無記名投票（46条4項），ⓑ他事記載の無効（68条1項6号），ⓒ投票用紙の公給（45条・68条1項1号），ⓓ投票内容を陳述する義務のないこと（52条），ⓔ投票の秘密侵害罪（227条），ⓕ投票干渉罪（228条）などの規定を設けている。

（六）　自由選挙（任意投票制）

「自由選挙」とは，棄権の自由を認める選挙をいう。これに対して，棄権の自由を認めないのが「強制投票制」である。近年，選挙に対する国民の関心が低く，それが投票率に現われている問題について議論が行われている。しかし，通説は憲法15条4項後段および19条を根拠に，強制投票制は認められないと解している。

注 ————————————————

1）　a・b—小林直樹「憲法講義（下）」〔新版〕97頁（昭和55年・56年　東京大学出版会）。
2）　a—宮沢俊義「憲法」〔改訂版〕156頁（昭和62年　有斐閣全書），b—佐藤幸治「憲法」（第3版）108頁（平成14年　青林書院）。
3）　a・b—伊藤正己「憲法」（第3版）110頁（平成8年　弘文堂）。
4）　芦部信喜「憲法」〔第5版・高橋補訂〕236頁（平成23年　岩波書店）。
5）　芦部信喜・前掲236頁。
6）　小林直樹・前掲108頁。
7）　浦部法穂「憲法学教室Ⅱ」253頁（平成7年　日本評論社），杉原泰雄「憲法Ⅱ」180頁等（平成1年　有斐閣）。

V　幸福追求権，環境権，不合理な差別の禁止

1．幸福追求権

（一）　幸福追求権の意議

憲法は，13条前段で個人尊重の原則（「個人主義」）をかかげ，後段では「生命，自由及び幸福追求に対する国民の権利」（いわゆる「幸福追求権」）を保障している。この規定は，1776年のアメリカ独立宣言に由来し，その思想

的源は，1690年のジョン・ロックの「市民政府論」のなかに見ることができる，といわれている。

（二）　幸福追求権とはいかなる権利か

　幸福追求権の法的性格について，初期の学説は，たとえば，各種の人権の根底にある自然法的な権利と解する消極的な考え方が支配的であった。

　しかし，1960年以降の下級審判決や1969年の「京都府学連事件」の最高裁判決を経て，学説も次第に「幸福追求権の具体的権利性」を積極的に肯定する見解が有力になった。

　近時では，憲法13条後段の幸福追求権は，「人格的生存に必要不可欠な権利・自由を包摂する包括的な権利である[1]」と解するのが通説である。①

①　最高裁は，京都府学連事件において，「何人も，その承諾なしに，みだりにその容ぼう・姿態を撮影されない自由を有する。……これを肖像権と称するかどうかは別として，少なくとも，警察官が，正当な理由もないのに，個人の容ぼう等を撮影することは，憲法13条の趣旨に反し，許されない」と判示して，肖像権の具体的権利性を認めた（最大判昭44・12・24刑集23巻12号1625頁）。

（三）　幸福追求権の範囲

　幸福追求権は，個人の人格的生存に欠くことのできない権利・自由を含む包括的権利であると解するならば，その範囲は当然多岐にわたることになる。ここでは，ⓐプライバシーの権利，ⓑ自己決定権，ⓒ名誉権，ⓓ環境権等について概観する。

（1）　プライバシーの権利

　1）　プライバシーの意議　　プライバシーの権利は，19世紀の後半からアメリカ社会が都市化・産業化へと変化してゆく過程で，煽情的大衆ジャーナリズムが，有名人の私生活をひんぱんに暴露することが横行したことに対抗する手段として生まれたものである。

　この権利は，最初「ひとりにほうっておいてもらう権利」という漠然とし

た定義から始まった。その後，ⓐ「静穏のプライバシー」とか，ⓑ「人格的自律のプライバシー」を含めて，広義にとらえるようになり，今日では，ⓒ「情報プライバシー」なども注目されるようになった。

　日本でも，アメリカにおけるプライバシー法の影響を受け，1960年代以降から議論されるようになった。②

②　2）プライバシーに関する判例　　わが国におけるプライバシーに関する判例の推移について，主なものを見ることとする。

　　（ア）「宴のあと」事件　　元外務大臣で東京都知事に立候補した有田八郎とその妻をモデルにして描いた三島由紀夫の小説「宴のあと」をプライバシーの侵害として訴えた事件で，東京地裁は，プライバシーの権利を認め，この権利は「私生活をみだりに公開されないという法的保障ないし権利」と定義した（東京地判昭39・9・28下民集15巻9号2317頁）。この判決は，多くの学説によって支持され，わが国のプライバシー権の基礎をつくったとして高く評価された。

　　（イ）「前科照会」事件　　自己の前科が，公権力によって公表されたことが問題となった，いわゆる「前科照会」事件で，最高裁は，「前科及び犯罪歴……は人の名誉，信用に直接かかわる事項であり，……みだりに公開されないという法律上の保護に値する利益」であると述べた（最判昭56・4・14民集35巻3号620頁）。

　　自治体が，弁護士の照会に応じて，前科・犯罪経歴を報告した行為は，プライバシーの侵害にあるとして，損害賠償を認めた。

　　（ウ）「石に泳ぐ魚」事件　　モデルのプライバシーの権利と，作家の表現の自由との対抗が問題となった事件で，東京地裁は，プライバシー侵害を認定し，単行本としての出版の差止めを認めた（東京地判平11・6・22判時1691号91頁）。東京高裁もプライバシー侵害と名誉感情の侵害，名誉毀損を認定し，控訴を棄却した（東京高判平13・2・15判時1741号68頁）。さらに，最高裁も原審の判断を認め，上告を棄却した（最判平14・9・24判時1802号60頁）。

　　（エ）「早稲田大学江沢民講演」事件　　大学主催の講演会に参加申込みした学生の氏名・住所などを記載した名簿の写しを警視庁戸塚署に提出した大学の行為が，プライバシー侵害にあたるとして，学生らが損害賠償を請求した事件で，一審（東京地判平13・4・11判時1752号3頁），二審（東京高判平14・1・16判時1772号17頁）ともに，プライバシー侵害を認めたうえで損害賠償請求は棄却した。

　　これに対して，最高裁は，個人情報を任意に提供した行為は，「プライバシーに係

第6章　選挙・政治生活と法律の出会い　253

る情報の適切な管理についての期待を裏切るものであり，プライバシーを侵害するものとして不法行為を構成する」として，原審判決の一部を破棄して高裁へ差戻した（最判平15・9・12民集57巻8号973頁）。

(2)　自己決定権

　　1)　自己決定権の意味　　個人が一定の私的事情について，公権力から干渉されることなく，自律的に決定できる権利を「自己決定権」といい，幸福追求権の1つと解されている。幸福追求権に関する人格的利益説に立てば，個人の人格的生存に欠かすことのできない重要事項についての自己決定権が，憲法上保障されると解する（通説的見解）。

　　2)　自己決定権の内容　　自己決定権の内容について，代表的な学説は，ⓐ「自己の生命，身体の処分にかかわる事柄」，ⓑ「家族の形成，維持にかかわる事柄」，ⓒ「リプロダクションにかかわる事柄」，ⓓ「その他の事柄」に分類される。③[2)]

③　(ア)「自己の生命，身体の処分にかかわる決定」　　医療拒否とくに尊厳死，インフォームド・コンセントなどは，人が自己の生命，身体について決めるうちで，おおもとにかかわるものである。具体的には，ⓐ延命治療することを拒んで，人間らしい死を迎えようとする尊厳死，ⓑ積極的な安楽死，ⓒ臓器移植などは，自己決定権に含まれるかが問題となる。[3) a]

　　(イ)「家族の形成，維持にかかわる決定」　　家族関係は，文化や価値を伝えてゆく意味で，社会の多元性にとって基本的な条件であるが，それが何よりも自己実現という人格的価値を有するがゆえに，人格的自律の問題として，とらえるべきと解される。[3) b]

　　(ウ)「リプロダクションに関する決定」　　断種，避妊，中絶，出産などは，人が子どもを持つかどうかを決定するもので，これもまたおおもとにかかわるものである今日，人工授精子・代理母契約・体外受精子などの問題をめぐって，生殖補助医療を利用する権利の存否が議論されている。

　　(エ)「その他の事柄についての決定」　　髪型，服装などライフ・スタイルに関する問題については，学説が分かれている。ある説は，服装，身なり，喫煙・飲酒，登山・ヨット等は，「人によっては大事なものであるが，それ自体が正面きって人権かと問われると，肯定するのは困難である」と解される。[3) c]

判例は，校則で禁止されたパーマをかけたため，自主退学させられた高校生が，違法性を争った事件で，最高裁は「高校生らしい髪型を維持し非行を防止する目的」で定められた校則は，「社会通念上，不合理とはいえない」と判示した（最判平 8・7・18 判時 1599 号 53 頁）。

3）名誉権　　名誉は，人格的価値そのものにかかわる人間存在のおおもとの利益である。名誉の本質は，「内部的名誉（これは「他者や自己の評価をこえる真実の名誉」を意味する），外部的名誉（これは「人の社会的評価」を意味する）および名誉感情（これは「主観的自己評価」を意味する）などに区別される。このうち法的保護の対象となるのは，「外部的名誉」と「名誉感情」の 2 つであると解される。④

④　名誉権は，今日では刑法典（名誉毀損罪＝230 条）や民法典（不法行為としての名誉毀損＝709 条・710 条・723 条）において，それぞれの法理論にもとづき保護されている。この点，学説・判例は，従来から公権力による名誉毀損という視点から法理論のくみたてには，どちらかといえば消極的であったといえよう。

しかし，名誉権は本質的には，憲法上の基本権であるという認識にたつべきであって，それを刑法や民法によって，それぞれ固有の法論理で保護されていると解される。この点について，最高裁は北方ジャーナル事件で，名誉を「人の品性，徳行，名声，信用等の人格的価値について社会から受ける客観的評価である」とし，「人格権としての名誉権に基づき，加害者に対し，……侵害行為の差止めを求めることができる」と判示した（最大判昭 61・6・11 民集 40 巻 4 号 872 頁）。

2. 環 境 権

（一）なぜ環境権が主張されるようになったのか

人間がその生命・健康を保持してゆくには，一定の調和した水準の自然環境が必要である。ところが，科学技術の急速な発展は，一方で生産の増大・消費の拡大により，人々の生活に利便性や物質的豊かさをもたらしたが，他方で，大気，水，土壌，食糧などの汚染──「産業廃棄物」および「生活廃棄物」のまきちらし──など，人間をとりまく環境破壊が，世界的規模で広

第6章　選挙・政治生活と法律の出会い　255

がり，今や生態系をまで破壊する危険な事態をむかえるにいたっている。

「環境権」は，こうした汚染の拡大を防ぎ，自然環境を保全する運動のなかから主張された「新しい人権」の観念である。

（二）　環境権の意義

「環境権」とは，一般に「良い環境を享受し，かつ，これを支配する権利」であり，[5)a] この権利にもとづいて，「環境破壊を予防するために主張された権利である[5)b]」と定義される。

そして，それは公害を防止するための法律の整備や環境行政の指導理念として機能すること，また，生産活動による環境破壊や生命・健康の侵害等に対する事後的救済の機能を有すること，さらに，環境破壊を防止するための差止請求や行政的事前規制の法的根拠として機能することなどが期待される。

（三）　環境権の憲法的根拠

環境権の憲法的根拠として，学説は@憲法13条に求める説（13条保障説という），ⓑ憲法25条に求める説（25条保障説という），ⓒ13条・25条の両方に求める説（13条・25条競合説）などの考え方が主張されている。

環境は，人間の「健康で文化的な生活」の基本条件であるから，「良い環境を享受することは，人間の尊厳や自由によって不可欠な前提である[6)a]」ことは，いうまでもない。

そうであるならば，環境は「憲法学的にみれば，……何よりも第25条の生存権と不可分の意味をも」つこと[6)b]，また，人間の幸福は，一定の調和した自然環境のもとにおいてのみ可能であること，それゆえ環境を保全することは，13条の幸福追求権の内容をなすと解するならば，憲法13条・25条の両者を根拠とする競合説が妥当といえよう[7)]。

（四）　環境権の内容

環境権の内容に，空気・水・土壌，日照・静穏・景観などの「自然環境」が含まれることについては異論がない。しかし，遺跡や寺院などの「文化的遺産」や道路・橋・交通機関・電気・公園・上下水道などの「社会的環境」

も含まれるかについては，見解が分かれている。

多数説は，ⓐ環境権は，もともと自然界の循環作用を保全しようとするところに意味があること，ⓑ環境権の拡大は，権利の内容を不明確にすること，ⓒ自然環境を保全することは，社会的環境を整備する行為としばしば対立する場合があること，などを理由に自然環境に限られるべきであると解する。[8]

（五） 環境権に関する裁判

環境権は，「公害裁判」あるいは「環境裁判」と呼ばれる多くの訴訟で原告側から主張されてきたが，判例上「環境権それ自体」を正面から認めたものはないようである。[5]

[5]　それでも，下級審の判決のなかには，「環境権」の存在を示唆し，あるいは，その内容を実質的に認めたものもある。たとえば，国立歩道橋事件（東京地決昭45・10・14行集21巻10号1187頁，東京地判昭48・5・31判時704号31頁），日光太郎杉事件（東京高判昭48・7・13行集24巻6＝7号533頁），阪神高速道路事件（神戸地裁尼崎支部決昭48・5・11判時702号18頁）などがあげられる。

その後，神戸地裁は，尼崎公害訴訟で，いわゆる道路公害裁判において，初めて一定水準以上の大気汚染物質の一部差止請求を認めた（神戸地判平12・1・31判時1726号20頁）。

3．不合理な差別の禁止

（一） 序　　説

憲法14条1項後段は，「人種，信条，性別，社会的身分又は門地により，政治的，経済的又は社会的関係において，差別されない」と規定する。ここに列挙された事由は，歴史的に見て不合理な差別の代表的なものである。

（二） 人　　種

「人種」とは，一般に身体的特徴（主として，皮膚・毛髪・目・体型など）によって区別される人類学上の種類をいう。[6]

⑥　　人種的差別として，20世紀最大の悲劇は，何といってもナチス・ドイツの行ったユダヤ人の虐殺である。また，近年まで制度が残っていた南アフリカの「アパルトヘイト」（白人による黒人差別），さらに，アメリカにおけるい激しい人種差別などは，世界的な人種的偏見にもとづく差別である。

　日本では，アイヌ民族をめぐる問題[9]，在日韓国・朝鮮人問題[10]，などが民族差別としてある。民族は人種と同一ではないが，民族差別は人種差別と同様に不合理・不当な差別である。

（三）　信　　条

　「信条」とは，歴史的には信教による差別を意味した。現代ではもっと広く，世界観，道徳観，政治観，イデオロギーなどを含むと解するのが通説である。

（四）　性　　別

　「性別」による差別の禁止とは，本来男女の生物学的・肉体的性差のことを意味する。しかし，今日では社会的・文化的性差としてのジェンダーによる差別が問題になる[11)a]。

　とくに，身体的性差からみちびかれた男女の定型化された特性にもとづく差別的取扱いや（家事・育児は女性の役割である，というような），性別による役割分業観にもとづく差別的取扱いは，違憲判断基準について厳格な基準が適用されるべきであり，合憲性の推定は排除されると解すべきであろう[11)b]。

（五）　社 会 的 身 分

　「社会的身分」については，必ずしも明らかでなく，考え方が分かれている。問題は，憲法があえて「社会的身分による差別を禁止」しているのはなぜかという点である。それを合目的に考えるならば，人の生まれによって決定され，自己の意思で変えることのできない社会的地位の意味に解するのが妥当であろう[12]。したがって，帰化人の子孫，犯罪人の子孫，被差別部落[13]などは，社会的身分にあたると解される。

（六）門　　地

「門地」とは，出生によって定まる家系・血統など，つまり家柄を指す。広い意味では，門地も社会的身分に含まれる。

（七）政治的，経済的，社会的関係

憲法14条1項後段に列挙された事由により，政治的・経済的・社会的関係において，差別してはならないという意味である。

注 ────────────

1）　芦部編「憲法Ⅱ」138頁〔種谷〕，佐藤幸「憲法」445・446頁。

2）　佐藤幸・前掲460頁。

3）　a・b・c―佐藤幸・前掲460・461頁。

4）　佐藤幸・前掲451頁。

5）　a―小林「講義（上）」559頁，b―芦部編・前掲362頁。

6）　a・b―小林・前掲560・561頁。

7）　芦部編・前掲362頁。

8）　清宮編「新版憲法演習（2）」261頁〔大須賀〕。

9）　明治32（1899）年に制定された「北海道旧土人保護法」は，アイヌ民族を同化することを目的とした差別的内容であったため，平成9（1997）年に廃止された。これに代わって，「アイヌ文化の振興並びにアイヌの伝統等に関する知識の普及及び啓発に関する法律」が制定された。1993年の調査結果では，アイヌの人たちの10％近くが，学校・職場・結婚などの点で差別を受けていたという記録がある。

10）　いわゆる在日朝鮮人に対する「民族差別」は，大きな社会問題である。もとより民族と人種という概念は同一でないが，「民族差別」と「人種差別」と同根であるから，厳格に区別する必要はない。

　　最高裁は，外国人に対する規制が，人種差別として問題にされた事件で，その規制が外国人一般に対するものでない限り，直ちに人種差別とならない，と判示した（最大判昭30・12・14刑集9巻13号2760頁，最大判昭39・11・18刑集18巻9号561頁）。しかし，下級審のなかには，在日朝鮮人であることを理由とした解雇は，「民族差別」として不法行為が成立する，とした判決がある（横浜地判昭49・6・19労民25巻3号277頁）。

11）　a・b―辻村「憲法」189頁。

12）　宮沢「憲法Ⅱ」284頁。

13）　いわゆる「部落差別」あるいは「同和問題」とは，「日本社会の歴史的発展の過程において形成された一部集団が，経済的・社会的・文化的に低位の状態におかれ，現代社会においても，なお著しく基本的人権を侵害され……身分的差別のあつかいを受けている」ことをいう（同和対策審議会答申抜粋……昭和40年）。

　　立法措置としては，これまで@「同和対策事業特別措置法」（昭和44年法60号），ⓑ

「地域改善対策特別措置法」（昭和57年法16号），ⓒ「地域改善対策特定事業に係る国の財政上の特別措置に関する法律」，（昭和62年法22号）および「同和問題の早期解決に向けた今後の方策について」（平成8年閣議決定）などが実施されてきたが，現実にはさまざまな差別事件等が起きている。したがって，今後も人権の確立をめざした人権教育・人権啓発事業の推進が重要であると同時に，問題が発生した場合の被害者の救済制度の実現が必要である。

第7章 現代的契約の特徴

I 消費者契約法

1．消費者契約法はなぜ生まれたのか

　民法においては，だれとどんな内容の契約を締結するかは自由であるとされている。そこでは，契約の当事者は対等な立場におかれ，必要な情報はみずからの責任において収集し，それをもとに自主的に意思決定する自由競争の世界である。しかし，現代社会は，事業者と消費者の間では，商品や契約に関する情報収集能力には明らかに格差があり，また，交渉力についても事業者が圧倒的に優位な立場にあるといえる。

　実際に，事業者の強引な勧誘や甘言によって消費者が契約を結んでしまい，後に大きな不利益を被るトラブルが多発したため，訪問販売や割賦販売については，「特定商取引法」や「割賦販売法」などの法律で個別に対処してきた。ところが，これらの法律で定める取引に該当しない内容で被害を被った消費者も多く，こうした問題を解決するために制定されたのが，「消費者契約法」である。

2．消費者契約法の目的

　消費者契約法は，事業者の一定の行為により消費者が誤認し，または，困惑した場合に取消権が与えられ，また，事業者の損害賠償の責任を免除する条項その他の消費者の利益を不当に害することになる条項の全部または一部を無効とするほか，消費者の被害の発生または拡大を防止するため適格消費者団体が，事業者等に対し差止請求することができるとすることなどにより，

消費者の利益の擁護を図り，もって国民生活の安定向上と国民経済の健全な発展に寄与することを目的としてつくられた（消費者契約法1条）。

3. 消費者契約法の適用対象

（一）原則すべての消費者契約が対象

消費者契約法は，原則として「すべての消費者契約」に適用される。ただし，例外として，労働契約には適用されない（消費者契約法48条）。

「すべての消費者契約」というのは，次の場合を意味する。[1]

[1] ① どんな販売方法の契約にも適用される。すなわち，消費者が店舗に買いに行った契約（店舗取引）にも，訪問販売にも，通信販売にも，インターネットでの取引（電子商取引）にも，同一ルールの適用がある。

② 何を買う契約にも適用される。すなわち，家庭用品や食料品のような，日常的な買物にも，不動産取引にも，金融商品にもすべて適用がある。

③ 商品の販売だけでなく，各種のサービス契約にも適用がある。すなわち，出会い系サイトの利用とか，アダルト系サイトの利用，オンラインゲームの利用なども情報提供サービスにあてはまる立派な契約であるから，消費者契約であれば，消費者契約法の適用がある。

④ 消費者が代金を支払わない無償契約でも適用される。

（二）消費契約法の「消費者」・「事業者」の意味

（1）「消費者契約」の意味

「消費者契約」とは，消費者契約法2条3項で「消費者と事業者との間で締結される契約をいう」と定義している。つぎに，「消費者」および「事業者」の意味について見ることとする。

（2）「消費者」の意味

「消費者」とは，「個人（事業として又は事業のために契約の当事者となる場合におけるものを除く）」をいう（消費者契約法2条1項）。すなわち，事業を行っていない個人が本法の適用対象となる。たとえば，学生，専業主婦，公務員，

会社員といった立場の人は，その多くが消費者として認められる。

(3) 「事業者」の意味

消費者契約法は「『事業者』とは，法人その他の団体及び事業として又は事業のために契約の当事者となる場合における個人をいう」（2条2項）と定義する。

具体的には，国・都道府県自治体のような公法人，財団・社団・宗教などの公益法人，株式会社など営利法人，NPO法による法人，さらに，飲食店，販売店，塾経営者，弁護士・司法書士事務所などの個人事業主も対象となる。

4．事業者および消費者の努力

消費者契約法は，消費者契約の当事者である「事業者および消費者の努力義務」について規定する。

（一）事業者の努力

事業者は，消費者契約の条項を定めるにあたり，消費者の権利義務その他の消費者契約の内容が消費者にとって明確かつ平易なものになるよう配慮するとともに，消費者契約の締結について勧誘するに際には，消費者の理解を深めるために，消費者の権利義務その他の消費者契約の内容についての必要な情報を提供するよう努めなければならない（消費者契約法3条1項）。

（二）消費者の努力

消費者も，消費者契約を結ぶに際して，事業者から提供された情報を活用し，消費者の権利義務その他消費者契約の内容について理解するよう努めるものとされている（同3条2項）。

（三）努力義務

消費者契約法3条1項，2項に違反した場合の効果については規定がないが，3条が「努力義務」としている以上，それに違反したからといって，ただちに私法的効果が発生するわけではない。

5．消費者の誤認による取消し

（一）序　　説

　事業者が消費者契約の締結について勧誘をするに際し，消費者に対して，「不実告知，断定的判断の提供，不利益事実の不告知」をし，これによって消費者が「誤認（思い違い）」をして契約を締結した場合には，消費者は契約を取り消すことができる（消費者契約法4条1項・2項）。

（二）「不実告知」がなされた場合の取消し

　これは，「重要事項について事実と異なることを告げる」行為をした場合には，その契約を取り消すことができる（同4条1項1号）。たとえば，建物の築年数を事実と異なって告げた場合などが，それにあたる。「告げる」とは，口頭に限らず，パンフレット等の書類に記載して消費者に知らせる場合も含まれる。

（三）「断定的判断の提供」がなされた場合の取消し

　これは，「物品，権利，役務その他の当該消費者契約の目的となるものに関し」，将来のことは「不確実な予測」なのに，あたかも儲かる話だとして情報の提供を受け，それを信じて契約を結んだ場合も，取り消すことができる（同4条1項2号）。たとえば，投資信託や土地の取引で「将来かならず儲かる」と説明して，契約を結んだ場合は，誤認を引き起こす行為にあたる。

（四）「不利益事実の不告知」がなされた場合の取消し

　これは，「重要事項又は当該重要事項に関連する事項について」，消費者の「利益となる旨を告げ，かつ，不利益となる事実を故意に告げなかった」場合には，契約を取り消すことができる（同4条2項）。たとえば，不動産業者が「日照・眺望が大変よい」旨を告げて，建物を販売したが，その際に，1年後に隣接地に高いマンションが建築されることを知りながら告げなかったなどが，それにあたる。

（五）　重要事項の意味 ②

② 　重要事項として，消費者契約法（4条4項1号）は，「物品，権利，役務その他の当該消費者契約の目的となるものの質，用途その他の内容」をあげている。ⓐ「物品」は，自動車，電気製品，絵画，化粧品などの動産をいう。ⓑ「権利」は，スポーツクラブの会員権のように施設を利用する権利などをいう。ⓒ「役務」は，サービスであり，たとえば，語学学校，予備校，結婚情報サービスおよび住宅建築の請負などをいう。ⓓ「その他」は，不動産や無体物を指す。

　　また，消費者契約法4条4項2号は，重要事項として，「物品，権利，役務その他の当該消費者契約の目的となるものの対価その他の取引条件」をあげている。たとえば，価格の支払時期，契約の目的となるものの引渡し・移転・提供の時期，取引個数，配送・景品類提供の有無，契約の解除に関する事項，保証・修理・回収の条件などをいう。

6．消費者の困惑による取消し

（一）　序　　　説

　事業者が消費者契約の締結について勧誘をするに際し，ⓐ消費者が事業者に対しその業務を行っている場所から退去すべき旨の意思を示したにもかかわらず，その場所から退去しないこと（不退去），あるいは，ⓑ事業者が勧誘している場所から，消費者が退去する旨の意思を示したにもかかわらず，その場所から消費者を退去させないこと（退去妨害）によって，消費者が「困惑」して契約を締結した場合には，消費者は契約を取り消すことができる（消費者契約法4条3項）。

（二）　「不退去」の場合の取消し

　これは，契約の勧誘が，消費者の住居または業務をしている場所で行われているとき，消費者が退去すべき旨の意思を示したにもかかわらず，その場所から事業者が「退去しない」場合，契約を取り消すことができる（同4条3項1号）。たとえば，訪問販売などで，たびたび断っているのに長時間居座られ，疲れ果ててしまって，結局契約をさせられたような場合がこれにあたる。

第 7 章　現代的契約の特徴　　265

（三）　「退去妨害」の場合の取消し

　これは，契約の勧誘が，事業者の店舗や事務所，喫茶店・展示会場・路上などで行われているとき，消費者が「帰ります・失礼します」といっているのに，「帰らせない」場合，契約を取り消すことができる（同 4 条 3 項 2 号）。

7．取消しの効果等

（一）　序　　　説

　消費者契約法 4 条 1 項から 3 項までの規定による取消権を行使できる者は，民法 120 条 2 項により，消費者またはその代理人もしくは承継人である（消費者契約法 11 条 1 項参照）。

（二）　取消しの効果

　実際に，消費者取消権が行使されると，取り消された行為は，初めから無効であったものとみなされる（民 121 条本文）。したがって，当事者は契約の申込みや承諾の意思表示によって生じた効果について，元通りに戻す義務，すなわち，「原状回復義務」が生じる。[3]

[3]　具体的には，つぎのような行為が必要である。
　　①　消費者が，すでに支払った商品代金等の金銭があれば，事業者はその商品代金等の金銭を返還することとなる。
　　②　消費者が，すでに受け取った商品等の物があれば，消費者はその商品等の物を返還することとなる。
　　問題となるのは，目的物が「消耗品」や「食品」などで，消費者が一部使用していたり，食べてしまったりしている場合である。このような場合には，民法 703 条の「その利益の存する限度において，これを返還する義務を負う」こととなる。

（三）　意思表示の取消しと第三者

　消費者契約法 4 条 1 項から 3 項の要件が充される場合には，消費者はその消費者契約の申込みまたは承諾の意思表示を取り消すことができる。それに

より，事業者と消費者との間で結ばれていた契約は，契約締結時に遡って無効となる（同11条，民121条）。ただし，この意思表示の取消しは，善意の第三者に対抗することができない（消費者契約法4条5項）。

（四） 取消権の行使期間等

消費者契約法4条1項から3項までによる取消権は，「追認をすることができる時から6ヶ月間」または「消費者契約の締結の時から5年」のいずれか先に経過した時に消滅し，行使できなくなる（同7条1項）。

8．不当条項の無効

（一） 序　　説

消費者と事業者との間の情報，交渉力の格差により，事業者は消費者に対し一方的に不利益な契約条項を押しつけることがしばしば起りうる。そこで，そのような不当条項から，消費者の正当な利益を守るために，消費者契約法は，その条項の全部または一部を無効とする規定を置いている。

（二） 責任免除条項

①　事業者の債務不履行により，消費者に生じた責任についての全部免責条項と，故意・重過失による責任の一部免責条項は無効とされる（同8条1項1号・2号）。たとえば，高級な時計を修理に出したところ，約款に「たとえ損害が生じても業者は一切責任を負わないものとする」と書いてあったような場合である。

②　事業者の債務の履行に際してされた当該事業者の不法行為により消費者に生じた損害を賠償する民法の規定による責任の全部または一部を免除する条項は無効とされる（同8条1項3号・4号）。たとえば，売買契約にもとづき，注文の商品を運んだ際，配達した売主の不注意で玄関に飾ってあった人形に商品をぶつけて，人形を壊してしまったような場合である。

③　瑕疵担保責任の全部免除条項も無効とされる（同8条1項5号）。

第7章　現代的契約の特徴　267

（三）　賠償額の予定，違約金条項

①　消費者契約の解除に伴う損害賠償額を予定し，または違約金を定める条項がある場合に，これらを合算した額が，当該条項において設定された解除の事由，時期等の区分に応じ，その消費者契約と同種の消費者契約の解除に伴い当該事業者に生ずる「平均的な損害の額を超えるもの」は，その超える部分が無効とされる（同9条1号）。④

④　消費者契約法の施行を契機として，大学の入学辞退に伴なう学納金返還訴訟で，判例は，学生の身分取得（4月1日）前の入学辞退の場合に，消費者契約法施行前の事例については，入学金・授業料の不返還特約を有効としている。これに対して，消費者契約法施行後の事例については，4月1日前の辞退の場合に，不返還特約が入学金については有効であるが，授業料については無効であるという判断がほぼ確立し，最高裁も基本的にこの立場を採っている（最判平18・11・27民集60巻9号3437頁）。

②　消費者が金銭債務の全部または一部を支払期日までに支払わない場合に，損害賠償額の予定または違約金を合算した額のうち，支払期日の支払残高に年14.6%を乗じて計算した額を超える部分は無効とされる（同9条2号）。

（四）　消費者の利益を一方的に害する条項の無効

消費者契約法は，すでに見たような個別的リストにあてはまらない場合でも，「民法，商法その他の法律の公の秩序に関しない規定の適用による場合に比し，消費者の権利を制限し，又は消費者の義務を加重する消費者契約の条項」であって，信義則に反して消費者の利益を一方的に害する条項を無効とする規定を設けている（同10条）。

注
1）　村　千鶴子「Q＆A市民のための『消費者契約法』」（第4版）34頁（平成24年　中央経済社）。

Ⅱ　特定商取引法

1．「特定商取引法」とはどのような法律か

（一）「特定商取引法」とは

　特定商取引法は，消費者と事業者との間で，とくにトラブルになることの多い特殊な取引方法に関して，消費者を保護するために，その取引をする際のルールを定めた法律である。正式の名称は，「特定商取引に関する法律」という。

（二）　特定商取引法の目的と性格

　消費者を守るための法律には，すでに述べた当事者間のルールを定めたものである「民事ルール」（当事者間ルールともいう）と，「業法」といわれるものに分けられる。

　業法では，監督官庁が法律で規制されている業者を監督するというもので，特定商取引法は，「業法」として制定された法律である。①

①　監督官庁は，ⓐ業者に対して，この法律を守るように「指導」をする。ⓑ違反した業者があるときは，その違反の程度が重く，しかも取引の公正を害したり，消費者の被害が拡大する危険が高い場合には，「行政処分」をする。行政処分としては，ⓐ報告を求める，ⓑ立ち入り調査をする，ⓒ違反があることが明らかである場合には，改善するよう指示する。もし指示にしたがわない場合や違反の程度が大きい場合には，「業務停止処分」と「事業者の公表」をすることができる，こととなっている。

（三）　特定商取引法が規制する取引

　特定商取引法が規制対象としているのは，ⓐ訪問販売，ⓑ通信販売，ⓒ電話勧誘販売，ⓓ連鎖販売取引（「マルチ商法」とも呼ばれる），ⓔ特定継続的役務提供取引（語学教室の受講やエステティックサロンに通う契約が代表的な例である），ⓕ業務提供誘引販売取引（内職商法）の，6種類である。

第7章　現代的契約の特徴　　269

（四）　特定商取引法の規制の概要は，つぎの一覧の表のとおりである。②

②

〈特定商取引法の消費者保護制度の概要一覧〉

取引の種類	訪問販売	通信販売	電話勧誘販売	連鎖販売取引	特定継続的役務提供取引	業務提供誘引販売取引
定義	2条1項	2条2項	2条3項	33条	41条	51条
適用される商品，サービスなど	政令指定	政令指定	政令指定	すべて	6種類	すべて
勧誘に先立つ勧誘目的である旨などの明示義務	○	×	○	○	×	○
特定顧客を公衆の出入りする場所以外の場所において勧誘する行為の禁止	○	×	×	○	×	○
不実告知，故意に事実を告げない行為，威迫困惑行為の禁止	○	×	○	○	○	○
広告に関する規制	×	○	×	○	○	○
契約前の概要書面の交付	×	×	×	○	○	○
申込み書面の交付	○	×	○	×	×	×
契約書面の交付義務	○	×	○	○	○	○
クーリング・オフ制度	○注1	×注2	○注1	○	○	○
クーリング・オフ妨害とクーリング・オフの起算日の修正	○	×	○	○	○	○
行政処分の場合の合理的根拠を示す資料の提出命令制度	○	○	○	○	○	○
不実告知，不告知による取消制度	○	×	○	○	○	○
クーリング・オフ期間経過後の中途解約と清算ルール	×	×	×	○	○	×

（村　千鶴子「改正特定商取引法のすべて」10頁から引用）

注1　クーリング・オフ期間は，申込書または契約書の交付のいずれか早い日を1日目として計算する。

注2　通信販売には，クーリング・オフ制度はないが，「返品制度の有無」，「ある場合にはその内容」を広告に記載しなければならないことになっている。

2. 訪 問 販 売

(一) 訪問販売とは

「訪問販売」とは，「営業所，代理店その他の経済産業省令で定める場所以外の場所」で行われる取引のことをいう。たとえば，自宅へセールスマンが訪ねてきて強引に商品を勧められ，消費者がよくわからないまま，購入契約を結ぶような場合をいう。自宅への押売りが典型的なケースであるが，路上で声をかけて営業所等に誘い込み，商品の販売などを行うキャッチセールスも法律上は，訪問販売にあたる。

(1) 訪問販売はなぜ消費者の被害が多発するのか

訪問販売で被害が発生しやすいのは，主につぎのような理由によるとされている。③

③　すなわち，ⓐ消費者に十分考える余裕がないこと，ⓑ業者についての情報がないこと，ⓒ販売される商品などについての情報や基礎知識がないこと，ⓓそのための業者のペースで話が勧められがちであること，ⓔ自宅などの閉鎖的な場所での取引なので，強引な販売や嘘の説明などが行われやすいこと，などが理由としてあげられる。[1)a]

(2) 「訪問販売」と判断されるための要件

この法律で「訪問販売」とされるには，その取引が以下の要件を満たすことが必要である。④

④　① 契約場所が，店舗等の営業所以外の場所であること。
　② 下記の顧客と契約する場合には，店舗などの契約であっても訪問販売にあてはまることとなる。
　・街頭などで呼びとめて店舗などに同行した消費者。
　・目的を偽って来所させた消費者。
　・特別に有利であるといって来所させた消費者。
　③ ①②の取引方法によって政令で指定された商品，役務（サービス），権利に関する契約であること。[1)b]

第7章　現代的契約の特徴　271

（二）　訪問販売に対する規制

「訪問販売」は，不意打ち性の強い販売方法であることから，特定商取引法は，つぎのような規制を定めている。⑤

⑤　①　業者は訪問販売に先立って，まず，業者などの名称，契約の勧誘をする目的である旨，販売しようとする商品の種類，販売担当者の氏名などを明らかにしなければならない（特定商取引法3条）。
　②　消費者から申込みを受け，契約を結んだ場合には，直ちに法律で定めた記載事項を記した書面を消費者に交付しなければならない（同4条・5条）。
　③　勧誘の目的を隠して，一般の公衆の出入りしない場所で，勧誘する行為は禁止される（同3条の2）。
　④　契約勧誘の際に，重要事項についての不実告知または不告知があった場合の取消制度（同9条の3）。
　⑤　8日間のクーリング・オフ制度，クーリング・オフの妨害があったときのその期間の延長（同9条）。
　⑥　不当な勧誘行為やクーリング・オフ妨害の禁止（同6条）。
　⑦　消費者が支払いを怠った場合の損害賠償額の制限。
　⑧　規制に違反した場合の立入り調査，改善指導，業務停止などの行政監督制度および処罰規定が設けられている。この権限は，国と都道府県にある。

（三）　クーリング・オフ制度

(1)　「クーリング・オフ」とは

特定商取引法は，一定の商品・権利・役務を取引する契約で，営業所以外の場所において結ばれるもの（同2条1項1号），または，キャッチ・セールスやアポイントメント・セールスなどによって結ばれたもの（同2条1項2号）について，一定期間，無条件で，申込みの撤回や契約の解除を行うことができるとする。これが「クーリング・オフ」の制度である。

(2)　クーリング・オフは「書面」で行う

クーリング・オフは，「書面で行う」と法律で定められている。つまりはがき，手紙でもいいが，クーリング・オフをした事実を明確にしておくため

には，配達証明付き「内容証明」郵便がもっとも確実である。

なお，はがきや手紙の場合は，コピーをとり，簡易書留，配達証明付き郵便のいずれかで送付する。これらの控は，通知文のコピーと契約書類とともに保管しておくことが大切である。

(3) クーリング・オフの通知の書き方

訪問販売で契約を結んだ消費者は，「書面を受領」した日から8日以内であれば，契約の申込みの撤回または契約の解除ができる（同9条1項）。[6]

---

[6]　クーリング・オフの通知は，事務的な通知であり，特に様式の定めはない。書面には，契約日または契約の申込日，販売担当者氏名，購入した商品やサービスの内容，価格など，契約を特定するために必要な事項を記載する。

支払いをしている場合には，支払済みの代金を「すみやかに返還して欲しい」旨を書くこと。商品を受け取っている場合には「すみやかに引き取るよう」に要求する旨も書くこと。

---

(4) 発信主義の立場

契約の申込みを撤回した場合の効力は，書面を発した時に生じる（同9条2項）。したがって，8日以内に書面で発すればよく（発信主義），通知が相手に届くのは8日を過ぎた後でもよい。

(5) クーリング・オフの効果

クーリング・オフが行われた場合，業者は申込みの撤回にともなう損害賠償および違約金の支払いは請求できない（同9条3項）。もし商品の引渡しや権利の移転がすでになされているときは，その引取りや返還にかかる費用は，業者の負担となる（同9条4項）。

さらに，すでに提供された役務の対価等を業者は請求できないし（同9条5項），逆に業者が受領した金銭は，速やかに返還しなければならない（同9条6項）。

取消しの効果については，原則として民法の取消しに関する規定が適用さ

れる。すなわち，取消しがあると契約は，最初からなかったことになり，もし履行済みの部分があれば，両当事者がそれぞれ原状回復を負うことになる。ただし，この取消しは善意の第三者には対抗できない（同9条の3第2項）。この取消権は，追認が有効になったとき（誤認が解消した時）から6ヵ月，または，契約締結から5年が経つと消滅することになる（同9条の3第4項）。

3．通 信 販 売

（一） 通信販売の特徴

「通信販売」は，通常，消費者がカタログなどの広告を見て，通信手段で商品の申込みをする取引のことである。したがって，消費者が店に出向く必要がないので，時間や交通費のメリットがあり，また，遠方からの買物もできるし，加えて，重い荷物を持ち帰る手間もはぶけるなどを考えると，大変便利な買い物の方法だといえる。

しかし，その反面，通信販売には，実際に手にとって商品を見ないで，広告の表示だけを唯一の情報として判断する弱点があること，また，相手がどんな業者なのか知らないまま契約をするリスクがあること，などから消費者が被害をこうむる可能性が少なくない。

（二） 通信販売とは

特定商取引法（2条2項，4項）では，「通信販売」とは，つぎの3つの要件をそなえた取引をいうと定めている。⑦

---

⑦　① 広告を見て注文するもの。
　　② 通信手段で申し込むもの。
　　③ 政令で指定された商品・役務・権利に関する取引であること。
　　広告は，ⓐ紙による情報（たとえば，カタログ，新聞・雑誌などの広告，チラシ，ダイレクトメールなど），ⓑ電子画面上の情報（たとえば，テレビショッピング，インターネットのホームページ，パソコン通信，メールなど）もその対象になる。

（三） 通信販売に対する規制

1) **規制の中心**　通信販売では，消費者が契約をしようとする場合の手がかりが業者からの広告に限られる。したがって，規制の内容も，「広告」に関する規制が中心となっている。また，通信販売では，消費者が広告の情報にもとづいて，自主的に選んで通信手段で申し込む契約であるから，訪問販売のような不意打ち性はないとされている。そのため，クーリング・オフ制度は設けられてない。

2) 個々の規制として，つぎのようなものが定められている。⑧

⑧　① 広告をする場合に記載すべき事項が定められている（特定商取引法11条）。
　　② 誇大広告の禁止（同12条）。
　　③ 誇大広告につき行政処分に関する合理的な根拠を示す資料の提出（同12条の2）。
　　④ 前払通信販売の書面交付義務（同13条）。
　　⑤ 迷惑メールの規制（同12条の3）。
　　⑥ 申込みを意図しない消費者を保護するための制度（同14条，規則16条）。
　　⑦ 規則に反した場合には主務大臣等による行政監督制度がある（同14条，規則6条）。

4．電話勧誘販売

（一） 規制の趣旨

「電話勧誘販売」とは，業者が消費者の自宅または職場へ突然電話をかけて商品を売り込み，電話のやりとりだけで契約まで締結してしまう販売方法である。電話勧誘販売被害の典型的なものは，サラリーマンの20～30代の若い人に執拗に「資格取得・講座」などを売り込むケースであるということができる。

電話勧誘は，業者が全国各地の消費者に対して，費用も時間も低コストで容易に勧誘できる営業手段である。その意味では，訪問販売以上に積極的・攻撃的な販売方法であるといえる。

消費者の側から見ても，消費者が断ってもくり返しかかってくる勧誘電話

第7章　現代的契約の特徴　275

に仕事に差し障りが生じるのをやめさせたいだけの理由で契約するケースがある。また，断っても電話を切らず，消費者の方が電話を切ると，いろいろ因縁をつけるなどするため，困惑に負けた消費者が契約に追い込まれるケースもある。

電話勧誘販売は，電話に出なければ相手がわからないという消費者にとって，不意打ち性が極めて強いうえ，業者にとってはくり返し勧誘電話をかけ続けることが容易であるため，執拗さ・強引さにおいても問題を引き起こしやすい要因をはらんでいる。

さらに，勧誘するやりとりは，業者と消費者の当事者間のみの閉鎖的状況のなかで行われるため，内容の説明が不十分であったり，嘘だったりという苦情が，NTTに対して多数よせられているという。

（二）電話勧誘販売の要件

特定商取引法（2条3項，4項）では，「電話勧誘販売」の要件として，つぎのものを満たすことが定められている。⑨

⑨　(1)　**販売方法に関する要件**

つぎの2つの要件にあてはまることが必要である。

①　事業者から電話をかけて勧誘すること。

事業者が，目的を隠したり，特別に有利であることを告げて消費者に電話をかけさせて勧誘する場合も適用されることとなっている。

②　消費者が，通信手段で申し込むこと。

勧誘された電話で申し込む場合だけでなく，一度電話を切って，改めて電話，ファックス，手紙，電子メール，代金の送金など各種の通信手段で申込みをした場合も含まれる。

(2)　**購入する商品などについての要件**

政令で指定された商品・サービス・権利（会員権）に関する契約であることが必要である。

276

（三）　電話勧誘販売の規制の内容

　電話勧誘に関しては，消費者にとって不意打ちであり，一方的な勧誘であることから，契約にいたる判断が十分でないまま追い込まれることを考えると，再勧誘の禁止を除けば，訪問販売とほぼ共通した規制を設けている。[10]

[10]　① 業者は勧誘する前に，事業者名，担当者の氏名，契約の勧誘目的であること，販売する商品やサービスの種類を明示しなければならない（同16条）。
　② 勧誘電話に対して，消費者が断っている場合には，さらに勧誘をしてはならない（同17条）。
　③ 消費者から申込みを受けて，業者が契約を結んだ場合には，直ちに法律で定めた記載事項を記した書面を消費者に交付しなければならない（同18条・19条）。
　④ 契約を勧誘する際，あるいは，クーリング・オフを妨害するために重要事項について，不実の告知をする行為または重要事項について隠す行為および消費者を威迫して困惑させる行為をしてはならない（同21条・22条）。
　⑤ 8日間のクーリング・オフ制度（同24条）。
　⑥ クーリング・オフ妨害として禁止されている行為があった場合には，クーリング・オフ期間が過ぎていてもクーリング・オフができる（同24条の2）
　⑦ クーリング・オフの期間が経過している場合でも，業者が契約の勧誘の際に，重要事項について不実の告知をした場合，または重要事項について不告知があった場合には，追認できる時から6ヵ月は契約を取り消すことができる。
　⑧ 違反があった場合には，主務大臣および都道府県知事が，立ち入り調査・報告徴収，改善指示，業務停止と業者名の公表などを行う行政監督制度がある。
　⑨ 業者が，不当な損害賠償または違約金を消費者に請求する条項を設けた場合には，妥当な額に制限することになる（同25条）。

5．連鎖販売取引

（一）　「連鎖販売取引」の定義

　「連鎖販売取引」とは，ⓐ商品の再販売，受託販売，販売のあっせんをする者，または同種役務の提供，その役務の提供のあっせんをする者を，ⓑ特定利益を収受し得ることをもって誘引し，ⓒその者と特定負担を伴う，ⓓ商品

の販売・あっせん，同種役務の提供・役務提供のあっせんに係る取引（取引条件の変更を含む）をいう，と定義する。

（二） 連鎖販売取引の概念が生まれた理由⑪

⑪ 　連鎖販売取引は，いわゆる「マルチ商法」を規制するために設けられた概念である。この「マルチ商法」とは，1960年代にアメリカから入ってきた「マルチレベルマーケティング・プラン」（多重階層式販売組織）という商法の略称である。

　「マルチレベルマーケティング・プラン」とは，多重階層に販売組織が，段階的に発展してゆくものをいう。いいかえれば，消費者が販売員として，販売組織に参加し，さらに自分の下に販売員を勧誘することにより，ピラミッド状に販売組織を発展させてゆくというものである。

　この商法は，販売員が子販売員をネズミ算式に増殖を続けないとなりたたないから，「ネズミ講式販売」とも呼ばれる。

（三） 連鎖販売取引の種類

特定商取引法33条1項は，連鎖販売取引の対象となる取引を5種類あげている。すなわち，ⓐ商品の再販売，ⓑ商品の受託販売，ⓒ商品の販売のあっせん，ⓓ同種役務の提供，ⓔ役務の提供のあっせん，などである。

（四） 連鎖販売取引の規制対象者

連鎖販売取引の規制対象者には，ⓐ連鎖販売業を行う者，ⓑ統括者，ⓒ勧誘者，ⓓ一般連鎖販売業者など，4種類のものがある。⑫

⑫ 　① 「連鎖販売業を行う者」とは，連鎖販売取引をする当事者のうち，統括者または組織の側にたって加盟契約を行う会員をいう（同33条1項）。

　② 「統括者」とは，一連の連鎖販売業を実質的に統括する者をいう（同33条2項）。組織の「本部」にあたる法人をいう。

　③ 「勧誘者」とは，統括者がその統括する一連の連鎖販売業に係る連鎖販売取引について勧誘を行わせている者をいう（同33条の2）。

　④ 「一般連鎖販売業者」とは，連鎖販売業を行う者のうちで統括者と勧誘者以外の者をいう（同33条の2）。

（五） 連鎖販売取引の規制

上記取引の規制概要は，つぎのとおりである。⑬

⑬ ア）目的等の明示義務（同33条の2）。契約を結ぶにあたり，勧誘をする場合には，勧誘に先だって，ⓐ業者の名称，ⓑ担当者の氏名，ⓒ勧誘目的および販売する商品やサービスの種類を明示しなければならない。
イ）公衆の出入りしない場所での勧誘の禁止（同34条4項）。
ウ）禁止行為（同34条）。契約を結ぶ目的で勧誘する際，重要事項を告げなかったり，あるいは，威迫して困惑させた場合，クーリング・オフを妨害するため同様の行為をすることを禁止する。
エ）取消制度（同40条の3）。勧誘の際に，重要事項の不実告知をしたり，あるいは，不告知があった場合には，追認できる時から6ヵ月間取り消すことができる。
オ）広告の記載義務・誇大広告の禁止（同35条・36条）。
カ）迷惑メールの規制（同35条，36条の3）。
キ）書面の交付義務（同37条）。
ク）クーリング・オフ制度（同40条）。キ）の「契約書面」の交付の日から20日間のクーリング・オフ制度が設けられている。
ケ）クーリング・オフ経過後の中途解除と精算ルール（同40条の2）。
コ）違反した場合の行政処分の制度（同34条の2，36条の2）。行政監督の権限は，国と都道府県にある。
サ）連鎖販売取引の個人契約でクレームが発生した場合には，割賦販売法の支払停止の抗弁制度の適用がある（割賦法30条の4）。

6. 特定継続的役務提供

（一） 「特定継続的役務提供」の定義

「特定継続的役務提供」とは，「国民の日常生活に係る取引において有償で継続的に提供される役務」で「役務の提供を受ける者の身体の美化又は知識若しくは技能の向上その他のその者の心身又は身上に関する目的を実現させることをもって誘引が行われるもの」であって，政令で指定するものをいう（特定商取引法41条2項）。

（二）「特定継続的役務提供」規制業種

　「特定継続的役務提供」を規制する業種は，つぎの6種類である。すなわち，ⓐエステティックサービス，ⓑ語学教室，ⓒ家庭教師等の在宅学習，ⓓ学習塾，ⓔパソコン教室，ⓕ結婚相手紹介サービスなどがあげられている。

（三）　特定継続的役務提供に関するトラブルの内容

　トラブルの内容としては，ⓐ役務提供事業者が倒産したり，店舗を閉鎖したために，サービスを受けられなくなったり，ⓑサービスの内容が，契約時の期待どおりでないことから，解約したくなったり，ⓒ消費者の病気，転居，仕事の都合等により解約したくなったり，ⓓサービスを受けるたびに，つぎつぎに追加契約を勧誘され，支払えない額の債務を負わされたり，するなどの被害が目立っている。[3]

7．業務提供誘引販売取引

（一）「業務提供誘引販売取引」の定義

　「業務提供誘引販売取引」とは，「仕事を提供」すると誘引し，勧誘して「商人の購入」や「有償の役務」などを販売する取引をいう。たとえば，「内職しませんか」[4)a]「モニター募集」[4)b]などといって，収入が得られる説明をして勧誘し，それにのってきた消費者に，こんどは仕事をするために必要だといって，技術の習得や資格取得のための講座の契約をさせたり，あるいは，パソコンや呉服などの商品を販売する取引のことである。[4)c]

（二）　被　害　の　実　情

　「業務提供誘引販売取引」における被害は，たとえば，説明を受けたような仕事がもらえないとか，仕事をしたのに対価が支払われないとか，仕事のために購入した商品の売買代金の支払いができなくなったりとか，事業者が倒産して収入が支払われなくなったりする，などが典型的な被害である。

（三）　適用される取引

　「業務提供誘引販売取引」として規制される取引は，つぎの要件を満たす

280

ものである（特定商取引法 51 条）。⑭

⑭　①　物品の販売または有償を行う役務（サービス）提供の業務を行う業者であること。
　　②　業務提供利益が得られるとして誘引すること。「業務提供利益」とは，契約で
　　　　購入した商品や役務を利用して行う業務を，事業者から提供させたり，あっせん
　　　　されたりするもので，そこから収入を得られるという説明をして勧誘したことを
　　　　意味する。⁵⁾
　　③　特定負担をともなうこと。「特定負担」とは，事業者に対して購入した商品・
　　　　役務の代金他すべての金銭的負担をいう。
　　④　業務を事業所等によらないで行う個人であること。

（四）　業務提供誘引販売取引の規制内容

　上記取引の規制は，中途解除制度以外は，ほぼ「連鎖販売取引」の規制と
同じである。

8．ネガティブ・オプション

（一）　「ネガティブ・オプション」とは

　「ネガティブ・オプション」とは，注文した覚えがない商品を一方的に送
りつけ，相手からの商品の返送の連絡がないので，購入する意思があるとみ
なして，代金を請求する行為のことをいう。⑮

⑮　全国の消費生活センターには，2005 年に「ネガティブ・オプション」に関して，
　4,487 件の相談が寄せられた。それによれば，送り主は，チャリティやボランティア
　団体などを名乗って，商品別には，単行本，雑誌，アクセサリー，健康食品，新聞，
　ビデオソフト，化粧品などが多く，最近では，アダルト関連の商品を送りつけてくる
　ものが増えているという。⁶⁾ᵃ
　　いずれも，商品と一緒に請求書や振込用紙が同封されており，そこには，「購入す
　る意思がなければ返送するように，商品が返送されなければ購入する意思があるとみ
　なす」といった記載をしてくる場合もあるという。⁶⁾ᵇ
　　このように，消費者が注文していないのに，突然に商品を送りつけてくる商法のこ
　とを「送りつけ商法」と呼んでいる。

第7章　現代的契約の特徴　281

（二）　ネガティブ・オプションの要件

（1）　当 事 者

ネガティブ・オプションの当事者の一方は，「販売業者」である。「販売業者」とは，営利行為をする意思をもって反復継続して取引を繰り返す者をいう。もう一方は，商品の送付を受けた者「消費者」である。

（2）　販売業者の行為

売買契約は，「売り手」と「買い手」との合意により成立する法律行為である。ここにいう「販売業者の行為」とは，商品の申込みを受けていないのに，一方的に消費者に対し商品を送付する行為である。すなわち，販売業者と消費者との間に，「売買契約がない」のに，販売業者から売買契約の「申込みをする」ことが要件となる。消費者が，この申込みに対して，購入するという承諾をすれば，売買契約は成立する。しかし，消費者が承諾しなければ，契約は成立しない。つまり受け取ったというだけでは承諾したことにはならないのである。

（3）　保管期間

１）　２種類の期間　　ネガティブ・オプションの効果が発生するためには，一定の「保管期間」が経過する必要がある。この期間には，つぎの２種類の場合があり，いずれかの早い日に効果が発生する。[16]

[16]　①　第1は，商品の送付があった日から起算して，14日を過ぎた後である。〔図表8-Ⅱ-8の①型〕
　　②　第2は，消費者が販売業者に対して，商品の引き取りを請求した場合は，請求日から起算して7日を過ぎた後である〔図表8-Ⅱ-8の②型〕。

２）　商品の送付があった日　　その商品の配達された日が起算点となる。したがって，ネガティブ・オプションの効果発生後に，商品を捨てる場合でも，安全を期するために，消費者が配達日の記録をとっておくことが望

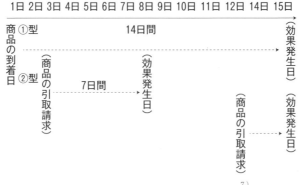

〔図表7-Ⅱ-1〕商品の保管期間の概念図[7]

ましい。たとえば，郵送や宅配便などの封筒および送り状を保管するなどである。

3) 商品の引取請求　消費者が販売業者に対して行う商品の引取請求は，どんな方法でもよい。たとえば，書面，電話，電報，FAX，メールなどを問わないが，「引取りを請求した」という記録を残すことが後日のために必要である。

通知方法としては，たとえば，ⓐ「葉書」で商品の引取りを請求する場合は，コピーをとって，「配達記録郵便」で送付するとか，ⓑまた，「電話」で通知する場合には，販売業者の担当者の部署・役職・氏名などを聞き取り，日時とともに記録しておく方法などが考えられる。

4) 期間中の保管　送りつけられた商品の所有権は，販売業者にあるため，保管期間中は消費者が勝手に処分することができないとされている[8]。もとより，消費者はこの期間中，「善良な管理者の注意義務」（民400条）は負わなくてよい。ただし，保管中にその商品を「使用したり」「消費したり」した場合には，購入を承諾したものと評価されることとなる（民562条2項）。

(4) 消費者の承諾も販売業者の引取りもないとき

保管期間中に，消費者の「承諾」の意思表示も，販売業者の「引取り」も

なされないことが要件となる。

①　消費者の承諾は，ⓐ承諾の通知をしたとき，ⓑ代金の振込，送金などをしたとき等の場合である。

②　販売業者またはその委託を受けた運送業者が，消費者宅を訪れて，商品を引き取ることが必要である。

(5)　ネガティブ・オプションの効果

ネガティブ・オプションにあたる場合は，販売業者は送付した商品の返還を請求することができない。保管期間が過ぎた後は，販売業者は商品の返還請求権を失うことになるので，消費者がその商品を使用・消費・処分しても，代金請求はもちろん損害賠償請求もできないことになる。

注

1)　ａ・ｂ―村　千鶴子「改正特定商取引法のすべて」22頁（平成18年　中央経済社）。

2)　村　千鶴子・前掲　132頁。

3)　圓山茂夫「詳解特定商取引法の理論と実務」〔補訂版〕446頁（平成19年　民事法研究会）。

4)　ａ・ｂ・ｃ―圓山茂夫・前掲　531・532頁。

5)　村　千鶴子・前掲　212頁。

6)　ａ・ｂ―消費生活年報2006年版，37・42頁。

7)　圓山茂夫・前掲　598・599頁。

8)　経済産業省（16年版）294頁。

第8章 人生の終焉の準備と法律の出会い

I 人生の終焉と身辺整理

1. 死を迎えるについての心構え

(一) 人はだれでも「安らかな死」を願う

人はこの世に誕生すると，普通の人の一生というのは，入園・卒園，入学・卒業，就職，結婚，子育ておよび退職等々いろいろな人生の節目を経験する。そして，やがて「人生の終焉」を迎えるとき，家族・親族・親しい人達に見とられながら，最後の別れを告げて「安らかな死」につきたいと思うのは，人情であろう。

このように，かつて「死への旅立ち」は，人々の身近な問題として，日常生活のなかに存在し，死生観はいわゆる「自然死」が一般的な状況であったということができる。

(二) 医療技術の進歩は，人間の「死生観」を変えることとなった

ところが，現代の医療技術のめざましい発展は，末期状態の患者を，病院の集中治療室に移して，そこで人工呼吸器・点滴・心電計・脳波計など数々の人工延命器具をつけ，医師・看護師の懸命な治療や看護を受けるという延命医療行為が，しだいに一般化しつつあるということができる。

そして，患者がやがて末期状態を迎えたとき，集中治療室で人工装置をつけたままの姿で，家族や親しい友人らと「最後の別れの言葉」をかわすこともなく，孤独のうちに死を迎えることが少なくない。①

① 今日の医療の高度化は，一方で，人々の平均寿命を伸長せしめることとなったが，

他方で，保健，医療，福祉および介護などの分野を肥大化せしめ，それが医療に関する国の財政負担を圧迫し，しかも年々増加の一途をたどっている。

　その結果，先進国の多くの人々は，高度な医療技術と延命治療の恩恵を受けるようになったことにより，死に対する考え方も，これまでの「自然死」の観念から次第に変化しつつあることも事実である。

　こうした状況のもとで，人が死と向きあうなかで，「安楽死」，「尊厳死」，「脳死」，「臓器移植」および「献体」などさまざまな問題が，宗教的・医学的・法律的観点から論議されるようになったのは，むしろ当然の帰結である。

2．死に直面している者の未処理・未解決の問題を整理しておく

（一）　序　　説

　人は自らの死を迎えるにあたって，残された家族，親族，親しい友人および利害関係者のために，未処理・未解決の問題を法律的・経済的な面から整理・解決しておくことが，死後の紛争を防ぐ意味でも必要なことである。

（二）　財産関係・身分関係

　財産関係については，たとえば，財産目録を作成し，土地・建物の権利証書，預金証書，実印・銀行印などをまとめ，それらの所在を明らかにしておくことも大切なことである。また，相続人のために，たとえば，遺言書を作成し，相続，遺産処分・執行，祭祀などを明確にしておくことも重要である。さらに，婚外子の認知をしておくことも，その子の将来のために大切な問題である。

（三）　臨終の前後に選択できること

　人は最期を前にして，ⓐ尊厳死など末期医療（ターミナル・ケアを希望するなど），ⓑ死後の臓器の提供（たとえば，角膜や腎臓などの「移植の申出」をしておくことが不可欠である），ⓒ献体（献体をするには，医科・歯科大学へ「献体登録」をしておくことが必要である）などの選択肢がある。

　ただし，患者の「自己決定権」の射程範囲などの観点からすれば，法律的にさまざまな問題を含んでいることに注意すべきである。

Ⅱ　相続法のしくみ

1. 相 続 制 度

（一）　序　　説

　財産の私的所有を認める社会では，人の死亡によって，その人の所有して
いた財産を一定の者に承継させるしくみが必要となる。ところが，その人に
属していた財産をだれにどのように相続させるかという「相続法のしくみ」
は，時代や社会・家族の形態とともに変遷してきた。

　かくして，現代は財産の私的所有を認める社会である。したがって，相続
は「財産相続」が対象であり，それを中心に「相続のしくみ」が定められて
いる。

（二）　相 続 と は

　「相続」とは，ある人が死亡した場合に，その人（被相続人）が所有してい
た財産的権利義務を一定の者（相続人）に承継させることをいう。そもそも
人の家族的共同生活は，世代が移っても継続されてゆくものである。したが
って，その目的を維持するためには，家族員の生活を保障することが必要と
なる。

　とくに，私有財産制を採用する社会体制においては，「財産（財産法上の地
位）を承継するしくみは，家族的共同生活を継持してゆくうえで，極めて重
要な意味をもつといえる。①

---

①　ところで，相続に関する立法主義には，「法定相続主義」と「遺言相続主義」の２つ
　の場合がある。「法定相続主義」とは，相続人，相続順位，相続分などについて，あら
　かじめ法律で定め，これに基いて相続する場合をいう。これに対して，「遺言相続主
　義」とは，被相続人が遺言でもって自由に受遺者を決め，相続財産の処分を自由に認
　める場合をいう。わが国の採用する相続法は，遺言がない場合に，法定相続が適用さ
　れることとなる。

第8章　人生の終焉の準備と法律の出会い　287

（三）　相続における被相続人と相続人の意思

(1)　被相続人の意思はどこまで尊重されるか

　私的自治の原則によれば，生前の財産処分の自由は，死後の財産処分についても認められると解される。たとえば，相続の指定・遺贈・死因贈与などの場合である。ただし，それらは遺留分によって制限される。

(2)　相続人等の意思にも私的自治は認められる

　私的自治の原則は，相続人や受贈者の相続や遺贈による権利の取得や義務の負担についても，決定の自由は認められると解される。たとえば，相続の承認・放棄の自由，遺贈放棄の自由，遺産分割の協議などに適用されることとなる。

2．相続の開始

（一）　相続開始の原因

　相続は，人の死亡を原因として始まる（民882条）。したがって，相続人が死亡の事実を知っていたか否かに関係なく，死亡という事実のみで法律上当然に相続が開始することになる。

　現行の相続法は，財産相続を基本としているゆえ，相続開始の原因を死亡に限ったのである。また，死亡を擬制する失踪宣告も法律的に死亡したものとみなされる（民31条）。

（二）　相続開始の時期

　相続は，被相続人の死亡の時に開始する。相続開始の時期というのは，相続人の決定・相続財産・遺留分の範囲などを決定するうえで基準となるので重要な意味を有する。

（三）　同時死亡の推定

　たとえば，被相続人と相続人が，列車事故で死亡したとき，だれが先に死亡したか明らかでない場合が起こることがある。そのような事情のとき，民法は「数人の者が死亡した場合において，そのうちの1人が他の者の死亡後

になお生存していたことが明らかでないときは、これらの者は、同時に死亡したものと推定する」としている（民32条の2）。

(四) 相続開始の場所

相続は、被相続人の死亡したときの住所において開始する（民883条）。この規定は、相続事件の裁判管轄の基準を定める根拠となるものであるが、これについての詳しい内容は、民事訴訟法で定めている（民訴5条14号・15号）。

すなわち、ⓐ相続に関する審判事件は、被相続人の住所地または相続開始地の家庭裁判所の管轄に属し、ⓑ遺言に関する審判事件は、相続開始地の家庭裁判所の管轄に属するものとされている（家事4条）。

3．相 続 人

(一) 相続人の2系統

相続人は、「血族相続人」と「配偶者相続人」の2系統に分けられる。血統相続人については、順位があり、ⓐ第1順位として子（その代襲相続人である孫以下の直系卑属＝民887条1項）、ⓑ第2順位として直系尊属（民889条1項1号）、ⓒ第3順位として兄弟姉妹（民889条1項2号・2項）に限られる。②

②

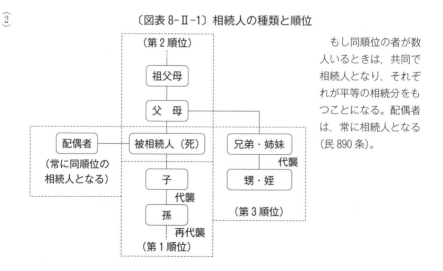

〔図表8-Ⅱ-1〕相続人の種類と順位

もし同順位の者が数人いるときは、共同で相続人となり、それぞれが平等の相続分をもつことになる。配偶者は、常に相続人となる（民890条）。

第8章　人生の終焉の準備と法律の出会い　289

（二）血族相続人

(1)　第1順位

相続人の第1順位は，「子」である（民887条1項）。子は実子・養子，嫡出子・非嫡出子とを区別しない。

①　養子は養親と実親双方の相続人になる。養子は養親の実子と区別なく相続人になるが，特別養子については，養子と実親方との親族関係が終了するので，実親子関係の相続問題は生じない（民817条の9）。

②　子が相続開始前に，死・欠格・廃除などにより，相続権を失っていたときは，その者の子（孫）が代襲する（民887条2項）。

③　もし孫も相続権を失っていたときには，孫の子が再代襲して相続人となる（民887条3項）。

(2)　第2順位

相続人の第2順位は，「直系尊属」である（民889条1項1号）。直系尊属に属するのは，実父母・養父母・祖父母であり，これが複数あるときは，近い者が先順位の相続人となる。たとえば，父母がいない場合には，祖父母が相続人となる。また，実母と養父母がいるときは，3人は共同相続人となる。

(3)　第3順位

相続人の第3順位は，「兄弟姉妹」である（民889条1項2号）。

①　兄弟姉妹が数人いる場合は，同順位で共同相続人となる。ただし，全血の兄弟姉妹と半血の兄弟姉妹とでは，後者の法定相続人は，前者の2分の1である（民900条4号ただし書）。

②　兄弟姉妹がすでに死亡している場合には，その者の子（甥・姪についてのみ）には，代襲相続が認められる（民889条2項）。

（三）配偶者相続人

被相続人の「配偶者」は，つねに相続人となる（民890条）。したがって，各順位の血族相続人がある場合にも，それらの者と同順位で共同相続人になる。ここにいう配偶者とは，法律上の配偶者を指し，内縁の配偶者を含まない。

また，代襲相続は配偶者に認められないゆえ，再婚した妻の連れ子は，自分の母を代襲することはできない。

（四）胎児の相続能力

相続人は，被相続人が死亡したときに，生存していなければならないが，胎児については，「既に生まれたものとみなす」として，相続権を認めている（民886条1項）。出生の可能性が高いのに，相続権を認めないのは，不公平だからと解される。したがって，父の死亡時に胎児であった者が，後に出生すれば相続人となる。ただし，死産の場合には，相続人にはならない（民886条2項）。

この条文の解釈は，分かれているが，判例・多数説は，胎児が生まれたら相続開始のときにさかのぼって相続人として扱うとする立場をとっている（これを「停止条件説」という）。

（五）代襲相続

1）代襲相続の意味　　相続人となるべき子や兄弟姉妹が，被相続人より先に死亡したり，また，相続欠格や廃除の審判によって相続権を失った場合に，その者の直系卑属が，その者に代って相続分を相続することを認める制度が，「代襲相続」である（民887条）。③

---

③　2）代襲相続の要件　　相続人が相続開始以前に死亡したとき，または，相続権を失った場合である。「相続権を失った場合」とは，相続人が欠格者となり（民891条），または，廃除の審判を受けた場合である（民892条・893条）。

3）代襲相続人　　代襲相続人となるのは，相続権を失った者の直系卑属である。すなわち，被相続人の子の子（孫），または，兄弟姉妹の子である（民887条2項，889条2項）。さらに，被相続人の子の子が代襲相続人となるためには，被相続人の直系卑属でなければならない（民887条2項ただし書）。

4）再代襲相続　　相続人に代襲相続の原因を生ずれば，相続人の子（孫）が代襲相続人となるが，その孫に代襲相続原因が発展すれば，その孫の子（ひ孫）が代襲相続人となる（民887条3項）。これを「再代襲相続」という。ただし，兄弟姉妹の場合は，再代襲相続を認めない（民889条2項）。

第8章 人生の終焉の準備と法律の出会い　291

　　5）胎児の代襲相続　　胎児は，代襲相続についても，すでに生まれたものとみな
される。
　　6）代襲相続の効果　　代襲者は，被代襲者の相続の順位にしたがって，被代襲者
の相続分を受ける（民901条）。

4．相続欠格と相続人の廃除

（一）　相 続 欠 格

(1)　相続欠格とは

　相続財産から不当な利得を得ようとして，違法行為をなした者，または，
相続関係をこわす非行があった者などに相続させることは，一般の法律感情
から見て許されないところである。そこで，相続法は，つぎの5つの欠格事
由のいずれかに該当する行為をした者については，相続権を奪うことにして
いる（民891条）。これを「相続欠格」という。
　これには，ⓐ被相続人の生命侵害に関するものと，ⓑ被相続人の遺言の妨
害に関するものと，2つの側面がある。④

④　①　故意に被相続人または相続について，先順位もしくは同順位にある者を死亡す
　　　るに至らせ，または，至らせようとしたために，刑に処せられた者（民891条1号）。
　　②　被相続人の殺害されたことを知って，これを告発せず，または，告訴しなかっ
　　　た者。ただし，その者に是非の弁別がないとき，または，被害者が自己の配偶者
　　　もしくは直系血族であったときは除かれる（民891条2号）。
　　③　詐欺または強迫によって，被相続人が相続に関する遺言をし，これを撤回し，
　　　取り消し，または，変更することを妨げた者（民891条3号）。
　　④　詐欺または強迫によって，被相続人に相続に関する遺言をさせ，これを撤回さ
　　　せ，取り消させ，または，これを変更させた者（民891条4号）。
　　⑤　相続に関する被相続人の遺言書を偽造し，変造し，破棄し，または隠匿した者
　　　（民891条5号）。

(2) 相続欠格の効果

相続欠格に該当する相続人は，法律上当然に相続権を失う（民891条）。もちろん受遺者にもなれない（民965条）。効果は欠格者に限られ，欠格者の子には影響しないので，子が代襲することはできる。

（二）　相続人の廃除

(1) 相続人の廃除とは

相続欠格のように，法律上当然に相続人たる資格を奪わねばならないほどの重大な事由はないが，被相続人から見て，その者に自分の財産を相続させたくないような事情がある場合には，被相続人の請求にもとづき，家庭裁判所の審査によって，相続権を奪うことができる。これを「相続人の廃除」という。

廃除される者は，遺留分を有する推定相続人である。すなわち，配偶者，子，直系尊属などが，これに属する。したがって，遺留分権利者でない兄弟姉妹は，廃除の適用がないこととなる。

(2) 相続人の廃除の事由

民法は，つぎの3つの廃除事由を規定している。すなわち，ⓐ被相続人に対して虐待をする，ⓑもしくは重大な侮辱を加えたとき，ⓒまたは，推定相続人に著しい非行があったとき（民892条）などが，それである。

(3) 相続人の廃除方法

廃除は，家庭裁判所へ請求することが必要である。そして，審判または調停によって行われる（家事別表第1・86項）。

(4) 相続人の廃除の効果

廃除の審判の確定または調停の成立によって，相続人はそのときから相続権を失う。

遺言による廃除の場合は，審判はつねに相続開始後に確定するが，その効果は相続開始のときに遡ることとなる（民893条後段）。廃除された者の子や孫は，代襲相続ができることとなる（民887条）。

(5) 相続人の廃除の取消し

廃除は被相続人の意思・感情を考慮するものであるから，何ら理由をあげることなく，家庭裁判所にその取消しを請求することができる（民894条1項）。

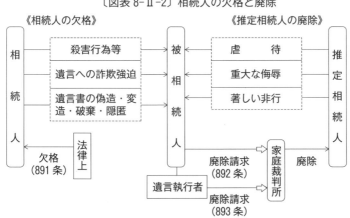

〔図表8-Ⅱ-2〕相続人の欠格と廃除

※菅野耕毅「新版・図説家族法」199頁図39より引用（平成18年　法学書院）

5．相続の承認と放棄

(一) 相続の承認・放棄の自由

被相続人に属した財産上の権利義務の承継は，相続人の意思に関係なく，また，相続人が被相続人の死亡や自己が相続人であることを知っていたか否かにかかわらず，法律上当然に生ずる。

ところで，相続財産には，ⓐ積極財産（たとえば，不動産，預金，債権など）だけでなく，ⓑ消極財産（借金）も含まれる。とくに，借金の多い場合には，相続人にとってきわめて酷な相続となる。

そこで，民法は相続の承認または放棄の制度を設けたのである（915条）。⑤

⑤　すなわち，相続人は負債を含めた相続財産を全面的に承継するか（これを「単純承認」という），それとも相続した財産の範囲内で被相続人の債務などを返済するか（これを「限定承認」という），あるいは，相続財産の承継を全くしないか（これを「相続放棄」という）の3つの方法について，相続人が選択できるようにした。

（二）　相続の承認・放棄の選択の自由

相続の承認および放棄は，相続人が自己のために，相続開始があったことを知った時から3ヵ月以内に，相続財産を調査し，いずれかを選択しなければならない（民915条1項・2項）。この考慮するための期間を「熟慮期間」と呼んでいる。

ただし，この期間は利害関係人または検察官の請求によって，家庭裁判所において伸長することができる（民915条1項ただし書）。

（三）　単　純　承　認

(1)　単純承認の意味

「単純承認」とは，相続人が被相続人の権利義務を無限に承継することをいう（民920条）。したがって，相続財産のうちに，被相続人の債務があれば，相続人が全部弁済しなければならないし，また，被相続人の債権者は，相続人の固有財産に対しても強制執行することができる。

(2)　法定単純承認

民法は，つぎの事由があったときは，相続人は法律上当然に単純承認の効果が生じるとする（921条）。これを「法定単純承認」という。

　　1)　相続人が相続財産の全部または一部を処分したとき（1号）　　しかし，葬式費用の支出（東京控判昭11・9・21新聞4059号13頁）や慣習による形見分け（山口地徳山支判昭40・5・13下民集16巻5号859頁）などは，この処分にあたらないと解されている。

　　2)　相続人が熟慮期間内に限定承認または放棄をしなかったとき（2号）

　　3)　相続人が，限定承認または相続の放棄をした後でも，相続財産の

全部もしくは一部を隠匿し，私にこれを消費し，または悪意でこれを財産目録中に記載しなかったとき（3号）

（四）限定承認

(1) 限定承認の意味

「限定承認」とは，相続人は，相続によって得た財産の限度においてのみ被相続人の債務および遺贈を弁済すべきことを留保して相続を承認することをいう（民922条）。相続財産の状況は複雑であるため，実際に清算をしてみないと債務超過であるかどうかは不明なので，清算後にプラス財産があるなら相続してもよいという場合に，この制度が有用である。

(2) 限定承認の方法

1) 家庭裁判所への申述　相続人が限定承認をするには，熟慮期間内（民915条）に，相続財産の目録を作成して，家庭裁判所に提出し，限定承認をすることを申し出なければならない（民924条）。

2) 共同相続人全員申込の原則　相続人が数人あるときは，共同相続人全員が共同して限定承認の申し出をしなければならない（民923条）。したがって，1人でも単純承認または相続放棄すれば，限定承認は不可能となる。なお，共同相続人全員で限定承認をした後に，一部の相続人について法定単純承認の事由が発生した場合（民920条），その相続人は自己の相続分に応じて無限責任を負うことになる（民937条）。

(3) 限定承認の効果

① 限定承認者は，相続で得た積極財産の限度内で相続債務や遺贈を弁済すればよいこととなる。ただし，限定承認によって相続債務が消滅するわけではないから，相続人が任意に自己の固有財産で弁済すれば，それは有効であり，債務がないのに弁済した「非債弁済」（民705条）とはならない。

② 限定承認は，限定承認した後5日以内——相続人が数人ある場合，家庭裁判所が，相続人の中から，相続財産管理人を選任したときは，相続財産管理人の選任後10日以内（民936条3項）——に，「すべての相続債権者及び

受遺者に対し，限定承認をしたこと及び」2ヵ月を下らない期間内にその請求の申し出をすべき旨を公告しなければならない（民927条1項）。

③　清算手続中，限定承認者は，その固有財産におけると同一の注意をもって，相続財産の管理を継続しなければならない（民926条1項）。

（五）　相続放棄

(1)　相続放棄の意義・方法

「相続の放棄」とは，相続による権利義務の承継を全面的に拒否するという意思表示である。相続の放棄をしようとする者は，熟慮期間内に，その旨を家庭裁判所に申述しなければならない（民938条）。

放棄の申込みは，限定承認と異なり，財産目録の添付は必要でない。また，共同相続の場合でも，各相続人は単独で放棄をすることができる。

(2)　相続放棄の効果

相続の放棄をすると，相続開始時にさかのぼってその効力が生じ，放棄者は，その相続に関しては，初めから相続人とならなかったものとみなされる（民939条）。相続放棄の効力は，絶対的なものであり何人に対しても登記なくして効力を生ずる。

共同相続人の一部の者が放棄をした場合，放棄された相続分は，相続財産の中へ戻され，放棄者を除く相続人にあらためて配分されることになる。

放棄者は，家庭裁判所から「放棄申述受理証明書」を受けることができる。[6]

---

[6]　事実上の相続放棄　　家庭裁判所へ相続放棄の申述をすることが面倒であることから，形式上は共同相続の形をとりながら，事質上は相続財産を1人に集中させ，他の相続人は放棄したのと同じ結果を生じさせようとする。いわゆる「事実上の相続放棄」が行われることが多い。たとえば，相続開始後に，被相続人の生存中において，すでに相続分に等しい財産を受けていたとする虚偽の「特別受益証書」（根拠は民903条）を法務局に提出することにより，共同相続人の1人に単独相続登記が行われることがある。

第8章　人生の終焉の準備と法律の出会い　297

　なお，放棄者は，その放棄によって相続人となった者が，相続財産の管理を始めることができるまで，自己の財産におけるのと同一の注意をもって，その財産の管理を継続しなければならない（民940条1項）。

6. 相 続 分

（一） 相続分の意味

　「相続分」とは，各共同相続人が相続財産に対してもっている持分（通称「分け前」ともいう）の割合である。共同相続の場合は，相続財産は共同相続人の共有に属するから（民898条），それは相続財産についての持分ということになる。

　民法は，それについて「各共同相続人は，その相続分に応じて被相続人の権利義務を承継する」（899条）と表現する。

（二） 指定相続分

　「指定相続分」とは，被相続人の意思によって決められる相続分をいう。

（1） 遺言で指定または委託

　指定相続分は，被相続人が遺言で自ら共同相続人の相続分を指定するか，または，遺言で第三者にその指定を委託することもできる（民902条1項）。

　相続分の指定または委託は，必ず遺言によることにしたのはなぜか。その理由は，もし生前に相続人の指定を行うと，相続人間で争いが発生するおそれがあると考えたからであろう。また，公平を期するため，ここにいう「第三者」には，共同相続人は含まれない。

（2） 指定は分数的割合で行う

　相続財産の指定は，分数的割合でなされるのが通例である。

　たとえば，3人の子が相続人である場合，長男に6分の3，二男に6分の2，長女に6分の1というようにである。しかし，物件を特定する場合，たとえば，長男に借家，二男に山林，長女に株券といったような指定の場合もあるであろう。この場合には，指定とともに遺産分割方法の指定（民908条）

もあったものと解せられる（東京高判昭45・3・30高民集23巻2号135頁）。

(3) 共同相続人の一部の者に相続分を定めた場合

被相続人が共同相続人の一部の者についてのみ相続分を定めたり，また，第三者に指定の委任をした場合には，指定を受けなかった他の相続人は，法定相続分にしたがうことになる（民902条2項）。

(4) 遺留分権利者の減殺請求

被相続人または委任を受けた第三者は，遺留分を侵害してはならない（民902条1項ただし書）。もしこれに反する指定がなされた場合，当然に無効となるのではなく，侵害された遺留分権者が減殺を請求することができると解されている。

(5) 指定相続人の効力発生時期

指定相続人の効力発生時期について，民法では，ⓐ被相続人が自ら決めた場合には，遺言が効力を生じた時に生じ（985条），一方ⓑ第三者に委託した場合には，第三者が指定することにより，相続開始時に遡ってその効力を生ずると規定する。

（三）法定相続分

(1) 均分相続制

相続人が相続分を指定しなかった場合には，各相続人の相続分は民法の定めるところによる（民900条・901条）。相続法は「均分相続制」を採用する。したがって，同順位の相続人が多数いる場合は，各共同相続人の相続分は，原則として平等の割合で相続することになる（民900条4号本文）。

しかし，配偶者の相続分は特別であって，他の共同相続人が子であるか，直系尊属であるか，兄弟姉妹であるかなどによって，一定の割合が決まっており，共同相続人の数によって影響を受けることはない（民900条），

つぎに，共同相続人の相続分を設例によって説明することとする。

(2) 子と配偶者が相続人である場合

子と配偶者が相続人であるときは，配偶者は2分の1，子は2分の1の相

続分である（民900条1号）。子が数人あるときは，各自の相続分は均等となる（民900条4号）。⑦

⑦　〔設例1．相続財産額（遺産）6,000万円を配偶者（妻）乙と嫡出子A・B・Cが共同で相続した場合〕

　　①妻乙………6,000万円×1／2＝3,000万円
　　②子A・B・Cはそれぞれ
　　　　………6,000万円×1／2×1／3＝1,000万円

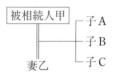

〔設例2．遺産6,000万円を妻乙と嫡出子A・Bおよび嫡出でない子Cが共同で相続した場合の相続分〕

　　①妻乙………6,000万円×1／2＝3,000万円
　　②嫡出子A・Bはそれぞれ
　　　　………6,000万円×1／2×1／3＝1,000万円
　　③嫡出でないCも
　　　　………6,000万円×1／2×1／3＝1,000万円

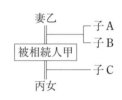

(3) 配偶者と直系尊属が相続人である場合

配偶者と直系尊属が相続人であるときは，配偶者の相続分は3分の2，直系尊属の相続分は3分の1となる（民900条2号）。直系尊属は，実父母・養父母の区別なく，各自の相続分は均等である（民900条4号本文）。⑧

⑧　〔設例3．遺産6,000万円を配偶者（妻）乙と実父母A・A′が共同で相続した場合の相続分〕

　①妻乙………6,000万円×2／3＝4,000万円

　②実父母A・A′はそれぞれ

　　………6,000万円×1／3×1／2＝1,000万円

〔設例4．遺産6,000万円を妻乙と実父母A・A′，養父母B・B′が共同で相続した場合の相続分〕

　①妻乙………6,000万円×2／3＝4,000万円

　②実父母A・A′，養父母B・B′はそれぞれ

　　………6,000万円×1／3×1／4＝500万円

(4) 配偶者と兄弟姉妹が相続人である場合

　配偶者と兄弟姉妹が相続人であるときは，配偶者の相続分は4分の3，兄弟姉妹の相続分は4分の1である（民900条3号）。

　しかし，兄弟姉妹が数人あるときは，各自の相続分は均等となる（民900条4号本文）。ただし，そのなかに父母の一方のみを同じくする兄弟姉妹（たとえば，腹違いの子＝半血兄弟姉妹）がいる場合は，父母の双方を同じくする兄弟姉妹（全血兄弟姉妹）の相続分の2分の1である（民900条4号ただし書）。⑨

⑨　〔設例5．遺産6,000万円を配偶者（妻）乙と父母を同じくする兄弟姉妹A・Bが共同で相続した場合の相続分〕

　①妻乙………6,000万円×3／4＝4,500万円

　②A・Bはそれぞれ

　　………6,000万円×1／4×1／2＝750万円

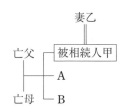

〔設例6．遺産6,000万円を配偶者（妻）乙と父母を同じくするA・Bと父母の一方のみを同じくする子Cが共同で相続した場合の相続分〕

①妻乙………6,000万円×3／4＝4,500万円

②父母を同じくするA・Bは

　………6,000万円×1／4×2／5＝600万円

③父母の一方のみを同じくするCは

　………6,000万円×1／4×1／5＝300万円

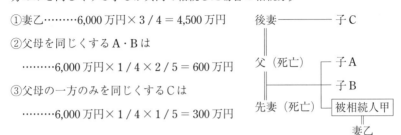

(5) 被相続人に配偶者がいない場合

配偶者がいなくて，子，直系尊属または兄弟姉妹のみが相続人であるときは，これらの者の相続分は，民法900条4号の基準によって定まる。なお，配偶者のみが相続人である場合は，単独相続となる。

(6) 代襲相続人

代襲できる者は，被相続人の子の子（孫），または，兄弟姉妹の子（おい・めい）である（民887条2項・3項，同889条2項）。

代襲相続人の相続分は，ⓐ被代襲者が受けるべきであったものと同じである（民901条1項本文，同条2項）。ⓑ代襲相続人が数人あるときは，そのそれぞれの直系尊属が受けるべきであった相続分を均等することとなる（民901条1項ただし書・同条2項）。⑩

302

⑩ 〔設例7．遺産6,000万円を妻乙と嫡出子B・Cと代襲相続人a^1・a^2（死亡しているAの子）が共同で相続する場合の相続分〕

①妻乙………6,000万円×1／2＝3,000万円

②子B・Cはそれぞれ

………6,000万円×1／2×1／3＝1,000万円

③代襲相続人a^1・a^2はそれぞれ

………6,000万円×1／2×1／3×1／2＝500万円

妻乙＝＝被相続人甲

妻＝＝A　B　C
（死亡）

a^1　　a^2

〔設例8．遺産6,000万円を妻乙と嫡出子Bと代襲相続人a^1・a^2（死亡しているAの子）とc^1（死亡しているCの子）が共同で相続する場合の相続分〕

①妻乙………6,000万円×1／2＝3,000万円

②子B………6,000万円×1／2×1／3＝1,000万円

③代襲相続人a^1・a^2はそれぞれ

………6,000万円×1／2×1／3×1／2

＝500万円

④代襲相続人c^1

………6,000万円×1／2×1／3＝1,000万円

妻乙＝＝被相続人甲

妻＝＝A　B　C＝＝妻
（死亡）　　（死亡）

a^1　　a^2　　　　c^1

（四）　特別受益者の相続分

(1)　特別受益者とは

　共同相続人のなかに，被相続人から遺贈を受けたり，あるいは，生前に特別な贈与を受けた者（これを「特別受益者」と呼ぶ）があるときは，これらを考慮しないで相続分を算定し相続することは，どう見ても不公平である。

　そこで，民法は，これら遺贈や贈与などの特別の利益を受けた者があるときは，相続開始時の相続財産に，その贈与の価額を加えたものを相続財産とみなし，これにそれぞれの相続分を乗せて算出して得た相続分から遺産または贈与の価額を差し引いた残額をもって，特別受益者の相続分（具体的相続

分）とした（民 903 条）。

(2) 特別受益の内容

１） 遺贈　遺贈は，特別受益の財産として，受遺者の相続分額から控除される。

２） 贈与　民法では，婚姻，養子縁組のため，もしくは生計の資本としてなされた贈与は，特別受益の財産となり，相続財産に加算される（民903 条 1 項）。「婚姻若しくは養子縁組のため」というのは，嫁入道具，持参金，支度金などを意味する。「生計の資本」とは，営業資金，世帯をもつときの土地・建物の資金などである。大学以上の高等教育を受けた学資は，生計のなかに含まれる。

３） 生命保険金[11]

[11] 生命保険金は，人の死亡を原因として，保険会社が保険契約による金額を保険契約者が指定した受取人が，直接に支払請求権をもつことになる。この場合，共同相続人のなかの 1 人が，受取人として特定され，保険金を受領する場合には，特別受益者として考慮されるべきであると解されている（多数説）。下級審のなかには，特別受益にあたらないと否定する立場（福岡家審昭 41・9・29 家月 19 巻 4 号 107 頁・東京家審昭 55・2・12 家月 32 巻 5 号 46 頁）と肯定する立場（大阪家審昭 51・11・25 家月 29 巻 6 号 27 頁）とがある。

４） 死亡退職金[12]

[12] 労働者が在職中に死亡した場合，通常は，法律や就業規則などに定められた受給権者（遺族）に死亡退職金が支払われる。この場合，共同相続人の 1 人が受給権者として死亡退職金を受け取ったときは，不公平となり，したがって，それは特別受益に含まれるとする説が多数的見解である。下級審は，特別受益にあたらないとした立場（東京家審昭 55・2・12 家月 32 巻 5 号 46 頁）とあたるとした立場（神戸家審昭 43・10・9 家月 21 巻 2 号 175 頁，大阪家審昭 51・11・25 家月 29 巻 6 号 27 頁）とに分かれている。

(3) 特別受益の評価の時期

特別受益と解される財産の評価の時期について，民法は明確な規定を設けていない。この点について，通説は相続開始の時を基準として評価すべきで

あるとしている。

(五) 寄 与 分

(1) 寄与分の制度

　共同相続人のなかに，被相続人の事業に関する労務の提供または財産上の給付，被相続人の療養看護その他の方法により，被相続人の財産の維持・増加につき特別の寄与をした者があるときは，被相続人が相続開始のときに有した財産の価額から共同相続人の協議で定めたその者の寄与分を控除したものを相続財産とみなし，指定または法定の相続分に寄与分を加えた額をもって「寄与者の相続分」とした（民904条の2第1項）。

(2) 寄与分の決め方

　寄与分は，まず共同相続人の協議で決めるが，もし協議が調わないとき，または，協議することができないときは，寄与した者の請求により，寄与の時期，方法，程度，相続財産の額その他一切の事情を考慮して家庭裁判所の審判で決めることとなる（民904条の2第2項）。

(3) 寄与者の範囲

　寄与者の範囲は，現実の共同相続人に限られる。したがって，ⓐ相続人でない者，ⓑ相続放棄をした者，ⓒ相続欠格事由を有する者（民891条），ⓓ廃除された者（民892条・同893条）などは，相続人の資格を失うから，寄与分の権利を主張できない。

(4) 寄与分の内容

　民法の定める寄与とは，「被相続人の事業に関する労務の提供」または「財産上の給付」，「被相続人の療養看護」その他の方法によるものをいう。

　1）被相続人の事業に関する労務の提供　　これは，たとえば，相続人である子が，被相続人である父の営む事業（農業・商業など）を賃金なしで手伝っていた場合などである。

　2）被相続人の事業に関する財産上の給付　　財産上の給付は，被相続人の事業に関するものであることが必要である。これは，たとえば，相続人

が被相続人に利息をとらずに金銭を貸すとか（無償の消費貸借），建物を家賃の支払いなしに貸すとか（使用貸借）によって，利息や賃料に相当する財産が被相続人に増加したような場合などである。

3）被相続人の療養看護　これは，たとえば，妻が療養中の被相続人（夫）の看護にあたっていたため，付添人を雇う費用を払う必要のない場合などである。

(5) 寄与の程度 ⑬

⑬　相続人は，被相続人に対し，親族法上のいろいろな義務がある。すなわち，ⓐ夫婦間の同居・協力・扶助の義務（民752条），ⓑ親族間の扶養義務（民877条1項），ⓒ直系血族・同居の親族間の扶け合い義務（民730条）などを負っている。したがって，これらの義務の範囲内でなされた貢献は，「特別の寄与」とはならない。

Ⅲ　遺言のしくみ

1．遺言の意義

「遺言」とは，遺言者が生前の財産・身分関係を，自分の死後において，その効力を生ぜしめようとする法律行為である。たとえば，「自分のこの土地をAに与える」とか，「Bを認知する」というような意思表示である。このように，死者の生前の意思表示に法的効力を認め，その実現を保障しようとするしくみが遺言制度である。

民法は，遺言者の最終の意思表示を尊重し，かつ，その実現が確実に実行されるよう厳格な方式を定めている（民960条）。

2．遺言できる事項

民法では，遺言できる事項をつぎのような場合に限定している。

(一) 法 定 相 続

① 推定相続人の廃除（民893条）および廃除の取消し（民894条2項）。

② 相続分の指定（民902条）。

③　遺産分割の指定または禁止（民908条）。

④　遺産分割の際の担保責任に関する別段の定め（民914条）。

（二）　財 産 処 分

①　包括遺贈・特定遺贈（民964条）。

②　以下の事項についての別段の定め。

　　ⓐ受遺者の相続人の承認・放棄（民988条），ⓑ遺言の効力発生前の受遺者の死亡（民994条2項），ⓒ受遺者の果実取得権（民992条），ⓓ遺贈の無効または失効の場合における目的財産の帰属（民995条），ⓔ相続財産に属しない権利の遺贈における遺贈義務者の責任（民997条），ⓕ第三者の権利の目的たる財産の遺贈（民1000条），ⓖ受遺者の負担付遺贈の放棄（民1002条2項），ⓗ負担付遺贈の受遺者の免責（民1003条）。

（三）　遺言の執行・撤回

①　遺言の執行者の指定（民1006条1項）。

②　以下の事項について別段の定め。

　　ⓐ遺言執行者の復任権（民1016条1項），ⓑ共同遺言執行者（民1017条），ⓒ遺言執行者の報酬（民1018条）。

③　遺言の撤回（民1022条）。

（四）　遺 　留 　分

目的物の価額による遺贈の減殺に関する別段の定め（民1034条）。

（五）　家 族 関 係

①　遺言によって認知された場合（民781条2項）。

②　未成年後見人の指定（民839条）。

③　未成年後見監督人の指定（民848条）。

3．遺言の能力・方式

（一）　遺 言 の 能 力

遺言するには，財産関係の取引行為のように，行為能力を有する必要はな

く，意思能力があればよいとされている。

そこで，民法は満15歳に達すると遺言ができると定めている（961条）。したがって，満15歳以上の未成年者・成年被後見人・被保佐人・被補助人は，意思能力があれば，単独で遺言をすることができる（民962条）。遺言能力は，遺言をするときにあれば，遺言が効力を生ずるときに，能力を失っていたとしても影響ないとされている（民963条）。

(二) 遺言の方式

(1) 序

遺言は，民法の定める方式にしたがって作成しなければならない（960条）。したがって，これに違反した遺言は，無効となる。

では遺言が厳格な要式行為を求めているのはなぜか。その理由としては，ⓐ遺言者の真意を確保すること，ⓑ他人の偽造・変造を防止すること，ⓒ遺言者の死後の紛争をさけること，などがあげられる。

近代遺言法は，上に述べた趣旨を確実に実現するために，いずれの国においても，遺言の方式に関して厳格な要式行為を設けている。

(2) 遺言の方式の種類 ①

① 〔図表8-Ⅲ-1〕民法の定める遺言の方式は，普通方式が3種類，特別方式が4種類である。

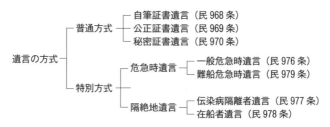

1) 普通方式　遺言は，特別方式による場合のほかは，自筆証書，公正証書，秘密証書のうちのいずれかの方式で行われなければならない（民967

308

条）。

　ア）自筆証書遺言　　「自筆証書遺言」とは，遺言者がその「全文」・「日付」および「氏名」を自書し，これに「印」を押すことによって成立する遺言をいう（民968条1項）。文字が書ける者であれば，公証人，証人，立会人の必要もなく，だれでも作成でき，費用もかからず，しかも遺言内容を秘密にすることができる遺言である。その反面，遺言書の滅失・偽造・変造などの危険が少なくない。また，検認が必要である（民1004条1項）。

　つぎに，問題となる点について述べることにする。②

②　1）全文　　「全文」を自書しなければならない。したがって，他人に代筆させた遺言書は，遺言者が口述したものであり，かつ，その内容が遺言者の真意に合致したものであっても，自書とはいえず無効となる。また，タイプ・ライター，ワープロ，点字機を用いたものおよび録音テープによるものなどは，自筆証書遺言とは認められない。

　判例は，「他人の添え手による補助を受けてされた自筆証書遺言」で，「添え手をした他人の意思が介入した形跡のないことが，筆跡のうえで判定できる場合には『自書』の要件を充たすものとして，有効である」とした（最判昭62・10・8民集41巻7号1471頁）。

　2）日付　　「日付」を自書しなければならない。日付は，年月だけでなく何日かまで明示されていることが不可欠である。判例は，「何年元旦」とか，「何某還暦の日」など年月日が確定された表現であればよいが，「何年何月吉日」というようなものは，日付のないものとみなされ無効となる（最判昭54・5・31民集33巻4号445頁）。

　3）氏名　　「氏名」を自書しなければならない。氏名は，氏または名のみでも同一性を示すものであれば，これを有効な自書とみなしてもよい。また，通称・雅号・ペンネーム・芸名などを用いてもよい。

　4）印　　「印」を押印しなければならない。印は，遺言者自身のもので押印しなければならない。印は実印である必要はなく，いわゆる三文判や拇印でもよいとされる。判例は，遺言者が印章に代えて拇印その他の指頭に墨，朱肉等をつけて押捺することをもって足りるとしている（最判平元・2・16民集43巻2号45頁）。また，遺言書の本文の自署名下には押印がなかったが，これを入れた封筒の封じ目にされた押印があれば押印の要件に欠けることはないという（最判平6・6・24家月47巻3号60頁）。

第8章　人生の終焉の準備と法律の出会い　309

5）加除・訂正　　自筆証書遺言のなかの加除やその他の訂正をする場合も，変造を防ぐ目的から，厳格な方式を定めている。すなわち，民法は，「自筆証書中の加除その他の変更は，遺言者が，その場所を指示し，これを変更した旨を付記して特にこれに署名し，かつ，その変更の場所に印を押さなければ，その効力を生じない」としている（民968条2項）。

　　イ）公正証書遺言　　「公正証書遺言」とは，公証人によって作成される遺言書をいう。この方式によって遺言するには，つぎの5つの要件が，備わることが必要である（民969条）。③

③　　1）欠格事由のない証人2人以上の立合いがあること　　判例は，証人2人のうち1人が，視覚障害者であったため，公正証書遺言の無効が主張された事案について，このような証人も「公正証書遺言に立ち会う証人としての適性」を有することを認めている（最判昭55・12・4民集34巻7号835頁）。
　　2）遺言者が遺言の趣旨を公証人に口授（こうじゅ）すること　　「口授」とは，遺言の内容を口で言葉を発して相手に伝えることをいう。
　　3）公証人が遺言者の口述を筆記し，これを遺言者および証人に読み聞かせること
　　4）遺言者および証人が，筆記の正確なことを証認した後，各自これに署名し，印を押すこと　　ただし，遺言者が署名することができない場合は，公証人がその事由を付記して，署名に代えることができる。
　　5）公証人が，その証書は，これらの方式にしたがって作ったものである旨を付記して，これに署名し，印を押すこと
　　6）「言語障害者・聴覚障害者に対する公正証書遺言の方式」が，制定されたこと（平成11年法149号）　　すなわち，「口のきけない者」が，公正証書によって遺言をする場合には，遺言者は，公証人および証人の前で，遺言の趣旨を通訳人の通訳により申述し，または自署して，口授に代えることができる（民969条の2第1項）。
　　遺言者または証人が，「耳の聞こえない者」である場合には，公証人は，筆記した遺言者の口述の内容を通訳人の通訳により，遺言者または証人に伝えなければならない（民969条の2第2項）。

　　ウ）秘密証書遺言　　「秘密証書遺言」とは，遺言者が遺言書の存在を明らかにしながら，自分の生きている間は，遺言の内容を秘密にしておきた

310

いと思う人が用いる場合をいう。この方式には，とくにつぎのような要件が備わることが必要である。④

④　1）遺言者が，遺言証書に署名し，印を押すこと（民970条1項1号）　遺言証書は，自書でなくてもよく，他人が代筆したものでも，あるいは，タイプライターやワープロなどで作成したものでもよいとされる。さらに，日付も必要でない。

　2）遺言者が，その証書を封じ，証書に用いた印章で封印すること（民970条1項2号）　この場合，封印に用いる印章は，必ず証書に押印した印章と同じものでなければならない。

　3）遺言者が，公証人1人および証人2人以上の前に封書を提出して，自分の遺言書である旨ならびに証書を書いた者の氏名と住所を申述すること（民970条1項3号）この種の遺言書は，自筆でないこともあるから，筆者の氏名・住所を明らかにし，後日の紛争にそなえるためと解されている。

　もし「口のきけない者」が，秘密証書によって遺言をする場合には，遺言者は，公証人および証人の前で，その証書は自分の遺言書である旨とその証書を書いた者の氏名および住所を通訳人の通訳により申述し，または，封紙に自書して申述に代えることができる（民972条1項）。

　4）公証人が，その証書を提出した日付および遺言者の申述を封紙に記載した後，遺言者および証人とともに，これに署名し，印を押すこと（民970条1項4号）。

　もし「口をきくことのできない者」が，通訳によって申述した場合や申述に代えて封紙に自書した場合には，その旨（民972条2項・3項）を封紙に記載した後に，遺言者および証人とともに，これに署名し，押印しなければならない（民970条1項4号）。

　2）特別方式　　民法は，特別な事情により，普通方式の遺言をすることが困難な状況にある場合の遺言の方式を定めている（民967条ただし書）。

　これには，ⓐ「危急時遺言」（遺言者の生命に危急が発生している場合の遺言）と，ⓑ「隔絶地遺言」（一般社会との交通が遮断されている場合の遺言）が用意されている。

　ア）危急時遺言　　これには，(a)「一般危急時遺言」（民976条）と，(b)「難船危急時遺言」（民979条）とがある。

第8章 人生の終焉の準備と法律の出会い　311

　　(a)　一般危急時遺言　　これは，疾病その他の事由で死亡の危急に迫った者のなす特別の方式である。これには，証人3人以上の立合いのもとで，その1人に遺言の趣旨を口授し，口授を受けた証人がこれを筆記して，遺言者および他の証人に読み聞かせ，または閲覧させ，各証人がその筆記の正確なことを承認したうえで，これに署名・押印しなければならない（民976条1項）。⑤

⑤　①　「口がきけない者」が，この方式の遺言をする場合には，遺言者は，証人の前で，遺言の趣旨を通訳人の通訳により申述しなければならない（民976条2項）。
　　②　遺言者または他の証人が，「耳が聞こえない者」である場合には，遺言の趣旨の口授または申述を受けた者は，その筆記した内容を通訳人の通訳により，その遺言者または他の証人に伝え，または，閲覧させなければならない（民976条3項）。
　　日付の記載は，立会った証人によって確定することができるから，書かれた日付が正確でなくても遺言は有効である（最判昭47・3・17民集26巻2号249頁）。
　　③　一般危急時遺言は，遺言の日から20日以内に，証人の1人または利害関係人から家庭裁判所に請求して確認を得なければ，その効力を生じない（民976条4項）。

　　(b)　難船危急時遺言　　これは，船舶が遭難した場合において，船舶中にあって死亡の危急に迫った者が，証人2人以上の立合いをもって，口頭でする遺言をいう（民979条1項）。
　　「口のきけない者」が，遺言する場合には，遺言者は，通訳人の通訳によりこれを行う（民979条2項）。こうしてした遺言の趣旨を証人の1人が筆記して，これに立会った証人2人が，署名・押印しなければならない（民979条3項）。
　　さらに，家庭裁判所の確認は必要であるが，その期限はなく，遭難解消後遅滞なく請求すればよいとされている（民979条3項・4項）。
　　イ）　隔絶地遺言　　これには，(a)「伝染病隔離者遺言」（民977条）と，(b)「在船者遺言」（民978条）とがある。
　　(a)　伝染病隔離者遺言　　これは，伝染病のため行政処分によって交通

を断たれた場所にある者について，警察官1人および証人1人以上の立合い
をもって遺言書をつくる方式である（民977条）。

　この場合には，遺言者，筆者，立会人および証人は，各自遺言書に署名し，
印を押さなければならない（民980条）。署名，押印のできない者があるとき
は，立会人または証人は，その事由を付記しなければならない（民981条）。

　　(b)　在船者遺言　　これは，船舶中にある者が，遺言をしようとする場
合は，船長または事務員の1人および2人以上の立会いをもって，遺言書を
作る方式である（民978条）。

4．遺言の効力

（一）　遺言の一般的効力

　遺言は，単独行為であるから，遺言書の作成により成立する（民960条・同
967条）が，その効力発生の時期は，遺言者の死亡の時である（民985条1項）。
遺言に停止条件を付した場合には，遺言は条件が成就したときから効力を生
ずる（民985条2項）。しかし，遺言のなかに「条件が成就した場合の効果をそ
の成就した時以前にさかのぼらせる意思を表示したときは」（民127条3項）。
死亡の時にさかのぼって効力が生ずると解されている。

（二）　遺言の撤回

(1)　遺言による撤回

　遺言者は，生存中遺言の全部または一部をいつでも自由に遺言の方式にし
たがって撤回することができる（民1022条）。これを「遺言撤回自由の原則」
という。⑥

---

⑥　①　前の遺言と後の遺言が抵触するときは，その抵触する部分については，撤回さ
　　　れたものとみなされる（民1023条1項）。
　　②　遺言者が，遺言をした後，その内容と抵触する生前処分その他の法律行為をし
　　　た場合に，その抵触する部分は撤回されたものとみなされる（民1023条2項）。

③ 遺言者が，故意に遺言書を破棄したときは，その破棄した部分については，遺言を撤回したものとみなされる（民1024条前段）。

④ 遺言者が，遺贈の目的物を故意に破棄したときは，その目的物に関する限り，遺言を撤回したものとみなされる（民1024条後段）。

(2) 遺言撤回の効力

遺言が撤回された場合は，遺言は初めから存在しなかったことになる。撤回された遺言行為が，さらに撤回され，またはその効力を生じなくなったときでも，先になされた遺言は復活しない（民1025条本文）。

(3) 遺言の無効

遺言は，つぎのような場合には，無効となる。⑺

⑺ ① 「遺言の方式」に違反した遺言は無効である（民960条）。
　② 「遺言能力」のない者の遺言は無効である（民961条・963条）。
　③ 「所定の方式」によらない成年被後見人の遺言は無効である（民973条）。
　④ 「公序良俗」に反する内容の遺言は無効である（民90条）。
　⑤ 「法律行為の要素に錯誤」のある遺言は無効である（民95条）。
　⑥ 「被後見人の後見人等に対する遺言」は無効である（民966条1項）。

(4) 遺言の取消し

詐欺・強迫による遺言は取り消すことができる（民96条）。相続人もこの取消権を行使できる（民120条）。

（三）遺　　贈

(1) 遺贈の意義

「遺贈」とは，無償で財産的利益を受遺者に与えることをいう（民964条）。受贈者と贈与者の生前の契約により，無償で財産上の利益を与える贈与（民549条）とは異なる。また，遺贈は単独行為であるから，死因贈与（民554条）とも異なる。

遺言に関する民法の規定は，その多くが遺贈に関するものである（民986条〜1003条）が，遺贈の範囲は，遺留分を侵さない範囲で遺産を自由に処分することを認めるものである。

(2) 遺贈の種類

遺贈には，「包括遺贈」と「特定遺贈」がある（民964条）。

1）　包括遺贈　　これは，受遺者が遺産の全部または一部を一定の割合で示してなす遺贈である。

2）　特定遺贈　　これは，特定の財産的利益の遺贈である。

(3) 受遺者と遺贈義務者

1）　受遺者　　「受遺者」とは，遺言のなかに遺贈を受ける者と指定された者である。この受遺者には，自然人だけでなく，法人も，遺言者の相続人もなれる（民903条）。胎児は，遺贈についてもすでに生まれたものとみなされるから（民965条・同886条），胎児に遺贈することもできる。

遺言者の死亡以前に受遺者が死亡した場合には，遺贈の効力は生じない（民994条1項）。

2）　遺贈義務者　　「遺贈義務者」とは，遺贈を実行する義務を負う者をいう。すなわち，相続人，包括受遺者（民990条），相続財産管理人（民952条・同957条），遺言執行者（民1012条）である。

(4) 遺贈の承認・放棄

受遺者は，遺言者の死亡後，いつでも遺贈を承認し，または放棄することができる（民986条1項）。遺贈義務者その他の利害関係人は，受遺者に対して遺贈を承認するか，放棄するかを催告することができる（民987条）。

受遺者が遺贈の承認または放棄をしないで死亡したときは，その相続人は，遺言者がその遺言に別段の意思を表示しない限り，自己の相続権の範囲内で，承認または放棄をすることができる（民988条）。

(5) 遺贈の効果

1）　包括遺贈の効果　　包括受遺者は，相続人と同一の権利義務を有

する（民990条）。すなわち，包括受遺者は，相続人と同様に遺言者の一身に専属した権利義務を除き，遺言者の財産に属した一切の権利義務を承継する（民896条）。

　　2）　特定遺贈の効果　　特定遺贈は，遺言が効力を生ずると同時に，受遺者は当然に目的物の権利を取得する（民985条1項）。

5．遺言の執行

（一）　遺言執行の意義

　「遺言の執行」とは，遺言が効力を生じた後に，その内容を実現する行為をいう。遺言執行者は，第1次的には「遺言者の指定」（民1006条1項）により，第2次的には「家庭裁判所の審判」（民1010条）により，決定される。⑧

⑧　遺言のうちには，ⓐその内容によって，とくに執行を必要としないもの，たとえば，後見人または後見監督人の指定（民839条・848条），相続分の指定および指定の委託（民902条），遺産分割に関する指定（民908条）と，ⓑその内容を実現するために，手続を必要とするものとがある。
　　遺言の執行を必要とする場合にも，(i)相続人自身が執行できるもの（たとえば，特定遺贈（民964条本文），(ii)遺言執行者によって執行するもの（たとえば，認知（民781条2項，戸籍64条)），推定相続人の廃除・廃除の取消し（民893条・894条・戸籍97条）などがある。

（二）　遺言執行の手続

（1）　遺言書の「検認」

　①　遺言書の保管者または遺言書を発見した相続人は，遺言者の死亡後遅滞なく，これを家庭裁判所に提出して，その検認を受けなければならない（民1004条1項，家事39条・別表1・103項）。

　②　公正証書による遺言は，原本が公証人役場に保存され，その形式・態様ともに明確であり，偽造変造されるおそれがないから検認手続は不要であ

る（民1004条2項）。

(2) 遺言書の「開封」

封印のある遺言書は，家庭裁判所において相続人またはその代理人の立会いがなければ，開封することができない（民1004条3項）。

検認のための遺言書の提出を怠ったり，検認を経ないで遺言を執行したり，または家庭裁判所以外で封印のある遺言書を開封した者は，5万円以下の過料に処せられる（民1005条）。

（三）遺言執行者

(1) 遺言による「指定」

遺言者は，遺言で，1人または数人の「遺言執行者」を指定し，またはその指定を第三者に委託することができる（民1006条1項）。委託を受けた者は，遅滞なく，その指定をして，これを相続人に通知しなければならない（民1006条2項）。もし，その委託を辞退しようとする場合には，遅滞なくその旨を相続人に通知しなければならない（民1006条3項）。

(2) 家庭裁判所の「選任」

遺言執行者が，指定されていないとき，またはなくなったときは，利害関係人の請求によって，家庭裁判所は「遺言執行者」を選任することができる（民1010条）。

未成年者および破産者は，遺言執行者となることはできないが（民1009条），相続人は就任できる。

（四）遺言執行者の職務権限

遺言執行者は，相続財産の管理その他遺言の執行に必要な一切の行為をする権利義務を有する（民1012条1項）。⑨

---

⑨ 1）職務　遺言執行者は，遅滞なく，相続財産の目録を作成して相続人に交付しなければならない（民1011条1項）。この場合，相続人の請求があるときは，立会いをもって相続財産の目録を作成し，または公証人に作成させなければならない（民1011条2項）。

第8章　人生の終焉の準備と法律の出会い　317

2）権限　遺言執行者は，相続財産の管理その他遺言の執行に必要な一切の行為をする権利義務を有する（民1012条1項・1014条）。したがって，遺言執行者がある場合には，相続人は，相続財産上の処分その他遺言の執行を妨害することはできない（民1013条）。

Ⅳ　遺留分のしくみ

1．遺留分制度

（一）　遺留分とは

「遺留分」とは，相続に際して，一定の相続人に法律上承継されることを認めている相続財産の一定の割合をいう。私有財産制のもとでは，原則として，その人の所有する財産は，所有者の自由な処分が認められており（これを「生前処分の自由」という），それと同様に，遺言によって死後の相続財産の処分も自由にできることになる。これを「遺言自由の原則」と呼ぶ。

しかし，この原則も残された家族や親族などの生活を無視してまでも，被相続人の全財産を贈与や遺贈してもよいということではない。

そこで，被相続人の「財産処分の自由」と「遺族の生活保障」という2つの要請を調和させたのが，「遺留分制度」である。

（二）　遺留分権利者

遺留分を有する者を「遺留分権利者」という。民法は，兄弟姉妹を除く相続人で，ⓐ配偶者，ⓑ直系卑属（子・その代襲相続人・再代襲相続人），ⓒ直系尊属を，遺留分権利者として認めている（民1028条・1044条・887条2項・3項）。ただし，相続欠格，廃除，相続放棄によって相続権を失った者については，遺留分がないのは当然である。

遺留分権利者は，相続の開始前に，家庭裁判所の許可を受ければ，遺留分を放棄することができる（民1043条1項）。この場合の放棄は，相続分の放棄と異なり（民939条参照），共同相続人の一人が遺留分を放棄しても，他の遺留分権利者の遺留分が増えるわけではない（民1043条2項）。

318

2．遺留分の割合

（一） 総体的遺留分

遺留分は，まず遺留分権利者全員に残すべき相続財産全体に対する割合として定められている（民 1028 条）。これを「総体的遺留分」と呼ぶ。

①　直系尊属のみが相続人であるときは，被相続人の財産の3分の1である（民 1028 条 1 号）。

②　その他の場合には，2分の1である（民 1028 条 2 号）。

（二） 個別的遺留分

遺留分を有する相続人が数人あるときは，遺留分権利者全員の遺留分に，それぞれの法定相続分を乗じたものである（民 1044 条・900 条・901 条）。

遺留分権利者と遺留分の割合

相続人	遺留分	個別的遺留分の割合（法定相続分による配分）		
		配偶者	子[2]	直系尊属
（1）配偶者と子	$\frac{1}{2}$	$\frac{1}{2}\times\frac{1}{2}=\frac{1}{4}$	$\frac{1}{2}\times\frac{1}{2}=\frac{1}{4}$	
（2）配偶者と直系尊属[1]	$\frac{1}{2}$	$\frac{1}{2}\times\frac{2}{3}=\frac{1}{3}$		$\frac{1}{2}\times\frac{1}{3}=\frac{1}{6}$
（3）配偶者と兄弟姉妹	$\frac{1}{2}$	$\frac{1}{2}$		
（4）配偶者のみ				
（5）子のみ	$\frac{1}{2}$		$\frac{1}{2}$	
（6）直系尊属のみ	$\frac{1}{3}$			$\frac{1}{3}$

1 ）兄弟姉妹には遺留分がない。2 ）数人いる場合は均分となる。

※菅野耕毅「新版・図説家族法」251 頁より引用（平成 18 年　法学書院）

3．遺留分額の算定

遺留分算定の基礎となる財産は，被相続人が相続開始のときにおいて有した財産の価額に，その贈与した財産の価額を加え，その中から債務の全額を

控除して，これを算定する（民1029条1項）。①

① 贈与した財産が「金銭」の場合は，その贈与のときの金額を相続開始のときの貨幣
価値に換算した価額をもって評価することになる（最判昭51・3・18民集30巻2号111頁）。
　① 「相続開始のときにおいて有した財産」とは，被相続人の一身に専属するもの（民
896条ただし書），および祭祀財産（民897条）を除く，相続財産のなかの積極財産をいう。
　② 「贈与した財産」には，ⓐ相続開始前の1年間になされた贈与（民1030条前段），ⓑ
1年前の贈与であっても遺留分権利者に損害を与えることを知ってなされた贈与（民
1030条後段），ⓒ相続人の特別受益分（民1044条・903条）などが算入される。

4．遺留分の減殺

(一) 遺留分の減殺請求権

(1) 減殺の意義

遺留分権利者が，受贈・受遺・相続により得た純財産額が，遺留分額に達
しないときは，遺留分が侵害されたことになり，それを回復するために「遺
留分減殺請求権」が与えられている（民1031条）。

(2) 侵害額の算定

遺留分侵害額の算定は，つぎのような計算式で行われる。②

② 遺留分侵害額＝遺留分額－（受贈額＋受遺額－相続債務分担額）

(二) 遺留分減殺の方法・順序

① 減殺は，遺留分を取り戻すために必要な限度で行わなければならない
（民1031条）。

② 減殺の順序について，民法はつぎのように定めている。すなわち，ⓐ
遺贈と贈与がある場合には，まず遺贈が減殺されることになる（民1033条）。
ⓑ遺贈が数個あるときは，遺贈の価額に応じて按分的に減殺する（民1034条
本文）。ⓒ贈与が数個あるときは，後の贈与から始め，順次に前の贈与におよ

ぶことになる（民1035条）。

（三）　遺留分減殺の効力

減殺を受けた遺贈および贈与は，遺留分を侵害している部分についてその効力を失い，贈与された財産権または遺贈が履行されているときは，その財産権が当然に遺留分権利者に帰属する。したがって，贈与されたものや遺贈の履行として引き渡されたものは，その引渡しを請求することができる。

（1）　現物返還

①　受贈者は，その返還すべき財産のほか，減殺の請求があった日以後の果実も返さなければならない（民1036条）。

②　負担付贈与は，その目的物の価額の中から負担の額を差引いた残りの額について，減殺を請求することができる（民1038条）。

③　減殺請求された受贈者が，すでに目的物を第三者に譲り渡していたときは，遺留分権利者にその価額を弁償しなければならない（民1040条1項本文）。

（2）　価額弁償

受贈者および受遺者は，減殺を受けるべき限度において，贈与または遺贈の目的の価額を遺留分権利者に弁償して返還義務を免れることができる（民1041条1項）。

（四）　遺留分減殺請求権の時効消滅

減殺請求権は，遺留分権利者が，相続開始および減殺すべき贈与または遺贈のあったことを知ったときから，1年間行使しなければ時効によって消滅する（民1042条前段）。

減殺請求権は，相続開始のときから10年経過によって消滅する（民1042条後段）。

第 8 章　人生の終焉の準備と法律の出会い　　321

V　終末期医療

1．終末期医療の考え方

　人はだれでも自分がどのような死を迎えるかについて関心をもつのは自然なことである。そして，こうした「自分の死のあり方・迎え方」への関心は，医療においても当然に尊重されなければならない。

　ところで，人が死を迎える状況は，実にさまざまである。そうした1人1人の異なる終末期のあり方に対して，医学的措置が適切で，しかもできる限り本人の意思にそうものでなければならないという視点は，この問題を考える際の基本になると考える[1)]。

　そして，終末期医療を「死が近づいている患者に対し，肉体的・精神的苦痛を取り除き，人間の尊厳を守って安らかに死を迎えられるように支援する医療[2)]」と理解するならば，法的問題として最も注目されてきたのは，「安楽死」と「尊厳死」の問題である。

2．安　楽　死

（一）序　　説

　「生あるものは必ず死を迎える」という命題は，自然界の法則である。そして，人は「死すべき存在である」ことを知ったときから，自分の死のあり方・迎え方として，人間としての尊厳を守った「安らかな死」であってほしいと願うのは，だれしも望むことである。

　たとえば，回復不能で死を目前にした末期癌の患者が，たえ難い肉体的苦痛で悩まされている場合，いっそ早く死んで「楽になりたい」と望んだとしても無理からぬことであろう。

　終末期医療の「安楽死」が生命の終焉にかかわる問題として，本格化したのは，皮肉にも近代医学の進歩とともに，終末期医療の治療行為として，どこまで法的に認められるかが，論議されるようになってからである。そして，

現代的意味における「安楽死」を最初に提起したのは，臨床にかかわる医師
や医学者達である。①

① 　イギリスの医師ジョン・フェリア（John Ferriar）は，1789 年に発表した論文のなか
　で，「医師は患者の安楽な死を目指すべきである」ことを主張し，また，ウィリアムズ
　（S. D. Willams）という学者は，1872 年に「安楽死」と題する著書を出版し，「医師は患
　者の同意を得て，苦痛を除去するために死期を早めてよい」と説いたときから，こん
　にちのような形で「安楽死」が論じられるようになった[3) a]。その後 20 世紀に入ると，イ
　ギリスの医学会では盛んに安楽死合法化の提案がなされ，1935 年「英国安楽死協会」
　が設立されたのである[3) b]。
　　安楽死合法化の動きは，1930 年頃からイギリスにおいて本格化する段階をむかえ，
　いわゆる「任意安楽死」（患者がはっきり死を望んでいる場合の安楽死）を合法化する法
　案がたびたび提案されたが，終局不成立に終わっている。一方，アメリカにおいても
　安楽死運動が盛んになり，1938 年には，「アメリカ安楽死協会」が設立され，これと
　前後していくつかの州議会に，これに関する法案が提出されたが，ここでも実現する
　にいたらなかった。
　　ところが，安楽死運動は，1970 年に入ると「安楽死から尊厳死へ」と大きく流れが
　変わり，こんにちでは尊厳死運動も活発になってきている。尊厳死とは，「助かる見
　込みがない患者に延命医療を実施することを取り止め，あるいは中止して，人間とし
　ての尊厳を保ちつつ死を迎えさせる措置をいう」と定義される。これは「自然死」と
　も呼ばれる。
　　しかし，イギリス，ドイツ，フランスにおいても，いまだ尊厳死法は制定されてい
　ない。ただし，オランダは 1993（平成 5）年に世界で初めての「安楽死」を合法化し
　た国である[3) c]。

　わが国では，安楽死問題が本格的に取りあげられたのは，1975（昭和 50）
年に開かれた「安楽死懇話会」以降である。そして，翌 1976 年に「安楽死協
会」（その趣旨は，「人間には生きる権利とともに，"良き死"を選ぶ権利がある」
という）が創設され，こんにちまで啓蒙活動が行われてきた[4) a]。
　また，1975 年に別の組織として，「医療辞退連盟」（その趣旨は，「植物人間
のような状態でいたずらに生命を引き延ばされるような過剰で不自然な医療は，

前もって自主的に辞退しよう」という団体）が設立された[4) b]。

　このように，わが国における「安楽死運動」は，どちらかといえば，尊厳死の合法化をめざすものであるということができる。

〔二　安楽死の意義〕

　「安楽死」とは，死期が目前に迫っている患者の激しい肉体的苦痛を患者本人の真摯な要求にもとづいて緩和・除去し，安らかな死を迎えさせる行為である，と定義される[5) a]。そして，安楽死の基本的要件として，ⓐ死期が切迫していること，ⓑ激しい肉体的苦痛があること，ⓒ病者の真摯な要求があること，などの３つが含まれる[5) b]。

〔三　安楽死の種類〕

　安楽死は，わが国の法律学では，その行為のあり方の違いをもとに，ⓐ「純粋安楽死」，ⓑ「間接的安楽死」，ⓒ「消極的安楽死」，ⓓ「積極的安楽死」の４つに区別される。

(1)　純粋安楽死

　「純粋安楽死」とは，生命の短縮をともなうことなく，死に際して苦痛を緩和する措置をすることをいう。つまり通常の手段を用いて死にゆく人を看病するものであり，一般に適法と解されている。

(2)　間接的安楽死

　「間接的安楽死」とは，死苦を緩和するためにとられた措置の副次的結果として，患者の生命が短縮される場合をいう。たとえば，癌の末期症状の患者に，苦痛を除去するためにモルヒネ鎮静薬を継続的に投与するような場合をいう。これも一般に，本人の真摯な要求があれば適法であることに異論はないであろう[6)]。

(3)　消極的安楽死

　「消極的安楽死」とは，安らかな死を迎えさせるために延命治療を差し控えることにより死期が早まる場合をいう。たとえば，輸血をすれば延命が可能であるが，それをすれば死苦が続く場合に輸血をとりやめることによって

324

生命を短縮させることをいう。

(4) 積極的安楽死

「積極的安楽死」とは，死苦にあえぐ患者を安楽にするために，殺害により苦痛を除去する行為をいう。たとえば，近親者が農薬を与えたり，首を絞めたりする場合と，医師に依頼して致死量の薬物を与える場合などがあげられる。

これについては，ⓐ積極的安楽死違法説，ⓑ積極的安楽死適法説（多数説）とがある。

（四）　わが国における安楽死をめぐる判例

わが国では，安楽死に関して争われて判例が７件ある。ここでは，安楽死が許される要件を示したという点で重要な２つの判決を見ることとする。②

② (1) 「尊属殺人被告事件」（名古屋高判昭 37・12・22 高刑集 15 巻 9 号 674 頁）

脳出血で倒れ全身不随の父親が，食欲もなくなり衰弱して息も絶えんばかりに悶え苦しみ「早く死にたい」，「殺してくれ」などと大声で叫ぶようになったので，親孝行な息子が父親の願いを入れて密かに牛乳ビンに有機リン系の殺虫剤を入れ，事情を知らない母親が，それを父親に飲ませ，死亡させた事例である。

本件で，名古屋高裁は，安楽死の適法化の要件として，６つの項目をあげた，すなわち，「①病者が現代医学の知識と技術からみて不治の病に冒され，しかもその死が目前に迫っていること，②病者の苦痛が甚だしく，何人も真にこれを見るに忍びない程度であること，③もっぱら病者の死苦の緩和を目的でなされたこと，④病者の意識がなお明瞭であって意思を表明できる場合に，本人の真摯な嘱託または承諾のあること，⑤医師の手によることを本則とし，これにより得ない場合には，医師により得ないと首肯するに足る特別な事情があること，⑥その方法が倫理的にも妥当なものとして容認し得るものであること。」などである。

そして，以上の要件がすべて満たされるのでなければ，安楽死として行為の違法性までも否定しうるものではないと解すべきであるという。[7]

本件は，このうち⑤と⑥の要件を欠くとして違法阻却を否定し，懲役１年執行猶予３年の刑を言い渡した。

第8章　人生の終焉の準備と法律の出会い　325

(2)　**「東海大学安楽死事件」**（横浜地判平7・3・28判時1530号28頁）。

　多発性骨髄腫で入院していた患者の治療にあたっていた大学病院の若い医師が，その後間もなく末期状態に陥ったその患者の妻と長男から，自然に死なせてやりたいとの理由で，再三にわたり延命治療中止の要望を受け，思い悩んだ末に，ⓐ患者から点滴・気管内チューブ等を外した。さらに，長男が「いびきが苦しそうで，見ているのがつらい。楽にしてやってほしい」と強く主張するので，今度は，ⓑ呼吸抑制の副作用がある鎮静剤と抗精神病薬をそれぞれ通常の2倍注射したが，それでも患者の苦しそうな呼吸は止まらない。そこで長男は「まだ息をしている。早く父を家に連れて帰りたい」と強い口調で迫られ，精神的に追い詰められた医師は，ⓒ患者の息を引き取らせようとの決意で，心停止を引きおこす作用のある塩化カリウム製剤を生理食塩水で希釈することなく，注射し死亡させた。

　検察官は，ⓒの行為について，被告人を殺人罪（刑199条）にあたるとして起訴した。この事案に対して，横浜地裁は，被告人に懲役2年，執行猶予2年の有罪判決を下した。

〔五〕　安楽死の要件

　それでは，どのような要件を備えれば，安楽死を認めるべきか。この点に関して，積極的安楽死の正当化要件として，ⓐ名古屋高裁判決が6要件，ⓑ東海大安楽死事件判決が4要件を，それぞれ提示している。これを手がかりとして考えることにしよう。

(1)　**患者の死が避けられず，その死期が迫っていること**

　この事柄は，安楽死に当然必要となる要件である。

(2)　**患者が耐えがたい肉体的苦痛に苦しんでいること**

　判例では，単に「苦痛」としているが，これに精神的苦痛を含むものでないことは当然である。

(3)　**生命の短縮を承諾する患者の明示の意思表示があること**

　安楽死の決定は，究極において「自己決定の問題」である。つまり病者の「残された生命」を捨てる不利益と，「苦痛」の除去という利益とを選択するのは，本人自身でなければならない。しかも横浜地裁の判決が示すように，本人の「明示の意思表示が要求され」るのは当然である。

(4) 患者の肉体的苦痛を除去・緩和するために方法を尽くし他に代替手段がないこと

　なお，判例では，医師の手によることを原則とするとか，その方法が倫理的にも妥当性を有するものでなければならないとされているが，重要な点は，「死苦の緩和」の目的にとって相当な手段といえるかどうかである。[8]

3. 尊　厳　死

（一）　尊厳死の意義

　「尊厳死」とは，回復不能な末期状態の患者に対して，人間としての尊厳を保ちながら死を迎えさせるために，人工延命治療を中止して，患者の死にゆくにまかせることを許容することである。

　尊厳死と安楽死は，似た側面を有するが，「安楽死」は末期症状の患者の苦痛を緩和・除去して，積極的に死なせようとする場合である。これに対して，「尊厳死」は人工延命治療を拒否して，患者を死にゆくにまかせることを許容する場合である。尊厳死は，自然死（natural death）とも呼ばれる。

　ところで，「植物状態」[9]になった患者も，意識の回復の見込みがないとはいえ，自ら呼吸し，心臓も動き，食事もとっているわけだから，生きていることにうたがいはない（この点で「脳死状態」と異なる）。

　それでは，このような患者に対し，どのような条件が整えば，延命治療を打ち切ることが認められるのか，また，患者の延命拒否権は，どのような状況のもとで尊重されるのか，ということが問題となる。

（二）　尊厳死の対象

　尊厳死の対象となる患者の病状は，どのような場合を指すのか。判例の豊富なアメリカの事例のなかから，次のような対象をあげることができる。すなわち，ⓐいわゆる植物状態（とりわけ遷延性植物状態）のほか，白血病，癌，腎不全などさまざまであり，ⓑまた，治療拒否の対象となるべき人工延命治療の内容も，典型例としての人工呼吸器の使用から，特殊化学療法，人工透

析，栄養補給チューブの使用など多様な広がりを見せている。[10]

　このうち，人工呼吸器，特殊化学療法，人工透析については異論がないが，栄養分や水分の補給も中止の対象となるのか，である。③

③　この点について，いわゆる東海大学附属病院「安楽死」事件判決の傍論で，「尊厳死」問題を次のように述べている。すなわち，治療行為中止の対象となる措置は，薬物療法，人工透析，人工呼吸器，輸血，栄養・水分補給など，疾病を治療するための治療措置および対症療法である治療措置，さらには，生命維持のための治療措置など，すべてが対象となるが，「しかし，どのような措置を何時どの時点で中止するかは，死期の切迫の程度，当該措置の中止による死期への影響の程度等を考慮して，医学的にもはや無意味であるとの適正さを判断し，自然の死を迎えさせるという目的に沿って決定されるべきである」と説明している（横浜地判平7・3・28判時1530号28頁）。

　このように，栄養分の他に水分まで中止の対象としてよいとする見解もあるが，他方において，「少なくとも植物状態患者の場合は，意識の回復可能性がある場合は，たとえリビング・ウィルがあっても人工的な水分や栄養の補給をすべきだ[11]」との見解も出されている。

（三）　尊厳死の適法要件

　尊厳死の適法要件については，いろいろな考え方がある。しかし，本質的には，患者の意思を中心に考えるべきであるのは当然の帰結である。この点を前提とするとはいえ，そこの場合でも，「患者の意思が明確な場合と明確でない場合」があるので，これを分けて適法要件を検討することが必要であるとされる。[12)a]ここでも，その例にしたがって見ることとする。

（1）　患者の意思が明確な場合

　意思決定能力のある患者が，人工呼吸器等の措置をはじめから拒否する場合は，医師が患者の希望を入れて治療を差し控えて，かりに患者が死亡しても，この行為（不作為）は適法といえる。[12)b]

　このような患者の意思にもとづいて死にゆくにまかせることは，消極的安楽死の場合と同じように，治療拒否権＝自己決定権の正当な行使といえる。[12)c]

(2) 患者の意思が明確でない場合

患者が事前に明確な意思表示をしていなかったり，あるいは，意思表示が完全に不明確な場合は，代行判断がどこまで許されるかが問題となるが，これも３つに分けて考察される。

第１は，患者が事前に明確に口頭または文書等で延命拒否の意思表示をしていた場合，すなわち「明白かつ説得力ある証拠」がある以上，代行決定者がそれを尊重して判断しても，本人が直接に拒否した場合と同様，正当化が可能であると解される[13) a]。

第２は，患者が日常会話等で，「私だったらたぶん延命拒否するだろうな」などといっていたにすぎない場合は，その発言自体は決定的なものでなく，したがって，患者の生命保持の負担が生存利益よりも明らかに重いと判断される場合にのみ正当化が可能であると解される[13) b]。

第３は，患者が事前に何ら意思表示をしていない場合は，近親者，医師，あるいは，第三者が延命治療打ち切りを勝手に判断することは，正当化の枠を超えると解される[13) c]。

〔四〕 東海大学附属病院「安楽死」事件判決における「尊厳死」論

上記事件における判決は，日本の判例史上はじめて「尊厳死」という語を使用しているだけでなく，その許容要件として具体的内容を示している点で重要な意味を有する。[4]

[4]　判決によれば，治療行為の中止（いわゆる尊厳死）は，意味のない治療を打ち切って人間としての尊厳性を保って自然な死を迎えたいという患者の自己決定権の理論と，そうした意味のない治療行為までを行うことは，もはや義務ではないとの医師の治療義務の限界を根拠に，一定の要件の下に許容される，と判示し，具体的には，次の３点が示された。

　　すなわち，ⓐ「患者が治療不可能な病気に冒され回復の見込みがなく死が避けられない末期状態にあること」，ⓑ「治療行為の中止を求める患者の意思表示が中止の時点で存在すること」，ⓒ「治療行為中止の対象となる措置は，薬物療法，人工透析，人工呼吸器，輸血，栄養・水分補給など，疾病を治療するための治療措置および対症療

法である治療措置，さらには生命維持のための治療措置など，すべてが対象とな」る。

「しかし，どのような措置を何時どの時点で中止するかは，死期の切迫の程度」そうした「措置の中止による死期への影響の程度等を考慮して，医学的にもはや無意味であるとの適正さを判断し，自然の死を迎えさせるという目的に沿って決定されるべきである」と解される。[14]

注 ――――――――――――――

1） 久々湊晴夫，旗手俊彦編著「はじめての医事法」〔第 2 版〕117 頁（平成 23 年　成文堂）。

2） 大内尉義「末期医療の事前指示と延命医療」樋口範雄編著『ケース・スタディ生命倫理と法（ジュリスト増刊）』（平成 16 年　有斐閣）。

3） a・b・c―大谷　實「新いのちの法律学――生命の誕生から死まで――」123・124・126 頁（平成 23 年　悠々社）。

4） a・b―大谷　實・前掲　126 頁。

5） a・b―甲斐克則「安楽死と刑法」2 頁（平成 18 年　成文堂）。

6） 甲斐克則・前掲　10 頁。

7） 大谷　實・前掲　131 頁。

8） 大谷　實・前掲　138・139 頁。

9） 「植物状態」(Permanent Vegetable) とは，日本脳神経外科学会の定義によれば，①自力移動不可能，②自力摂取不可能，③尿失禁状態，④意味のある発語不可能，⑤「眼をあけろ」「手を握れ」など簡単な命令には，かろうじて応じることもあるが，それ以上の意思疎通は不可能，⑥眼球はものを追っても認識はできない，という 6 項目を満たす状態におちいっても，種々の治療に頑強に抵抗しほとんど改善がみられないまま満 3 ヵ月以上経過したものをいう，としている。

10） 甲斐克則「医事刑法への旅 I」〔新版〕224 頁（平成 18 年　イウス出版）。

11） 甲斐克則・前掲　225 頁。

12） a・b・c―甲斐克則・前掲　226 頁。

13） a・b・c―甲斐克則・前掲　227 頁。

14） 甲斐克則・前掲　229 頁。

事 項 索 引

あ

アイヌ民族……………………………………257
アカデミック・ハラスメント（通称「アカハラ」）………………………………108〜110
旭川学力テスト事件………………38, 40, 46
新しい人権……………………………………255
アパルトヘイト………………………………257
安楽死………………………285, 321〜326
　　──の種類…………………………………323

い

「1ヵ月単位」の変形制………………89, 90
育児休業………………………………………95
育児休業制度………………………………96〜98
育児休業期間中の処遇………………………98
遺言……………………………………………305
遺言撤回自由の原則…………………………312
遺言相続主義…………………………………286
遺言の執行……………………………………315
意思能力………………………………206, 207
「いじめ」…………………………………22〜31
「いじめ」集団の4層構造…………………26
「いじめ」の定義………………………24, 25
「いじめ」の認知……………………………27
「いじめ」の態様……………………………29
遺贈……………………………………314, 315
一夫一婦制……………………………141, 151
入会権…………………………………………221
「1年単位」の変形制………………………90
遺留分…………………………………………317
遺留分権利者…………………………………317
遺留分の割合…………………………318, 319
いわゆる「杉本判決」………………………39
いわゆる「高津判決」………………………39
いわゆる「労働問題」………………………49

インフォームド・コンセント……………253

う

「氏」……………………………………16〜19
「氏」の変更……………………………19, 20
「氏の変更」と家庭裁判所の許可…………19
「宴のあと」事件……………………………252
「売主の担保責任」…………………219, 220

え

「営業の自由」…………………………………50
「縁組」…………………………………………186
縁組成立の形式的要件………………………187
縁組成立の実質的要件………………………186

お

「大津市中2いじめ自殺事件」………………30
親子関係不存在確認の訴……………………3, 180
「親を知る権利」………………………………4

か

介護休業………………………………………96
介護休業制度………………………………98〜100
介護休業中の処遇…………………………99〜100
解雇……………………………………………110
「解雇権濫用法理」…………………63, 112, 113
解雇予告………………………………………111
外国人との婚姻による氏の変更……………20
「外国人の子の届出」…………………………12
「学習権」…………………………………37, 38
学問の自由……………………………43, 44, 45
隔絶地遺言……………………………………311
過失責任の原則………………………………204
果実……………………………………………207
「借り腹」………………………………………6

事項索引　331

環境権······························254, 256
関接差別の禁止························100

き

「議員定数不均衡問題」··················248
議院内閣制····························240
帰化·································238
危険負担····················214, 215, 218
「期間の定めのある契約」··············70, 71
「期間の定めのない契約」··············70, 71
危急時遺言····························310
義務教育······························42
休憩時間······························84
休業手当······························82
休日······························85, 86
休日振替······························86
休日労働······························87
教育を受ける権利······················38
教育権の所在··························39
教育の機会均等························41
教授の自由··························44, 45
協議離縁····························188
協議離婚························163〜165
強制認知························181, 183
京都府学連事件························251
業務提供誘引販売取引··········268, 269, 279
共有·····························221, 222
近親婚の禁止··························145
均分相続制····························298
勤労の権利····························54
寄与分の制度······················304, 305

く

具体的離婚原因························169
「区分所有建物」······················223
クーリング・オフ················269〜273
クーリング期間························74

け

「刑事免責」··························56
血縁主義····························181
形成権····························201
契約自由の原則········55, 202, 203, 211, 212
契約の解除····························215
血族相続人························288, 289
原始取得····························217
限定承認····························295
「限定的労働権」······················54
元物（げんぶつ）······················207
権利能力······························13
「権利能力なき社団」··················221
権利濫用禁止の法理····················205
権力分立（制）····················239, 240
憲法と労働法の関係····················52

こ

行為能力····························206
高齢者雇用安定法······················139
公共の福祉····················60, 203, 216
航海中の出生··························11
後見制度····························196
公正証書遺言··························309
公設所の届出··························11
抗弁権····························201
幸福追求権························250, 251
公務員の「労働基本権」の制限········59, 60
国政調査権····························240
「国籍」························237, 238, 244
　　──の取得························238
　　──の喪失························239
国籍法律主義··························237
国籍離脱の自由························239
「国民」····························237
国民解職（国民罷免）··················242
国民主権························236, 237, 239
国民審査····························242
国民投票························242, 243

個人主義世界観	236	里親	191, 192
個人の尊厳	176	「三六協定」	88, 89
戸籍	9, 16〜19	参議院議員の定数	246
戸籍抄本	9		
戸籍謄本	9		

し

国家の教育権（説）	39, 40	時間外労働	87
国民の教育権（説）	39, 40	時季指定権	94
「子どもの人権」	37	「時季変更権」の行使	94
「子のための親子法」	175, 176	事業者	262
「子の名」	20, 21	自己決定権	251, 253, 285
「子の保護・福祉のため」の親子法	176	時効の援用	210
「個別的労働関係」	54	——中断	210
合有	211	事情判決の法理	248
雇用機会均等法	100, 101	実子	177, 193
婚姻	141	指定相続分	297
——の成立要件	142	私的自治の原則	203, 211, 287
——の取消し	148	実労働時間	83
婚姻準正	18, 184	自筆証書遺言	308
「婚姻を継続し難い重大な事由」	153, 169	支配権	201
婚姻の解消	162	「氏名」	16
婚姻費用の分担	154	社会的身分	257
婚約	156	借地権・借家権	224〜231
婚約解消	157	衆議院議員の定数	246
		週休1日制の原則	85

さ

債権	209	自由選挙	250
債権者主義	215	私有財産制	201, 318
再婚禁止期間	145, 171	重複的内縁	144, 161
財産権	200	「集団的労働関係」	54
財産分与制度	172	取得時効	208
財産分与請求権	173	主物	207
最低賃金制度	82	従物	207
裁判離縁	188	就業規則	65
裁判離婚	167〜171	就業規則の作成義務	66
「裁量労働制」	92	住民投票	237, 243
債務者主義	215	出生届	10〜12, 16
債務不履行	215	出生地主義	238
採用内定	62	重婚的内縁	161
採用内定が取消される場合	62	準正	18, 184, 238
		「準正嫡出子」	10, 177

事 項 索 引　　333

「準正嫡出子の氏」と戸籍 ……………18
消滅時効 ………………………208, 209
承継取得 ………………………………217
肖像権 …………………………………251
「消費者」 ………………………………261
消費者契約（法）……………260〜262
消費者の誤認による取消し …………263
消費者の困惑による取消し …………264
試用期間 …………………………………63
職業選択の自由 …………………50, 51
賞与 …………………………………79, 80
所有権 …………………………………216
所有権絶対の原則 ……………………202
信義誠実の原則（信義則）………170, 205
親権 ……………………………………192
親権者 …………………………………174
人格権 …………………………………200
人工授精 …………………………………1, 2
人工妊娠中絶 …………………12, 15, 16
人種 ……………………………………256
信条 ……………………………………257
審判離婚 ………………………………166

す

「推定を受ける嫡出子」………………………5
「推定されない嫡出子」…………10, 177, 178
「推定される嫡出子」………………3, 10, 177
「推定の及ばない子」…………………177, 178
棄児の届出 ………………………………12
ストライキ（同盟罷業）…………57〜59

せ

請求権 …………………………………201
精子提供者 ………………………………4
制限行為能力者 ………………………206
政治スト …………………………………58
生殖補助医療 …………………………1, 2
成年後見制度 …………………………197
性別 ……………………………………257

生来嫡出子 ……………………………177
セクシュアル・ハラスメント………102〜106
「セクハラ」による法的責任 …………104
前科照会事件 …………………………252
選挙 ……………………………………243
選挙区 …………………………………245
選挙権 …………………………………244
「選挙人団」（有権者団）……………243
全体の奉仕者 ……………………………60
全逓東京中郵事件 …………………58, 60
全逓名古屋中郵事件 ……………………60
全農林警職法事件 …………………58, 60
「専門業務型裁量労働制」………………92

そ

争議行為の正当性 ………………………57
造作買収請求権 ………………………231
相続 ……………………………………286
相続欠格 ………………………………291
相続人 …………………………………288
相続人の廃除 …………………………292
相続の放棄 ……………………………296
相続分 …………………………………297
総有 ……………………………………221
属人主義の原則 ………………………237
尊厳死 ………………………285, 326〜329

た

体外受精 …………………………1, 4, 5
代休 …………………………………86, 87
「第三者のためにする契約」…………215
「体罰」 …………………………………31
「体罰」と「懲戒」の区別 ……………32
「体罰」の民事上・刑事上の責任 ……34, 35
大学の自治 ………………………………44
胎児 ……………………………………13〜16
　　——の刑法上の地位 ………………14
　　——の相続能力 …………………290
　　——の損害賠償請求権 ……………14

――の民法上の地位……………………13
対象家族………………………………95, 96
代襲相続（人）………………………290
退職……………………………………120
退職勧奨………………………………114
退職金……………………………………81
代表民主制…………………………241, 242
代理出産………………………………1, 6, 7
「代理母」…………………………………6
「代理母契約」…………………………7, 8
高嶋教科書訴訟…………………………46
滝川事件…………………………………43
「滝川市小学校いじめ自殺事件」…………30
「堕胎」（罪）…………………………14
団結権…………………………………52, 56
単純承認………………………………294
男女雇用機会均等法………………54, 55, 100
団体行動権（争議権）………………52, 57
団体交渉権……………………………52, 55, 57

ち

地役権…………………………………201, 209
地上権…………………………………201, 209
「父を定める訴」……………………11, 180
地方公共団体…………………………237
「嫡出子」……………………10, 16, 17, 177, 178
「嫡出子の氏」と戸籍……………………17
嫡出否認の訴…………………………3, 11, 179
「父を定める訴」……………………11, 180
抽象的離婚原因………………………169
懲戒（権）……………………………32, 115
懲戒解雇………………………………119
懲戒処分の種類………………………116
懲戒事由………………………………117
調停前置主義…………………179, 180, 188
調停離婚………………………………165, 166
直接選挙………………………………249
直接民制………………………………242
「直系姻族間」の婚姻禁止………………146

地方自治特別法の「住民投票」…………243
賃金の意義……………………………75, 76
賃金に関する諸原則………………………76

つ

通信販売…………………………268, 269, 273

て

「定年解雇制」…………………………121
「定年制」………………………………121
「定年退職制」…………………………121
典型契約………………………………212
伝習館高校事件…………………………46
伝染病隔離者の遺言……………………311
天然果実………………………………207
天皇機関説事件…………………………43
電話勧誘販売…………………268, 269, 274

と

「登記」制度…………………………232
「登記の公示力」……………………234, 235
「登記の推定力」……………………234, 235
同居・協力・扶助の義務…………150〜152
同時死亡の推定………………………287
同棲……………………………………161, 162
同時履行の抗弁権……………………214
「到達主義」の原則……………………213
都教組事件………………………………60
特定遺贈………………………………314
特定継続的役務提供取引……268, 269, 278
特定商取引法…………………………260, 268
特別受益者……………………………302
特別養子………………………………185, 189
「特別養子縁組」…………………………19
「特別養子の氏」と戸籍…………………19
届出婚主義……………………………141, 143
「富田林市中学いじめ自殺事件」…………30

事項索引　335

な

名に使用できる「文字」の制限…………21
名は「正当な事由」があれば変更できる…21
内縁（事実上の夫婦）………………158
内縁の効果……………………………160

に

日常家事債務の連帯責任………155, 156, 160
任意認知…………………………181, 182
認知…………………………………181
認知された非嫡出子…………………177
認知されない非嫡出子……………177, 178
認知主義……………………………181
認知準正…………………………18, 184
認知能力……………………………182
認知の訴……………………………183

ね

ネガティブ・オプション…………280〜283
年次有給休暇………………………92〜95
　　──の際に「支払うべき賃金」………94
　　──の成立要件…………………93

の

「能力に応じて」「ひとしく」の意味………41

は

「配偶者間人工授精」…………………1
配偶者相続人…………………288, 289
「発信主義」…………………………272
破綻主義……………………………170
「発達権」…………………………37, 38
パートタイム労働者………………133, 134
パワーハラスメント………………106
パワハラ行為の類型………………107

ひ

ピケッティング………………………59
被選挙権…………………………244, 245

被差別部落
被差別部落…………………………257
被相続人…………………287, 288, 291
「非嫡出子」（嫡出でない子）…10, 11, 177, 181
「非嫡出子の氏」と戸籍………………17
「人たるに値する生活」………………56
「非配偶者間人工授精」………………2
秘密選挙……………………………249
秘密証書遺言………………………309
平等選挙……………………………247

ふ

不完全履行…………………………215
不合理な差別の禁止………………256
夫婦間の契約取消権………………152
夫婦財産制…………………………153
夫婦財産契約………………………153
夫婦平等の原則……………………142
夫婦同氏の原則……………………150
普通教育……………………………42
普通選挙……………………………247
普通養子…………………………185, 189
物権的請求権………………………217
物権変動……………………………232
不動産………………………………207
物的編成主義………………………232
不当条項の無効……………………266
不当労働行為………………………57
不適法婚の取消……………………148
部分社会……………………………57
プライバシー……………………61, 251
　　──の権利……………………251
フレックスタイム制………………91

へ

平均賃金……………………………76
ベビーM事件…………………………8
「変形週休制」………………………86
変形労働時間制……………………89

ほ

包括遺贈 314
包括承継 217
ポジティブ・アクション 101
法定果実 207, 208
法定財産制 154
法定単純承認 294
法定相続 305
法定相続主義 286
「法定労働時間」 83
訪問講入やネガティブオプション 268
訪問販売 268〜271
保佐 198
補助 199
保存登記 234
母体保護法 15, 16
北方ジャーナル事件 254
ポポロ劇団事件 45

ま

マルチ商法 277

み

未成年後見 196
「未成年者」の婚姻 146, 152
未成年養親の禁止 186
「みなし労働時間」（制） 91
身元保証（人） 64
身分権 201
「民事免責」 56

む

無過失責任主義 204, 205
「無期転換」の申し込み 73
無国籍者 238

め

命名権 20
名誉権 254

面接交渉 174

も

「申し込みの誘引」 61, 213
持分（権） 222
物 206, 207
門地 258

や

「雇止め法理」 75, 129
　──の対象 129, 130

ゆ

有期労働契約（者） 72, 122〜124
有期労働契約の雇用形態 123
有期労働契約の無期転換 124
有期労働契約の労働条件の明示等 132
有責配偶者 170
有体物 207

よ

養育権 8
要介護状態 95, 96, 99
養子 177, 193
養子制度 185
「養子の氏」と戸籍 18
「養親子等の間」の婚姻禁止 146

り

離縁 188
履行遅滞 215
履行不能 215
リプロダクション
流産・死産の届出 12
両性の本質的平等 176

る

ルソー 236

事 項 索 引　337

れ

連鎖販売取引‥‥‥‥‥‥‥ 268, 269, 276

ろ

労使慣行（労働慣行）‥‥‥‥‥‥ 68, 69
労働委員会による救済‥‥‥‥‥‥‥‥56
労働基準法‥‥‥‥‥‥‥‥‥‥52〜55
労働基本権‥‥‥‥‥‥‥‥‥‥54〜56
労働組合‥‥‥‥‥‥‥‥‥‥‥ 56, 57
労働契約の成立要件‥‥‥‥‥‥‥‥‥61
労働契約法‥‥‥‥‥‥‥‥‥‥72, 122
労働三法‥‥‥‥‥‥‥‥‥‥‥‥‥54
労働三権‥‥‥‥‥‥‥‥‥‥‥‥‥55

労働時間（実労働時間）‥‥‥‥‥‥‥83
労働者派遣‥‥‥‥‥‥‥‥‥‥‥ 135
労働者の意見聴取義務‥‥‥‥‥‥‥‥67
労働条件‥‥‥‥‥‥‥‥‥‥‥ 69, 70
労働条件通知書‥‥‥‥‥‥‥‥‥‥64
労働条件の法定‥‥‥‥‥‥‥‥‥‥55
労働条件明示義務‥‥‥‥‥‥‥ 64, 70
労働問題‥‥‥‥‥‥‥‥‥‥‥‥‥49
労働協約‥‥‥‥‥‥‥‥‥‥‥ 57, 68
ロック‥‥‥‥‥‥‥‥‥‥‥ 236, 251

わ

「早稲田大学江沢民講演」事件‥‥‥‥ 252

［著者紹介］

上 田 正 一（うえだ まさかず）

1937 年　京都府に生まれる。

現 在　近畿大学豊岡短期大学教授

著 書　『憲法演習』（共編著・高文堂出版社，1975 年），『日本国憲法概観』（高文堂出版社，1981 年），『憲法大系』（高文堂出版社，1990 年），『現代法の基礎』（高文堂出版社，1992 年），『人の一生と法律の出会』（高文堂出版社，「全国学校図書館協議会選定図書」1993 年），『日本国憲法綱要』（高文堂出版社，1997 年），『どんな人にも人権はある』（高文堂出版社，1999 年），『目で学ぶ憲法』（共編著・嵯峨野書院，2000 年），『憲法入門』（共編著・三恵社，2002 年），『生活と法』（共編著・三恵社，2002 年），『初めての憲法』（共編著・法律文化社，2003 年），『21 世紀の法学』（編著・建帛社，2003 年），『アクセス憲法』（共編著・嵯峨野書院，2004 年），『新・初めての憲法』（共編著・法律文化社，2004 年），『人の一生と法律の出会い―人権の視点から―』（嵯峨野書院，2008 年），『日本国憲法』（嵯峨野書院，2008 年），『現代憲法概説』（嵯峨野書院，2013 年）

新・人の一生と法律の出会い──人権の視点から──　　　　　　　　　　　　〈検印省略〉

2015年11月25日　第1版第1刷発行

著　者　上　田　正　一

発行者　前　田　　　茂

発行所　嵯 峨 野 書 院

〒615-8045　京都市西京区牛ヶ瀬南ノ口町 39　電話(075)391-7686　振替 01020-8-40694

Ⓒ Masakazu Ueda, 2015　　　　　　　　　　　　　　　　　創栄図書印刷・藤原製本

ISBN978-4-7823-0557-7

Ⓡ〈日本複写権センター委託出版物〉
本書の全部または一部を無断で複写複製（コピー）することは，著作権法上での例外を除き，禁じられています。本書からの複写を希望する場合は，日本複写権センター（03-3401-2382）にご連絡ください。

◎本書のコピー，スキャン，デジタル化等の無断複製は著作権法上での例外を除き禁じられています。本書を代行業者等の第三者に依頼してスキャンやデジタル化することは，たとえ個人や家庭内の利用でも著作権法違反です。

日本国憲法

上田正一　著

大学で憲法を学ぶ人のみならず，独学で憲法を学ぶ人にも平易に理解できるように憲法を解説。できる限り通説や有力説を明らかにし，重要な判例・事例を用いることによって読者に広い視野から理解してもらえるよう努めた。

A5・上製・340頁・定価（**本体3300円＋税**）

現代憲法概説

上田正一　著

『日本国憲法』の姉妹編。日本国憲法の理解と解釈を中心に，広い視野からできる限り客観的視点にたって概説した憲法講義の教科書。通説・有力説の論拠を明らかにするとともに，読者の理解に役立つよう判例・事例・公式見解・説明注を加えた。

A5・上製・406頁・定価（**本体3700＋税**）

人の一生と法律の出会い
―人権の視点から―

上田正一　著

わたしたちの生活をとりまく数多くの法律。その中で，「人が一生の間にごく日常において出会うであろう法律」を平易な文章でわかりやすく解説。判例も多いので，面白く馴染みやすい一冊となっている。

A5・並製・327頁・定価（**本体3700円＋税**）

嵯峨野書院